O CRISTÃO e a UNIVERSIDADE

6ª impressão

CPAD

Rio de Janeiro

2024

VALMIR NASCIMENTO

Revisão: Miquéias

Preparação dos originais: Cristiane Alves
Capa: Jonas Lemos
Projeto gráfico e editoração: Leonardo F. Engel

CDD: 240 - Moral cristã e teologia devocional
ISBN: 978-85-263-1325-5

As citações bíblicas foram extraídas da versão Almeida Revista e Corrigida, edição de 1995, da Sociedade Bíblica do Brasil, salvo indicação em contrário.

Para maiores informações sobre livros, revistas, periódicos e os últimos lançamentos da CPAD, visite nosso site: http://www.cpad.com.br.

SAC — Serviço de Atendimento ao Cliente: 0800-021-7373

Casa Publicadora das Assembleias de Deus
Av. Brasil, 34.401, Bangu, Rio de Janeiro - RJ
CEP 21.852-002

6ª impressão: 2024
Impresso no Brasil
Tiragem: 400

Dedicatória

Dedico este livro a todos os cristãos universitários, que enfrentam o desafio diário de viver e defender a fé cristã dentro do *campus*.

Agradecimentos

Agradeço ao Deus Único e Incomparável, Criador soberano, fonte de toda ciência e sabedoria; pelo dom da vida e salvação proporcionada pela graça em Jesus Cristo.

À minha amada esposa, Carla Marcele, e filhos, Vinícius e Beatriz, pelo apoio e alegria que me proporcionam. Amo vocês!

Uma palavra de agradecimento à Suzi Damázio, pela ajuda na revisão dos originais e pelas valiosas sugestões.

À direção, professores e alunos das Faculdades Evangélicas Integradas Cantares de Salomão (FEICS) de Cuiabá/MT, onde tenho a satisfação de lecionar.

Por fim, agradeço à Casa Publicadora das Assembleias de Deus do Brasil (CPAD), na pessoa do seu Diretor-Executivo, Dr. Ronaldo Rodrigues de Souza, pela oportunidade de publicar esta obra.

Por esta razão, nós também, desde o dia em que o ouvimos,
não cessamos de orar por vós e de pedir que sejais cheios
do conhecimento da sua vontade, em toda a sabedoria e inteligência
espiritual; para que possais andar dignamente diante do Senhor,
agradando-lhe em tudo, frutificando em toda boa obra
e crescendo no conhecimento de Deus.

– Colossenses 1.9,10

SUMÁRIO

Parte 3: O *Campus* em Tempos Pós-Modernos

Parte 4: Defesa da Fé no Ambiente Acadêmico

Parte 5: O Cristão no *Campus*

Apresentação

Conheci o irmão Valmir Nascimento há alguns anos devido ao seu trabalho junto à Agência Pés Formosos (APF) e à sua intensa atividade na blogosfera cristã à frente do site apologético e de reflexão teológica Comoviveremos.com, fundado por ele. Valmir também é cofundador da União de Blogueiros Evangélicos (UBE), professor universitário na área de Direito, Ética e Teologia, articulista talentoso, diretor de Assuntos Acadêmicos da Associação Nacional de Juristas Evangélicos (Anajure) e um apaixonado pela Escola Dominical. Enfim, é um jovem Ministro do Evangelho que se dedica a proclamar os valores do Reino de Deus não só quando está envolvido em alguma atividade em sua igreja, mas em todas as áreas de sua vida e com todos os talentos que Deus lhe concedeu.

E por fazer tudo isso com grande esmero, considero Valmir uma das mais promissoras mentes da nova geração de obreiros assembleianos no Brasil. Entretanto, acho que a melhor informação que posso dar ao querido leitor em favor da obra que tem em mãos é que ela não só foi escrita por uma pessoa capacitada, mas por alguém que conhece muito bem do assunto, que vive e respira o tema aqui tratado. Valmir conhece o tema não apenas como estudante universitário dedicado que foi, mas também como professor universitário que é e, principalmente por ser alguém envolvido desde cedo com evangelismo universitário.

Esta obra é, sem sombra de dúvida, um excelente guia para aqueles cristãos que estão em busca de uma orientação segura sobre como atravessar e aproveitar essa experiência da faculdade da melhor forma possível, como mais uma oportunidade de expressar e exercitar os valores do Reino de Deus em suas vidas. Afinal, na universidade somos confrontados por visões de mundo que se chocam hostilmente com a cosmovisão cristã, contudo, por outro lado, nela também temos a oportunidade ímpar de falarmos do amor de Cristo e transmitirmos os valores do evangelho. Esses dois lados — o apologético e o evangelístico — são abordados neste livro.

Sinto-me feliz em poder apresentar esta obra ao público cristão e desejo todo sucesso a ela e a seu autor.

Em Cristo,
Silas Daniel

Introdução

> "Não temos nada a dizer em relação à situação contemporânea porque não temos pensado sobre ela de forma cristã. Há anos deixamos de pensar sobre essas coisas. Paramos de pensar de forma cristã fora do escopo da moralidade pessoal e da espiritualidade pessoal. Criamos o hábito de tirar nossas vestes cristãs sempre que entramos mentalmente na esfera da vida social e política.
>
> "Pensar de forma secular é pensar fundamentado em uma estrutura de referencia fechada nos limites de nossa vida terrena: é conservar os cálculos enraizados nos critérios deste mundo. Pensar de forma cristã é aceitar, com a mente, todas as coisas como relacionadas, direta ou indiretamente, com o destino eterno do homem como filho remido e escolhido de Deus."
>
> *Harry Blamires*

A universidade é uma das instituições sociais mais importantes e cobiçadas do mundo. Ela é a entidade que articula o ensino, a pesquisa e a extensão nos níveis mais elevados da política educacional de um país, com o objetivo de formar, de maneira sistemática e organizada, os profissionais, técnicos e intelectuais de que as sociedades necessitam.[1] A universidade é o centro moderno do saber, de produção e disseminação do conhecimento em suas diversas áreas. Por isso, ingressar em um curso de nível superior e conquistar uma boa formação profissional é o sonho de milhares de jovens e adultos ao redor do mundo.

Este também é o sonho de muitos cristãos. Contudo, uma pesquisa[2] realizada nos Estados Unidos em 2010 identificou que aproximadamente apenas 40% dos jovens continuam na igreja depois da formatura, e que apenas 16% dos calouros da faculdade se sentem bem preparados pelos ministérios de jovens para continuarem na igreja depois do período escolar. Estudo idêntico realizado em 2006 por Steve Hernderson, presidente do Instituto Consulting for Collegesand Ministries, também demonstrou que na época algo em torno de 58% dos jovens cristãos norte-americanos se afastaram da igreja ao ingressar na universidade. Na época, a pesquisa também foi aplicada dentro das universidades brasileiras e o resultado foi basicamente o mesmo.

---

[1] WANDERLEY, Luiz Eduardo W. **O que é universidade.** Brasiliense, São Paulo, 1983, p. 11.

[2] EUA: **60% dos jovens não continuam na igreja depois do período escolar**. Disponível em: http://www.cpadnews.com.br/integra.php?s=12&i=799. Acesso em 14/2/2013.

Pesquisas como estas nos dão a falsa impressão de que a universidade não é lugar para aqueles que professam a fé cristã. *A priori*, os números indicam que ao ingressar na universidade o jovem cristão fatalmente será levado a esmorecer na fé e a abandonar a igreja e as suas doutrinas primordiais. E se tais conclusões estiverem realmente corretas, não há motivos para defender e muito menos incentivar a ida dos cristãos para um lugar que os fará, mais cedo ou mais tarde, desacreditar na veracidade das Escrituras e nas doutrinas do cristianismo. Para alguns, isso seria o mesmo que mandá-los para o campo de batalha, tendo a morte espiritual como consequência inescapável.

Diante desse panorama, muitos líderes cristãos não encaram a instituição universitária com bons olhos. Além do ambiente intelectual hostil, a possibilidade do desvirtuamento moral é outro argumento invocado para apontar o risco de o cristão frequentar um curso superior. Outros, ainda, recorrem a passagens bíblicas analisadas fora do seu contexto para suscitar uma espécie de anti-intelectualismo evangélico, afastando os seguidores de Cristo da ciência, da filosofia e do conhecimento secular.

Mas afinal, é verdadeira a afirmação de que as universidades desviam os cristãos? Qual a importância dos cristãos ingressarem na faculdade? Qual o relacionamento entre a igreja e a universidade? Como testemunhar, defender e anunciar a fé cristã dentro do *campus*?

Estas são algumas perguntas que pretendo responder neste livro, escrito pensando nos cristãos que frequentam (ou pretendem frequentar) a universidade, líderes evangélicos e pais de estudantes cristãos, com o objetivo geral de refletir sobre o relacionamento dos discípulos de Cristo com o mundo acadêmico.

Contudo, muito além de um guia cristão pragmático com dicas e conselhos para a vida no ambiente universitário, esta obra pretender oferecer as bases para a compreensão da fé cristã como uma visão de mundo abrangente. Englobando todas as esferas da vida, e não somente o ambiente eclesiástico — a fim de habilitar o cristão a pensar com a mente de Cristo sobre qualquer tópico e ter discernimento espiritual diante do pluralismo ideológico e religioso dos tempos atuais.

A partir dessa premissa, destacaremos a importância da inserção do cristão na universidade, seja como instrumento de formação e capacitação profissional, pregação do evangelho e como meio de inculturação cristã, para influenciar a produção de conhecimento a partir dos valores e princípios extraídos nas Escrituras Sagradas. Geralmente, na abordagem do relacionamento entre o cristão e a universidade, enfatiza-se a conduta moral e a necessidade de se manter a identidade cristã durante o curso superior. Embora esse aspecto seja importante, entendemos que trabalhar nos alicerces da fé é fundamental para o desenvolvimento de uma vida acadêmica sadia e produtiva, afinal somente o oferecimento de regras morais e exortações pastorais não é suficiente para preparar os cristãos para os desafios intelectuais e espirituais que surgem no campus universitário.

A hostilidade notada nos círculos acadêmicos contra a fé cristã exige da liderança e dos cristãos em geral uma educação cristã abrangente que contemple, além do ensinamento das doutrinas espirituais básicas, a formação de uma cosmovisão eminentemente bíblica. Para que supere a velha repetição de dogmas denominacionais e tradicionalistas, que não raro retiram o senso de reflexão dos crentes e a capacidade de discernimento crítico. Antes de ensinar o crente a obedecer, precisamos ensiná-lo a pensar. Isso porque, a obediência irrefletida é o principal ingrediente de uma fé frágil e infantil que não resiste nem mesmo aos primeiros ataques. Por outro lado, a obediência consciente, fruto de uma fé alicerçada, é uma recomendação bíblica.

O nosso propósito é contribuir com o desenvolvimento de uma cosmovisão eminentemente bíblica, uma mente cristã a partir da Mente de Cristo (2 Co 10.5), para a formação de discípulos conscientes de si mesmos e de suas responsabilidades perante o Reino de Deus, a fim de que defendam, compartilhem e testifiquem o Evangelho de Cristo no ambiente universitário. Em uma sociedade cada vez mais secularizada, que despreza o elemento religioso em geral e o cristianismo em particular, ensinar os cristãos a pensar de forma cristã é imprescindível. Segundo Harry Blamires, "pensar de forma cristã é aceitar, com a mente, todas as coisas como relacionadas, direta ou indiretamente, com o destino eterno do homem como filho remido e escolhido de Deus".[3]

Por isso, a obra que você tem em mãos trará um conteúdo apologético, com a finalidade de demonstrar que a fé cristã não é um salto no escuro ou simples um sentimento de caráter privado. A fé cristã é uma fé com fundamentos consistentes, afinal a religião cristã está amparada em evidências que demonstram a sua veracidade, e por esse motivo somos advertidos a estar sempre preparados para responder a todo aquele que nos pedir a razão da nossa esperança (1 Pe 3.15) e testificar sobre quem temos crido (2 Tm 1.12). Além disso, a fé cristã é uma fé inteligente que responde aos principais questionamentos da humanidade. Criados à imagem e semelhança de

[3] BLAMIRES, Harry. **A mente cristã:** como um cristão deve pensar. São Paulo: Shedd Publicações, 2006, p. 51.

Deus (Gn 1.26) somos seres inteligentes, comunicativos e com capacidade de raciocinar. O próprio Jesus afirmou que devemos amar a Deus de todo o nosso entendimento (Mt 22.37). Ter fé em Deus é um sinal de inteligência espiritual (Cl 1.9) e não de ignorância, como supõem os insensatos.

Sem querer esgotar qualquer dos temas aqui abordados, este livro propõe-se especificamente: desfazer o mito de que as universidade são responsáveis diretas pelo abandono da fé dos cristãos, e demonstrar a necessidade de preparação prévia dos crentes antes de iniciarem um curso de nível superior; evidenciar os perigos do anti-intelectualismo presente em certos círculos da igreja cristã, e mostrar que a Bíblia não chancela o desprezo ao intelecto, à razão e ao estudo sistematizado; enfatizar a necessidade dos cristãos resgatarem "a mente cristã" e despertarem do sono intelectual, não somente como mero exercício de intelecto ou simplesmente para adquirir conhecimento, mas para atender ao mandato cultural outorgado à Igreja;mostrar que a universidade ocupa um lugar estratégico na formulação das principais ideias que servem como guia da sociedade, e é exatamente dos seus bancos que estão saindo as mentes que serão responsáveis por influenciar a cultura e ditar os caminhos da política, do Direito, da mídia e da educação;destacar que quando os cristãos se apartam da produção do conhecimento e dos fatores de influxo da sociedade, o cristianismo tende a se tornar irrelevante e o evangelho menos receptivo; alertar sobre os desafios dos cristãos dentro das universidades, principalmente em virtude do ensino pós-moderno tão disseminado nos círculos acadêmicos, os ataques frontais ao cristianismo e às doutrinas centrais da crença; ressaltar a importância da defesa da fé cristã e os fatores imprescindíveis para a preparação apologética; oferecer conselhos práticos sobre a convivência no mundo universitário e sobre a necessidade do evangelismo no campus; instigar o cristão universitário a manter a sua identidade cristã dentro do ambiente acadêmico.

Para ser bem sincero, este é o tipo de livro que eu gostaria de ter lido quando ingressei na universidade. E espero sinceramente que ele possa auxiliar muitos irmãos na difícil jornada acadêmica.

As reflexões e os conselhos dispostos nesta obra é o resultado de uma pesquisa de alguns anos e servem tão somente como aperitivo aos leitores, como incentivo para que continuem a aprofundar nas temáticas aqui versadas.

Espero que tenha uma boa e proveitosa leitura!

Valmir Nascimento Milomem Santos

PARTE 1

Cristianismo e Intelectualidade

Capítulo

1

Universidade e Abandono da Fé Cristã

Nos colégios e faculdades os adolescentes e jovens são assaltados intelectualmente com todo tipo de cosmovisão não cristã associada a um relativismo opressor. Se os pais não tiverem a mente engajada na sua fé e não tiverem argumentos sólidos a favor do teísmo cristão e respostas boas às perguntas de seus filhos, então estaremos correndo o sério perigo de perder nossos jovens.

Willian Lane Craig

I. Universidade É Lugar para Cristãos?

Talvez você conheça a história de algum cristão que, depois de ingressar na universidade, acabou abandonando a fé cristã. Infelizmente, os números apontados na introdução deste livro são reais. Em média, apenas 40% dos jovens continuam na igreja depois que vão para a faculdade.

Isso nos leva à seguinte indagação: Afinal, a universidade desvia o crente da fé em Cristo?

Antes de apresentar uma resposta inicial — e obviamente não definitiva — sobre a indagação, é importante reconhecer que o ambiente universitário é em grande medida, hostil à fé cristã. Além das estatísticas anteriormente apontadas, a experiência nos mostra que o abandono da crença dentro da universidade é algo que ocorre com certa frequência. Durante a minha caminhada cristã infelizmente presenciei o naufrágio na fé de alguns amigos e conhecidos. Ainda hoje, ouço histórias trágicas de jovens cristãos que, depois de algum tempo, frequentando um curso de graduação acabaram esmorecendo.

As Escrituras deixam transparecer que a vida cristã envolve uma guerra espiritual constante (Ef 6.12), razão pela qual Judas diz que devemos batalhar pela fé que uma vez foi dada aos santos (Jd 1.3). Em outra oportunidade, o apóstolo Paulo também compara o cristão a um soldado que milita, mas não segundo a carne; porque as armas da nossa milícia — diz ele — não são carnais, mas sim poderosas em Deus para destruição das fortalezas; destruindo os conselhos, e toda a altivez que se levanta contra o conhecimento de Deus, e levando cativo todo o entendimento à obediência de Cristo (2 Co 10.3-5).

Em todas as áreas da sociedade, o discípulo de Cristo se vê em situação de embate permanente contra o sistema de mundo que se opõe e resiste à soberania divina. Jesus afirmou que o mundo nos odeia exatamente porque não somos daqui (Jo 15.19), por isso a universidade, dentro dessa realidade bíblico-espiritual, constitui-se também em um ambiente de contrariedade e de tentativa de subversão da verdade de Deus.

O estudo de nível superior possui o fator agravante de expor educacionalmente os crentes aos ensinamentos de [alguns] pensadores e filósofos ateus, agnósticos ou céticos que formularam críticas ferrenhas contra Deus e a Igreja, a exemplo de Voltaire, Nietzsche, Bertrand Russel, David Hume, Michel Foucault e muitos outros.

Inevitavelmente, durante seus estudos o cristão será bombardeado por ataques de professores e alunos contra a religião e os princípios universais e atemporais que decorrem da Palavra de Deus. Phillip E. Johnson captou essa tendência e afirmou que,

> "(...) cedo ou tarde o jovem descobrirá que os professores da faculdade (às vezes, até professores cristãos) agem conforme a suposição implícita de que as crenças religiosas são o tipo de coisa que se espera que a pessoa deixe de lado quando se dá conta de como o mundo de fato funciona; e que, em geral, é louvável 'crescer' afastando-se gradualmente dessas crenças como parte do processo natural de amadurecimento".[1]

Tal hostilidade é motivada em grande parte pela adoção de pressupostos naturalistas e antiteístas que excluem antecipadamente o elemento transcendental das discussões teóricas e da produção de conhecimento acadêmico, como se a religiosidade representasse, a priori, falta de rigor lógico, capacidade intelectual e conhecimento científico.

Em *O Triângulo do Reino*, J. P. Moreland afirma que o naturalismo é a cosmovisão dominante da cultura ocidental, cuja epistemologia cientificista está disseminada nas universidades, nas escolas públicas e na mídia, fazendo com que as outras formas de conhecimento sejam consideradas inexistentes ou muito inferiores à ciência.[2] De acordo com Moreland, "isso não só confere à ciência uma autoridade incrível para definir a realidade por nós, como também leva os que creem a perguntar se a ciência desabona de alguma maneira as crenças cristãs".[3] Segundo Moreland o cientificismo naturalista parte do pressuposto subjacente de que o conhecimento científico ou é o único tipo de conhecimento existente ou é um tipo de conhecimento superior aos demais. Tal cientificismo, ao estabelecer a teoria darwinista-evolucionista como a pedra fundamental do edifício epistemológico da ciência, rejeita qualquer outra visão científica, assumindo com isso características de ceticismo e irreligiosidade, de modo que toda ideia que não se emoldura em seu quadro teórico é intolerantemente rejeitada. Logo, a universidade teria o dever de despojar-se de qualquer elemento religioso. Numa análise similar, Dallas Willard diz:

---

[1] JOHNSON, Philip E. Prefácio *In:* PEARCEY, Nancy. **Verdade Absoluta:** libertando o cristianismo do cativeiro cultural. Rio de Janeiro: CPAD, 2006, p. 12.

[2] MORELAND, J. P. **O triângulo do Reino**. São Paulo: Editora Vida, 2011, p. 56.

[3] MORELAND, J. P., 2011, p. 56.

> "(...) o peso esmagador da perspectiva secular (...) permeia e pressiona cada pensamento que temos hoje. Às vezes ele chega até obrigar os que se identificam como professores cristãos a deixar de lado as declarações simples de Jesus sobre a realidade e a absoluta relevância do Reino de Deus, substituindo-as por especulações filosóficas cuja única credencial é sua coerência em relação à mentalidade "moderna" [isto é, contemporânea]".[4]

Consideremos ainda os seguintes dados. Os sociólogos Neil Bruto (Universidade de Harvard) e Solon Simmons (George Mason University) realizaram um estudo, em 2006, revelando que 1 em cada 4 professores universitários são ateus ou agnósticos (cerca de 5 vezes a razão na população em geral). Além disso, de acordo com uma pesquisa do Institute for Jewishand Community Research com 1.200 membros do corpo docente universitário, apenas 6% dos professores dizem que a Bíblia é "a real palavra de Deus", 51% dizem que a Bíblia é "um antigo livro de fábulas, lendas, história e preceitos morais", e mais do que metade dos professores pesquisados têm sentimentos "desfavoráveis" para com os cristãos evangélicos.[5]

Dentro desse ambiente, cada vez mais, aqueles que afirmam pertencer a uma dada religião em geral e ao cristianismo em particular são pressionados a abandonar suas "crenças ultrapassadas", aceitar a "ciência" e deixar as coisas da fé para trás. A postura crítica necessária ao pensar acadêmico é, segundo afirmam, incompatível com a credulidade e com a fé religiosa, que então deve ser deixada de lado ou, no máximo, considerada como um *hobby* de final de semana.

Mas a hostilidade não é somente intelectual. O clima extraclasse também é propenso para o desvirtuamento dos valores e das virtudes cristãs. Um jovem blogueiro cristão captou bem esse cenário ao expressar da seguinte forma:

> "A minha geração abandona mais o cristianismo por causa da loira do bar do que pelo barbudo Karl Marx. Os jovens que conheço são mais atraídos pelo relativismo moral prático do que pelo relativismo teórico dos filósofos pós-modernos. E eles são relativistas não porque leem Friedrich Nietzsche, mas sim porque assistem *Pânico na TV*".[6]

[4] MORELAND, J. P., 2011, p. 57.

[5] JANZEN, Johanes. Três razões pelas quais os jovens cristãos estão abandonando a igreja quando entram na faculdade, Disponível em: http://www.origemedestino.org.br/blog/johannesjanzen/?post=682. Acesso em 3/3/2015.

[6] SIQUEIRA, Gutierrez. **O cristão, a universidade e os desafios do presente século**. Disponível em: http://www.teologiapentecostal.com/2012/03/o-cristao-universidade-e-os-desafios-do.html.Acesso em 3/3/2015.

Isso implica dizer que os maiores ataques contra a fé cristã ocorrem no plano fático e não teórico. As principais investidas contra os princípios bíblicos acontecem na convivência, no dia a dia, na tentativa de subverter os cristãos e retirá-los do caminho da verdade, por meio de ofertas e convites para um comportamento que descaracteriza a identidade cristã.

A convivência com estudantes de origens, culturas e comportamentos diferentes também potencializa o risco do abandono da fé. Embora essa convivência seja salutar, ela pode ser nociva quando o cristão se envolve em más associações (Sl 1) e se deixar influenciar negativamente por elas, adotando um padrão de comportamento contrário à ética cristã. Além disso, o ingresso na universidade coincide geralmente com a fase da vida em que o jovem está em busca de maior liberdade, independência e tentativa de rompimento com os paradigmas anteriormente vivenciados, principalmente a religião.

Johannes Janzen nos faz recordar que para muitos jovens os seus anos de faculdade são a primeira oportunidade que já tiveram de estarem livres da supervisão coerente dos pais.

> "Também é um lugar cheio de jovens atraentes, muitos dos quais não compartilham sua visão de mundo cristã. Considere a força da tentação e imagine o valor interesseiro de uma visão de mundo alternativa para os jovens estudantes para perseguir suas paixões e desejos sem restrições, inibição ou culpa. Para muitos, o naturalismo ateísta, com a sua história alternativa da criação, do código moral, dos valores e objetivos materialistas, é uma alternativa extremamente atraente ao cristianismo. A inclinação caída para perseguir o nosso desejo egoísta é comum a todos nós, mas é uma força motriz fundamental para muitos jovens estudantes".[7]

Seja qual for o motivo que enseje o abandono da fé cristã, a universidade não é culpada pelo desvio espiritual das pessoas. Muito embora os números apresentados nas pesquisas possam nos levar apressadamente a esta conclusão, precisamos ter o máximo de cautela antes de concluir que a academia não é lugar para cristãos, pois — para além de outros fatores — a grande maioria dos estudos não traça o paralelo com o abandono da fé daqueles que não chegaram a ir para a universidade.

---

[7] JANZEN, Johanes. Disponível em http://www.origemedestino.org.br/blog/johannesjanzen/?Post=682. Acesso em: 3/2/2015.

Em análise interessante sobre o tema, Frank Turek[8] concluiu que o abandono da fé também é elevado entre os que não vão para a faculdade. Turek observou que após o término do ensino médio é comum que jovens cristãos pretendam dar uma pausa em seu relacionamento com a igreja, e isso acontece tanto em relação aos católicos quanto aos evangélicos. em virtude — diz ele — do "cristianismo fácil e de entretenimento" tão pregado atualmente, o qual não incentiva as pessoas a desenvolverem uma vida cristã focada na verdade, mas sim na emoção.

Para sustentar as palavras de Frank Turek, menciono a pesquisa realizada pela America's Research Groupe divulgada pelo Christian Post[9] em 2009. De acordo com a matéria, enquanto as pesquisas anteriores demonstraram que os estudantes cristãos tendiam a sair da igreja durante o período da faculdade, os dados coletados pela pesquisa indicaram que a maioria desses jovens abandonou a fé já no ensino médio, antes mesmo de chegarem ao terceiro grau. De acordo com o levantamento, 95% dos jovens entrevistados com idade entre 20 e 29 anos frequentaram a igreja regularmente durante o ensino fundamental; apenas 55% foram para a igreja durante o ensino médio, e no período universitário, somente 11% continuaram a frequentá-la. O grupo responsável pelo estudo constatou também que mais de 43% dos entrevistados tinham dúvidas sobre a veracidade dos relatos bíblicos durante o ensino médio e apenas cerca de 10% disseram terem se tornados duvidosos durante a faculdade.

Nesse mesmo sentido, uma série de pesquisas realizadas ao longo de cinco anos pelo Grupo Barna[10], analisando a vida de jovens que abandonaram a fé, apontou em seu relatório final cinco mitos e realidades sobre os motivos da evasão das igrejas. Um dos mitos é exatamente a afirmação de que, "Experiências da faculdade são o fator-chave que levam as pessoas a desistirem". Como objeção, a realidade apontada pela pesquisa foi que, embora a faculdade tenha uma grande influência na vida dos cristãos, ela não é necessariamente o motivo principal do abandono da fé, como geralmente se supõem. Como prova, o relatório apontou que muitos cristãos deixam a fé bem antes de chegarem à faculdade, alguns inclusive antes dos 16 anos de idade.

---

[8] KWON, Lilian. Apologist: Youths Need Truth, Not 'Easy Believism'. Disponível em: http: //www.christianpost.com/news/apologist-youths-need-truth-not-easy-believism-43395/. Acesso em: 10/1/2012.

[9] KWON, Lilian. Survey:Churches Losing Youths Long Before College. Disponível em http://ww .christianpost.com/news/survey-churches-losing-youths-long-before-college-39433/. Acesso em: 10/1/2012.

[10] **Five Myths about Young Adult Church Dropouts**. Disponível em: http://www.barna.org/teens-next-gen-articles/534-five-myths-about-young-adult-church-dropouts. Acesso em 11/3/2012.

David Kinnaman, responsável pelo levantamento, afirmou que o problema decorre da inadequação da preparação de jovens cristãos para a vida além do grupo de jovens. Kinnaman observou que os resultados da investigação mostraram que apenas uma pequena minoria de jovens cristãos tem sido ensinada a pensar sobre questões de fé, vocação e cultura. Menos de um em cada cinco têm alguma ideia de como a Bíblia deve informar os seus interesses escolares e profissionais. E a maioria não dispõe de mentores adultos ou amizades significativas com os cristãos mais velhos, que possam guiá-los a responder perguntas que surgem durante o curso de seus estudos. Em outras palavras, o ambiente universitário não costuma causar a desconexão; apenas expõe o problema da fé-rasa de muitos jovens.

II. Quebrando o Mito de que as Universidades Desviam Cristãos

Portanto, essas pesquisas ajudam a desfazer o velho mito de que a universidade é um bicho-papão e responsável pelo desvio dos jovens cristãos. Embora o ambiente acadêmico seja hostil ao pensamento cristão, seja no aspecto intelectual ou comportamental, a universidade simplesmente representa em menor escala a guerra espiritual que o cristão deve enfrentar nesse plano terreno. J. Budziszewski lembra-nos que a lealdade a Jesus Cristo é atacada em todo o tempo e em todo o lugar, e, por isso "não é em vão que os pais da Igreja Primitiva falaram da igreja militante. No entanto, Deus conduz seu povo por toda tribulação, e os portões do inferno não prevalecem".[11]

A universidade pode ser comparada a um campo de batalha. O que não significa que ela deva ser evitada. Como cristãos, devemos nos preparar para entrar no combate e, assim como o apóstolo Paulo, dizermos, ao término da graduação, que combatemos o bom combate e guardamos a fé (2 Tm 4.7). Se existem boas razões para o cristão ir para a faculdade — o que acreditamos que existem — então não há porque temer adentrar nesse embate, afinal o servo do Senhor não foi forjado para fugir das pelejas, mas enfrentá-las frontalmente. O próprio Senhor Jesus, em uma oração ao Pai a respeito dos seus discípulos, disse: "Não peço que os tires do mundo, mas que os livres do mal" (Jo 17.15).

[11] BUDZISZEWSKI, J. **Quando vão para a faculdade: podemos protegê-los** *apud* ZACHARIAS, Ravi; GEISLER, Norman. **Sua igreja está preparada?**. CPAD. Rio de Janeiro. 2007. p. 120.

Entretanto, é óbvio que para ir para uma guerra é necessário preparo prévio. Um soldado que entra na peleja sem o mínimo de preparo é alvo fácil para o inimigo. Essa é a razão pela qual muitos cristãos se afastam de Cristo na universidade: a falta de preparo (bíblico, teológico e apologético), seja para conseguir responder (1 Pe 3.15) com firmeza aos questionamentos sobre os fundamentos da fé, manter a identidade cristã, ou para fazer uma conexão entre a fé, a cultura atual e os interesses profissionais.

Levando em consideração essa fragilidade de muitos cristãos, J. Budziszewski enumera 12 razões verdadeiras por que tantos universitários cristãos perdem a fé na faculdade, enfocando tanto aspectos cognitivos (falta de conhecimento/articulação cristã) quanto atitudes equivocadas em relação a sexualidade. Budziszewski lembra que existem, é claro, mais de 12 razões, porém, segundo o autor, 12 é um número apropriado que cobre a maior parte do território de forma econômica. São elas:

1. Jovens crentes acham que podem ser cristãos solitários;
2. Eles não entendem a "Grande História" das Escrituras;
3. Eles não sabem as razões para as Leis de Deus;
4. Eles não sabem que por trás de toda tentação está uma falsa ideologia;
5. Eles não aprenderam a reconhecer os desejos e armadilhas de seus corações;
6. Eles acham que boas intenções são suficientes para protegê-los do pecado;
7. Seu entendimento das virtudes cristãs é sentimental demais;
8. Eles acham que fé e conhecimento são opostos;
9. Eles acham que Jesus proíbe o julgamento moral;
10. Eles são convencidos facilmente a se defenderem;
11. Eles não percebem que seus adversários também têm compromisso com a fé;
12. Eles não sabem como desmascarar um engano.

Abordarei algumas dessas razões no decorrer desse livro. Por ora, gostaria de me deter à razão número 2, pois ela nos ajudará a compreender toda a dimensão do problema da falta de preparo do cristão ao ingressar na faculdade.

Segundo Budziszewski, os jovens cristãos não entendem a "Grande História" das Escrituras. Embora eles conheçam as "histórias bíblicas", com frequência falham em perceber que a Bíblia é uma única grande história — a verdadeira história, com comentários explicativos, do relacionamento de Deus com a humanidade. Os cristãos universitários, afirma o autor, precisam ouvir de você que, como qualquer história, a Bíblia contém personagens, conflitos, desenvolvimento, um clímax, uma resolução e um final. Dessa forma, eles ficarão preparados para ver a Bíblia como um todo.

Na verdade, essa Grande História mencionada por Budziszewski envolve a narrativa bíblica que envolve a Criação, a Queda e a Redenção humana; enfim o grande plano de Deus para a humanidade, que abrange todas as áreas da vida. Em outras palavras, ele está a afirmar que boa parte dos jovens cristãos não assimilaram a ideia da fé cristã como algo integral, abrangente e coerente. O cristianismo é visto como algo solto, desconexo e, às vezes, sem sentido.

Infelizmente, é preciso concordar com Budziszewski. A triste realidade é que tal deficiência é ocasionada em grande parte pela inércia e por uma atitude mal orientada das igrejas evangélicas, que raramente oferecem instruções e orientações básicas sobre apologética, cosmovisão cristã e vida profissional aos seus membros adolescentes e jovens. Prova disso é que outro estudo[12], também realizado pelo Grupo Barna, revelou tal lacuna. Na realidade norte-americana constatou-se que apenas 38% dos pastores de jovens e 36% dos pastores titulares afirmaram discutir frequentemente os planos de faculdade com os jovens.

No Brasil, certamente a situação não é menos grave. São poucos os ministérios que se preocupam com a inserção dos jovens nas universidades e no mercado de trabalho, e o resultado disso é um despreparo generalizado e perigoso da juventude cristã que, diante dos ataques dos ateístas, secularistas e liberais da educação, se veem despreparados e sem argumentos para responder e contra-atacar.

III. A Importância da Cosmovisão e da Apologética Cristã

Dentro desse estado de coisas, a liderança cristã (pastores e líderes de jovens) e os próprios pais precisam repensar cada qual o seu papel e estabelecer um diálogo mais próximo e efetivo com esses jovens e adolescentes da igreja. Instruindo-os para a formação de uma verdadeira apologética cristã,

[12] **What Teens Aspire to Do in Life, How Churches Can Help.** Disponível em: http://www.barna.org/ teens-next-gen-articles/492-what-teens-aspire-to-do-in-life-how-churches-can-help. Acesso em 11/3/2012.

a fim de que possam responder com segurança aos questionamentos sobre a fé que professam, e tenham condições de interagir com a sociedade sem que tenham de abandonar a Cristo.

Johanes Janzen, depois de apresentar um levantamento de J. Warner Wallace, que elencou três razões que levam os jovens cristãos a abandonar a igreja quando entram na faculdade (1. *Nossos adolescentes cristãos são inarticulados e desinformados; 2. As universidades são geralmente hostis ao cristianismo; 3. Os jovens estão ansiosos para perseguir os seus desejos com liberdade*), destacou que nós não podemos mudar a natureza hostil da universidade ou a natureza humana de nossos jovens cristãos. Por essa razão, se quisermos mudar esse quadro, precisamos nos envolver com o primeiro aspecto.

> "Temos que fazer o que for preciso para informar, equipar e ocupar os jovens cristãos em uma investigação racional e evidencial do cristianismo. Vai ser duro o suficiente para os nossos alunos resistirem à tentação de abandonar a sua cosmovisão cristã quando tentados pelos seus próprios desejos, especialmente dada a natureza da vida universitária e o incentivo que receberão a perseguir suas paixões. Mas, será ainda mais fácil os nossos alunos irem embora, se eles não souberem sequer por que o cristianismo é verdade... É hora de alinhar as nossas igrejas e ministérios para envolver o grupo demográfico mais importante dentro da Igreja: jovens cristãos. É hora de entrar no jogo, redirecionar os nossos esforços e começar a treinar".[13]

Nos nossos dias saber articular o evangelho de forma inteligente, coerente e relevante no mercado das ideias, mantendo-se ao mesmo tempo fiel às Escrituras é uma questão crucial aos cristãos, especialmente em nosso contexto cultural, que oferece um cardápio de experiências religiosas bastante variado.[14] A pluralidade de cosmovisões resultantes do sincretismo nas esferas religiosa e ideológica exige um realinhamento individual e comunitário, de uma mente cristã fundamentada em uma visão cristã do universo, da cultura, do sistema sociopolítico e religioso em que vivemos. Do contrário, estaremos nos expondo às críticas, muitas vezes merecidas, que têm sido levantadas contra o cristianismo institucionalizado e decadente do século passado, assim como o dos nossos dias.

[13] JANZEN, Johanes. Disponível em: http://www.origemedestino.org.br/blog/johannesjanzen/?post=682. Acesso em 3/2/2015.

[14] RAMOS, Robson. **Evangelização no mercado pós-moderno.** Disponível em http://livros.gospelmais. com.br/files/livro-ebook-evangelizacao-no-mercado-pos-moderno.pdf. Acesso em 1/6/2015.

É isso o que Nancy Pearcey quer dizer quando afirma que os cristãos têm de ser bilíngues para traduzir o evangelho em uma língua que a nossa cultura entenda. Como imigrantes, precisamos falar na linguagem da fé e da religião que professamos. Mas, como missionários, devemos traduzir essa língua para a língua da cultura em que vivemos. O problema é que a grande maioria dos estudantes cristão, diz Nancy Pearcey,

> "não sabe expressar a perspectiva da crença que professam usando uma língua adequada ao ambiente público. Como imigrantes, que ainda não dominam a gramática do novo país, eles são tímidos. Em particular, falam uns com os outros na língua materna de sua religião, mas em sala de aula não têm certeza de como expressar a perspectiva religiosa na linguagem do mundo acadêmico".[15]

Para mudar esse panorama, exige-se o uso de uma educação cristã abrangente que contemple, além do ensinamento das doutrinas espirituais básicas, a formação de uma cosmovisão eminentemente bíblica, que supere a velha repetição de dogmas denominacionais e tradicionalistas, que não raro retiram o senso de reflexão dos crentes e a capacidade de discernimento crítico.

A verdadeira educação cristã deve ser capaz de formar discípulos conscientes de si mesmos e de suas responsabilidades perante o Reino de Deus, de modo que a obediência e a fidelidade às leis morais extraídas das Sagradas Escrituras e à vontade de Deus sejam o resultado de uma mente transformada e cativa ao senhorio de Cristo (2 Co 10.5), e não de uma vontade individual subserviente, suprimida pelas forças institucionais da religião. Parafraseando o apóstolo Paulo, somente pela transformação e pela renovação da nossa mente, em Cristo, é que podemos experimentar qual seja a boa, agradável, e perfeita vontade de Deus (Rm 12. 2). A educação cristocêntrica parte desse princípio, promovendo libertação e transformação de dentro para fora.

Essa educação deve explicitar não somente o cardápio de crenças cristãs, mas os fundamentos dessas crenças. Como ressaltou Philip Johnson, "é provável que a educação cristã seja exercício fútil se não prepara os jovens para sobreviver aos desafios da cosmovisão que seguramente encontrarão".

[15] PEARCEY, Nancy, 2006, p. 76.

Ele diz mais:

> "Uma boa educação na análise da cosmovisão é elemento tão básico do sistema de defesa do cristão hodierno quanto era o escudo nos dias em que o viajante prudente precisava estar preparado para repelir ataques de ladrões brandindo espadas. Em nossos dias, os bandoleiros intelectuais roubam dos jovens a fé, e o fazem servindo-se de argumentos baseados na areia movediça de 'o que todo mundo sabe' e 'o modo como pensamos hoje'. Estes jovens precisam encontrar a rocha e saber por que ela é sólida, e por que o mundo prefere a areia movediça".[16]

Nancy Pearcey também nos chama a atenção para o fato de que, na função de pais, pastores, professores e líderes de grupo de mocidade, vemos constantemente os jovens humilhados pela contracorrente de tendências culturais poderosas. Por isso, diz ela, "se tudo que lhe dermos for uma religião do 'coração', não serão bastante fortes para se oporem à isca de ideias atraentes e perigosas". Pearcey ainda argumenta que os jovens crentes também precisam de uma religião do 'cérebro' — educação em cosmovisão e apologética — para equipá-los na análise e crítica de cosmovisões concorrentes que eles encontrarão no mundo afora.

> "Se estiverem prevenidos e armados, os jovens pelo menos terão a chance de lutar quando forem a minoria entre os companheiros de classe ou colegas de trabalho. Educar os jovens a desenvolver uma mente cristã já não é opção; é parte indispensável do equipamento de sobrevivência".[17]

E o que é cosmovisão? É uma forma de enxergar o mundo. É um mapa mental ou uma lente intelectual a partir do qual interpretamos a sociedade e os acontecimentos. Com efeito, cosmovisão cristã é o modo como olhamos para este mundo a partir dos pressupostos bíblicos e aplicamos os seus princípios a todas as esferas da sociedade, seja na igreja, no trabalho, na escola, na faculdade ou no governo. Desse modo, considerar o cristianismo como uma cosmovisão abrangente implica em reconhecer a integralidade da fé cristã, aplicável a toda a realidade, e não somente a uma parte dela. O cristianismo, adverte Francis Schaeffer[18], "não é ape-

[16] PEARCEY, Nancy, 2006, p. 13.
[17] PEARCEY, Nancy, 2006, p. 22.
[18] SCHAEFFER, Francis. **O Deus que intervém**. São Paulo: Cultura Cristã, 2009, p. 249.

nas um monte de fragmentos e pedaços — há um começo e um fim, todo um sistema de verdade — este sistema é o único que resistirá a todas as questões que nos serão apresentadas, à medida que somos confrontados com a realidade da existência".

O treinamento dos jovens cristãos em cosmovisão e apologética cristã se mostra essencial, principalmente porque, como escreve Willian Lane Craig[19], nos colégios e faculdades os adolescentes e jovens são assaltados intelectualmente com todo tipo de cosmovisão não cristã associada a um relativismo opressor. Ele diz ainda:

> "Se os pais não tiverem a mente engajada na sua fé e não tiverem argumentos sólidos a favor do teísmo cristão e respostas boas às perguntas de seus filhos, então estaremos correndo o sério perigo de perder nossos jovens. Já não é suficiente ensinar histórias bíblicas a nossos filhos, eles precisam de doutrina e apologética. Francamente, para mim é difícil entender como as pessoas hoje se arriscam a serem pais sem terem estudado apologética. Infelizmente, as nossas igrejas em termos gerais jogaram a toalha nessa área. Não é suficiente que os grupos e as classes de escola dominical de jovens concentrem suas atividades no entretenimento e em simpáticas ideias devocionais. Precisamos treinar os nossos filhos para a guerra. Não podemos arriscar enviá-los aos colégios e universidades armados com espadas e armaduras de plásticos. O tempo de brincadeiras já passou".[20]

Esse processo de educação e diálogo deve ser franco e honesto, capaz de ajudá-los a encarar os dilemas do mundo atual e a discernir o chamado de Deus em suas vidas, com uma mensagem relevante e contextualizada, e que demonstre a superioridade de Cristo (Fp 2.9) e do evangelho. Não obstante, não podemos nos esquecer de que o cristão é o principal responsável pelo seu alicerce espiritual. A responsabilidade pela formação de uma mente cristã saudável, coerente e com fundamento bíblico não é somente do pastor e dos pais. Na verdade, o cristão, por si só, deve se dedicar à leitura das Sagradas Escrituras e buscar cada dia mais sedimentar a sua crença, por meio de alimento sólido e águas límpidas, a fim de que seja arraigado e edificado nEle (Cl 2.7). Para tanto, como escreveu o

[19] CRAIG, Willian Lane. **Apologética Contemporânea:** a veracidade da fé cristã. 2. Ed. São Paulo: Vida Nova, 2012, p. 19.
[20] GRAIG, Willian Lane, 2012, p.19

apóstolo Pedro, é necessário desejar afetuosamente, como meninos novamente nascidos, o leite racional, não falsificado, para que tenha um bom crescimento espiritual (1 Pe 2.2).

O simples fato de você estar lendo este livro é um bom começo para tal preparação. No decorrer dessa obra, pretendo enfatizar a importância da cosmovisão e da apologética cristã para a defesa da fé no *campus* universitário. Espero que você se sinta motivado a alicerçar os fundamentos da sua crença em Cristo Jesus, a fim de que possa vivenciar, compartilhar e defender a sua fé com mais ímpeto e consistência.

Síntese e Conclusão

Portanto, concluímos que a universidade não é o responsável pelo desvio dos jovens cristãos. Ainda que as pesquisas apontem nesse sentido, devemos considerar que o abandono da fé no período da juventude também é uma realidade entre aqueles que não ingressam na universidade, conforme apontam outros estudos. Em verdade, o *campus* deve ser considerado um campo de batalha, razão pela qual o cristão precisa estar preparado antes de entrar nesse combate, sob pena de sair morto ou ferido espiritualmente. Esse preparo deve envolver uma educação cristã abrangente que contemple, além do ensinamento das doutrinas espirituais básicas, a formação de uma cosmovisão eminentemente bíblica e o treinamento em apologética cristã, e requerer o envolvimento dos pais, da liderança eclesiástica e o interesse dos jovens cristãos.

Capítulo

2

Hedonismo Mental e o Perigo do Anti-Intelectualismo no Meio Evangélico

O anti-intelectualismo é uma disposição em não levar em conta a importância da verdade e a vida da mente.

Os Guinness

Mas continuamos um povo profundamente preocupado com a cura física e desconfiado da cura intelectual. Permitam-me dizer isso de modo direto: possuir um coração ardente e um intelecto fraco na melhor das hipóteses serve à mediocridade e na pior, à desgraça.

Rick Nañez

I. O Problema do Hedonismo Mental no Meio Evangélico

Além do mito tratado no capítulo anterior, outro fator causador da aversão de alguns cristãos pela universidade é o anti-intelectualismo presente em certos círculos da igreja cristã. Para algumas pessoas, o cristão estudioso é tido como rebelde, frio, calculista, modernista, liberal e inveterado insurgente. James Sire chama isso de "versão popular do intelectual".

Infelizmente, há uma quantidade considerável de cristãos que rejeitam completamente a intelectualidade e a vida da mente. Essas pessoas não aceitam o estudo sistematizado, a leitura de bons livros e a educação não religiosa. Tudo isso não passa — para elas — de uma grande perda de tempo, por não se tratar de uma atividade eminentemente espiritual, mas racional, sem a chancela bíblica, dizem. Nessa perspectiva, há quem imagine — de forma equivocada — que no céu receberão um galardão pela falta de conhecimento que tiveram na terra.

O anti-intelectualismo, diz o sociólogo cristão Os Guinness, "é uma disposição em não levar em conta a importância da verdade e a vida da mente". Vivendo em uma cultura sensual e em uma democracia emotiva, diz ele, os evangélicos da última geração têm simultaneamente revigorado seus corpos e embotado suas mentes. O resultado? Muitos sofrem de uma forma moderna do que os antigos estóicos chamavam de "hedonismo mental" — possuem corpos saudáveis e mentes obtusas.[1]

O anti-intelectualismo no meio cristão evangélico é tão perigoso quanto as heresias. Na verdade, se entendermos a heresia como sendo o ensino doutrinário contrário ao texto bíblico, podemos afirmar que a aversão ao conhecimento é uma forma de heresia, uma vez que destoa por completo das verdades centrais da fé cristã. Por isso, é dever do cristão se insurgir contra toda forma de desprezo intelectual, pois é nosso papel falar aquilo que convém à sã doutrina (Tt 2.1).

Acredito que uma grande parcela daqueles que defendem uma postura de aversão à intelectualidade agem assim não porque realmente acreditam nisso como uma doutrina bíblica, mas por causa da preguiça mental que possuem e da falta de disposição para o estudo. Em outras palavras, o anti-intelectualismo, na maioria das vezes, é uma desculpa para justificar a falta de preparo intelectual da própria pessoa. É mais preguiça mental do que uma convicção teológica. Uma tentativa medíocre e sem sentido de jogar

[1] GUINNESS, Os apud SIRE, James. **Hábitos da Mente**: a vida intelectual como um chamado cristão. São Paulo, Editora Hagnos, 2005, p. 19.

para os outros o insucesso do seu cérebro. Nesse anseio, muitos recorrem ao texto bíblico — retirado do contexto — para legitimar sua "teologia da ignorância", por meio de interpretações confusas e descontextualizadas.

II. Interpretando alguns Versículos "Anti-Intelectuais"

A letra realmente mata?

Uma das passagens bíblicas usadas para justificar essa teologia da ignorância é 2 Coríntios 3.6: "[...] porque a letra mata e o espírito vivifica". Já ouvi pregações, conselhos e até título de evento cristão com base nesse texto bíblico para justificar a aversão intelectual.

Certa ocasião, após ministrar em uma Escola Bíblica Dominical acerca da importância da intelectualidade na vida cristã, uma irmã, no fundo da igreja, levantou a mão e, depois de ler essa perícope, disse para tomarmos cuidado com a intelectualidade, pois ela poderia matar a vida espiritual de um crente em Cristo. Gentilmente, perguntei à senhora se era possível ela compartilhar conosco o sentido da expressão contida no versículo bíblico. Apavorada, ela começou a folhear a Bíblia rapidamente em busca de uma resposta salvadora, mas, depois de alguns minutos, em uma atitude de humildade, reconheceu que não sabia realmente o sentido da expressão paulina. Na sequência, agradeci à irmã e passei a explicar o significado do texto.

Esse simples exemplo factual nos faz perceber como podemos replicar passagens bíblicas sem compreender o seu real significado. E isso pode ser trágico. No caso, é um erro grosseiro de interpretação afirmar que a palavra "letra" no texto citado tenha sido empregada como sinônimo de conhecimento. Não é necessário muito esforço [intelectual] para perceber que nesta passagem o apóstolo Paulo faz referência à letra da Lei mosaica e não ao saber epistemológico. Basta observar que o capítulo em contexto tem como tema principal a diferença entre o ministério do Antigo e do Novo Testamento, fato este verificado nos versículos posteriores, onde o escritor vai advertir: "O ministério que trouxe a morte foi gravado com letras em pedras; mas este ministério veio com glória que os israelitas não podiam fixar os olhos na face de Moisés, por causa do resplendor de seu rosto, ainda que desvanecente" (2 Co 3.7 NVI). O *Comentário Bíblico Beacon* registra que Paulo se refere à letra no sentido de "antigo concerto", conforme definido em um "código escrito" exterior. Por Espírito ele está caracterizando a revelação do novo concerto em Cristo, em termos de um código interno dinâmico e espiritual, em contraste com outro legal.

> "Embora a referência não seja diretamente ao Espírito Santo (Espírito, 6, 8; "Espírito", 17-18), certamente a presença do Espírito de Deus está envolvido de uma maneira totalmente nova. Assim, embora o uso que Paulo faz do Espírito seja geralmente em um sentido qualitativo, o que ele quer dizer não pode ser compreendido independentemente das operações do Espírito Santo. A glória (cf. 7-11) do ministério do novo concerto como um ministério do Espírito (cf. 8) está gravada em relevo pelo fato de que a letra mata, e o Espírito vivifica (cf. Rm 7.6). A vontade e o objetivo de Deus, expressos somente na forma de proibições escritas só poderiam incitar e condenar o pecado (cf. Rm 7.7-25); pois não tinham poder devido à fraqueza da carne (Rm 8.3). Assim, só poderiam levar à morte. Mas "o Espírito de vida, em Cristo Jesus" (Rm 8.2; cf. 3.17; 1 Co 15.45) é capaz de gravar a vontade de Deus no coração (3.3; At 15.9), capacitando o cristão a cumprir os requisitos justos de um Deus Santo (3.9; Rm 8.4). No entanto, a Lei não ficava invalidada, pois "a lei é santa" (Rm 7.22). Em lugar disso, ela fica estabelecida (Rm 3.31) ou cumprida (Rm 13.8-10; Gl 5.14), quando pelo poder da constante presença do Espírito de Cristo (Rm 8.2-9) a fé opera através do amor (ágape) na preocupação ética do cristão (Gl 5.6). A suficiência do chamado de Paulo é aquela que está ancorada em um ministério superior, o ministério de um Espírito transformador (3.18").[2]

A "letra", ou o antigo concerto, pois, refere-se às Escrituras do Antigo Testamento, o resumo da lei de Moisés. "A carta de Paulo aos Romanos mostra que ele negava inequivocamente que a observância à lei pode levar à salvação. Na verdade, a lei somente torna as pessoas conscientes do seu pecado, o pecado que, em última análise, leva à morte (Rm 2.29; 3.19, 20; 6.23; 7.6)".[3] Sendo assim, "Tentar ser salvo observando as leis do Antigo Testamento irá acabar em morte. Somente crendo no Senhor Jesus Cristo se pode receber a vida eterna, por intermédio do Espírito Santo. Ninguém, exceto Jesus, cumpriu a Lei perfeitamente; assim, todo o mundo está condenado à morte. Sob o novo concerto, a vida eterna vem do Espírito Santo. O Espírito dá uma nova vida a todos aqueles que creem em Cristo".[4]

---

[2] GREATHOUSE, Willian M; METZ, Donald S; GARVER, Frank G. **Comentário Beacon**. Vol. 8. 1ª ed. Rio de Janeiro: CPAD, 2006, p. 418, 419.
[3] **Comentário do Novo Testamento Aplicação Pessoal**. Vol. 2. Rio de Janeiro: CPAD, 2010, p. 204.
[4] **Comentário do Novo Testamento Aplicação Pessoal**, 2010, p. 204.

O que são filosofias e vãs sutilezas?

Outra passagem bíblica empregada como desculpa para o anti-intelectualismo é Colossenses 2.8: "Cuidado que ninguém vos venha a enredar com sua filosofia e vãs sutilezas".

A confusão em torno dessas palavras de Paulo é bem antiga. Tertuliano, um dos pais da igreja do 2º século, ao enfrentar as ameaças do gnosticismo, que tentava combinar elementos do cristianismo, do Judaísmo e da filosofia grega, teria dito que "é a filosofia que fornece a bagagem intelectual para as heresias"[5]. É dele a célebre frase: "Que tem Atenas a ver com Jerusalém? Que acordo pode haver entre a Academia e a Igreja? O que existe entre os hereges e os cristãos". Todavia, a crítica de Tertuliano era contra o método dialético, pelo qual qualquer pessoa poderia justificar quase qualquer conclusão a partir de um argumento coerente, com base em uma premissa maior e uma premissa menor, fossem tais premissas verdadeiras ou não.[6] Michael Horton explica da seguinte forma:

> "Tertuliano estava reagindo contra a exploração desse método [dialético] pela seita gnóstica. O mau uso que eles faziam dele [método] fez que o pai da igreja desistisse totalmente de usá-lo na reflexão cristã. Ele apelou para uma passagem que desde então foi muito usada (e talvez abusada) em que Paulo admoesta os crentes colossenses: 'Cuidado que ninguém vos venha a enredar com sua filosofia e vãs sutilezas, conforme a tradição dos homens, conforme os rudimentos do mundo, e não segundo Cristo' (Cl 2.8; ver também 1 Tm 1.4; 2 Tm 2.17). Afinal, de contas, trovejou Tertuliano, "o que tem Jerusalém a ver com Atenas, a Igreja com o mundo acadêmico, o cristão com o herege?".[7]

Michel Horton também observou que em sua advertência aos colossenses Paulo não estava argumentando, ao estilo de Tertuliano, que os cristãos devessem considerar toda a sabedoria e filosofia humanas como hostis à fé, pois é preciso lembrar de que Paulo foi o homem que defendeu de modo tão eloquente em favor do cristianismo a partir da filosofia em Atos 17. Longe de uma rejeição a todo tipo de filosofia, Paulo estava simplesmente

[5] HORTON, Michael Scott. **O Cristão e a cultura.** [tradução Elizabeth Stowell Charles Gomes]. 2ª ed. São Paulo: Cultura Cristã, 2006, p. 49.
[6] HORTON, Michael Scott, 2006, p. 50.
[7] HORTON, Michael Scott, 2006, p. 50.

criticando os que misturavam o cristianismo com a filosofia grega, a qual gerava um misticismo especulativo. Com efeito, "quando Paulo adverte contra deixar-se levar pela vã filosofia; ele tem em mente um problema específico: essa confusão do cristianismo com a filosofia grega, a última tendo se inserido de modo descuidado sobre a primeira a ponto de as definições de Deus, da criação, da natureza humana, da história e da redenção terem sido totalmente remodelados". Paulo — prossegue Horton — não estava atacando a filosofia em si, mas o gnosticismo em particular e a dominação da teologia pela sabedoria secular em geral.[8]

A propósito, não faz muito sentido interpretar as palavras do apóstolo Paulo separadas de seu exemplo de vida. Paulo foi um erudito. Era brilhante intelectualmente. Possuía um grande apreço pela leitura, estudo e ensino, e usou sua capacidade em prol do Reino de Deus. Estudou aos pés de Gamaliel, um dos mais notáveis pensadores judaicos da época. Ele conhecia a filosofia e a literatura gregas (At 17, 17, 18; Tt 1.13, 14). Empregou suas habilidades intelectuais para a defesa do evangelho em suas viagens missionárias, mostrando que as profecias do Antigo Testamento haviam se cumprido em Jesus (At 17.1-4). Em Atenas, participou de diálogos culturais, fazendo citações de poetas gregos, antes de conclamar os atenienses ao arrependimento (17.17, 22-31)[9]. Inspirado pelo Espírito Santo, seus escritos foram essenciais para a expansão do cristianismo e para a formulação de suas bases doutrinárias.

Portanto, alegar que Paulo tenha incentivado a cultura da ignorância é uma tentativa nada inteligente de justificar o injustificável.

Revelaste aos pequeninos

Outro [suposto] texto-chave da anti-intelectualidade está em Mateus 11.25: "Naquele tempo, respondendo Jesus, disse: Graças te dou, ó Pai, Senhor do céu e da terra, que ocultaste estas coisas aos sábios e entendidos, e as revelaste aos pequeninos".

Será que o Mestre Jesus está censurando o conhecimento dos sábios e intelectuais?

É bem verdade que a palavra grega empregada nessa passagem para sábio (*sophos*) pode significar genialidade ou treinamento acadêmico, po-

---

[8] HORTON, Michael Scott, 2006, p. 59.

[9] NAÑES, Rick. **Pentecostal de coração e mente***:* um chamado ao dom divino do intelecto; tradução Ana Schaeffer. São Paulo, Vida. 2007, p. 48.

dendo representar o habilidoso em estudo, erudito, instruído, inteligente, esclarecido, com respeito a coisas humanas e divinas.[10] Entretanto, tal expressão deve ser interpretada à luz do seu contexto imediato, a fim de revelar o seu real sentido, pois as Escrituras fazem distinção entre a boa (Rm 16.19) e a má sabedoria (1 Co 8.2); a sabedoria do alto (Tg 3.17) e a sabedoria terrena (Tg 3.15; 1 Co 1.19).

O Evangelho de Lucas registra que crescia Jesus em sabedoria (*sophia*), e em estatura, e em graça para com Deus e os homens (Lc 2.52). O próprio Jesus é a representação máxima da sabedoria divina, diz o apóstolo Paulo: "Mas para os que são chamados, tanto judeus como gregos, lhes pregamos a Cristo, poder de Deus, e sabedoria de Deus" (1 Co 1.24). Jesus, aliás, é o *Logos* de Deus (Jo 1.1). Comumente, interpretamos o *Logos* como a Palavra. Isso está correto, mas não diz muita coisa. Como Atenágora talvez seja melhor compreender o *Logos* como "a compreensão e a Razão do Pai". Irineu dizia do *Logos* "o princípio que pensa", e Orígenes: a "razão".[11]

Voltemos a Mateus 11.25. Não podemos interpretar "sábios" nessa perícope relacionando-a a todo tipo de sabedoria, tanto boa quanto má. Os sábios a que Jesus alude são os sábios aos seus próprios olhos, que rejeitam a revelação e a sabedoria divina. Rick Nañes explica que, em Mateus 10, Jesus ordena aos seguidores que sejam "astutos como as serpentes" (Mt 10.16 NVI) e, no capítulo 11, apenas quatro versículos depois, após declarar que o Pai escondeu "estas coisas dos sábios e cultos" (11.25 NVI), convida o humilde de coração a vir a aprender dele (11.29). Nañes aduz:

> "Fica evidente que os sábios a quem Jesus se refere aqui não são os academicamente sábios, pois os "sábios" não são apenas os inteligentes ou "cultos", mas podem ser literalmente crianças. O que Jesus está dizendo é que, para os se consideram sábios demais para se submeterem a Deus, os que se consideram tão instruídos que não precisam de Cristo e se recusam a seguir um Salvador humilde, a salvação do Pai está verdadeiramente encoberta".[12]

Ao contrário dessa interpretação equivocada, a Palavra deixa entrever que a sabedoria divina é revelada a todos quantos de coração aberto e em espírito de humildade querem conhecê-la, desfrutá-la e compartilhá-la,

---

[10] BENTHO, Esdras Costa (Coordenador Editorial). **Bíblia de Estudo Palavras-Chave Hebraico e Grego**. 3 ed. Rio de Janeiro: CPAD, 2013, p. 4.678.

[11] NAÑES, Rick, 2007, p. 233.

[12] NAÑES, Rick, 2007, p. 82.

tornando-se também sábios aos olhos do Pai. Tiago, o meio irmão do Senhor, é categórico ao afirmar: "E, se algum de vós tem falta de sabedoria, peça-a a Deus, que a todos dá liberalmente, e o não lança em rosto, e ser-lhe-á dada". (Tg 1. 5)

III. A Bíblia e a Mente

Muito ao contrário dessas interpretações — e do que muitos imaginam — a Bíblia não chancela o desprezo ao intelecto, à razão e ao estudo sistematizado. Ao revés, ela evidencia a importância do apreço pelo conhecimento e pela vida intelectual. As Escrituras partem do pressuposto de que o homem foi criado à imagem e semelhança de Deus (Gn 1.26), e por isso é um ser inteligente, comunicativo, com capacidade de aprender e ensinar.

É importante lembrar que o Senhor Jesus foi enfático ao dizer que precisamos amar a Deus de todo o nosso coração, de toda a nossa alma, de toda a nossa força e de todo o nosso entendimento (Mt. 22.37). Costumo utilizar o acróstico CAFE para me lembrar dessa verdade bíblica: *C – Coração; A – Alma; F – Força; E – Entendimento.*

Valorizar a vida da mente é tão espiritual quanto pregar, ensinar ou louvar. É uma atividade que deve ser feita em sintonia com a Palavra e para a glorificação do nome do Senhor. A Bíblia possui várias passagens exaltando o conhecimento e a sabedoria (Pv 11.8; Pv 18.15; 2 Pe 3.18) e alerta para os perigos da sua falta (Os 4.6). Somos convocados a renovar a nossa mente (Rm 12.2), para que tenhamos a mente de Cristo (1 Co 2.16).

No livro *Pentecostal de Coração e Mente*, Rick Nañez aborda com profundidade o dom divino do intelecto à luz das Sagradas Escrituras. Ele mostra como a razão humana ajuda-nos a entender e a interpretar a Palavra de Deus, as doutrinas cristãs e a vida espiritual. Ele diz que o cristianismo zeloso e dinâmico, mas sem conhecimento e destreza intelectual, ajusta-se muito bem em uma sociedade como a nossa, em que o estilo de vida subjetivo, irracional e orientado pelos sentimentos é normal. Contudo, ele prossegue:

> "(...) como filhos do Reino, Deus nos exorta a sermos radicalmente distintos dos não regenerados ao nosso redor. Devemos saber que a razão e a lógica são dons divinos; que a mente e o intelecto são, em grande medida, sua imagem em nós; e que a ciência, a educação e as artes aparecem em sua melhor forma quando sob o domínio daqueles que foram resgatados

> da influência cega de uma cosmovisão decaída. Além disso, o pseudo-sábio desta era atual não irá encolher os ombros à voz da igreja, caso essa seja incapaz de combater em favor de sua fé para defendê-la e de apresentar razões elevadas para explicar por que tem colocado sua esperança na Palavra e no Filho de Deus (1 Pe 3.15)".[13]

A obra de Nañez é um verdadeiro tratado sobre a importância da intelectualidade cristã. Fruto de uma ampla pesquisa bíblico-teológica, o livro fornece argumentos sólidos sobre a necessidade do cristão se dedicar ao conhecimento como um chamado divino. Segundo Nañez "defender uma fé chamada Evangelho Pleno e ainda colocar a experiência em oposição à lógica, a fé em oposição à razão e a espiritualidade contra o desígnio mental rigoroso é de longe não cumprir o desígnio pleno de Deus conforme comunicado em sua revelação escrita".[14]

Acho particularmente significativo o modo como Nañez desfaz a confusão muitas vezes existente na compreensibilidade do coração e da mente como símbolos nas Sagradas Escrituras. Nañez explica que a ideia de que nossa cabeça é naturalmente um empecilho à vida espiritual (campo de ação do coração) é absolutamente estranha à Palavra de Deus. Biblicamente, a cabeça não é vista como a morada da razão ímpia, em oposição a coração ou espírito, onde a comunhão devocional toma lugar. Em verdade, a cabeça é apresentada como um símbolo de prestígio e respeito (Ez 7.18, Nm 6.5). No Antigo Testamento, diz Nañez, o fiel via a cabeça (hb. *rosh*) como fonte de vida da pessoa ou comparava-a à nascente de um rio (Gn 2.10; Is 1.6). Além disso, *rosh* também significava aquele que ocupava uma posição de superioridade (Jz 10.18). Em o Novo Testamento, igualmente, a cabeça (gr. *kephale*) é reconhecida como um lugar de honra e dignidade (Ap 4.4; 19.12).

Nañez destaca que na Palavra de Deus cabeça nem mesmo é considerada o lugar onde o raciocínio ocorre. Contudo, ele prossegue para dizer que "em nossa cultura, entendemos 'cabeça' como um lugar onde ocorre o pensamento, o raciocínio e a compreensão, enquanto o coração é a 'sede das emoções'".[15] Daí, o autor adverte:

> "Quando os cristãos atribuem características mofadas e racionalistas à cabeça e em seguida igualam, equivocamente, cabeça

[13] NAÑES, Rick, 2007, p. 38.
[14] NAÑES, Rick, 2007, p. 20.
[15] NAÑES, Rick, 2007, p. 32.

> e mente, e por fim separam a mente do coração, são bem-sucedidos em construir uma doutrina perigosa, sem fundamento bíblico e autoderrotista que pode se tornar fatal para a crença de alguém".[16]

Quanto ao coração, Rick Nañez expressa que no Antigo Testamento era representado pela palavra hebraica *leb*, que também se aplicava à "mente" e à "alma". O coração, pois, "é o lugar do pensamento (Gn 6.5), da memória (Dt 4.9), da objeção intelectual (Gn 17.17), da meditação intelectual (Sl 19.14), da tomada de decisão (2 Sm 7.3), do discernimento (1 Rs 3.9), do bom senso (Pv 8.5), do planejamento (Is 10.7) e do entendimento (Is 44.18,19)".[17] O Novo Testamento emprega a palavra "coração" para uma gama variada de funções mentais intelectuais e racionais; *kardia* "é designado como a parte do ser humano que decide (Mt 5.28); tira conclusões (9.4), produz ideias (12.34), duvida (Jo 14.1), defende e julga (Rm 2.14-16), recebe conhecimento (2 Co 4.6), pensa (Mc 7.21; Hb 4.12) e raciocina (Rm 1.21).[18]

Ao final, Nañez conclui que os nossos componentes imateriais são interligados e compartilham responsabilidades, de modo que coração, alma, mente e espírito parecem ser usados de modo intercambiável nas Escrituras Sagradas. Com efeito, diz Nañez,

> "se o termo cabeça não traz implicações negativas, se a mente não é simplesmente um aglomerado racional e imparcial de informação e se o coração funciona dentro do âmbito das faculdades intelectuais (entre outras), então ser antiintelectual é ser, em síntese, 'anticoração' e situar-se de forma arriscada em oposição aos ensinamentos bíblicos".[19]

IV. Pentecostalismo e Intelectualidade

É interessante destacar que a obra de Nañez, como o próprio título sugere, tem como foco principal o movimento pentecostal-carismático. *Pentecostal de Coração e Mente* é ao mesmo tempo uma crítica ao intelectualismo historicamente presenciado nas igrejas com essa tradição teoló-

[16] NAÑES, Rick, 2007, p. 32.
[17] NAÑES, Rick, 2007, p. 34.
[18] NAÑES, Rick, 2007, p. 35.
[19] NAÑES, Rick, 2007, p. 37.

gica, como um convite à intelectualidade bíblica e espiritual, em direção a uma prática eclesiástica fervorosa e também inteligente (Rm 12.1); uma vida cristã que enfatize a manifestação e a experiência sobrenatural sem desconsiderar a vida da mente.

Como bem lembrou Paulo Romeiro no prefácio do livro, não se trata de uma crítica externa e ácida de um autor alheio e antagônico ao movimento Pentecostal, e sim de uma pesquisa bem elaborada de alguém que viveu o preconceito intelectual em alguns círculos do pentecostalismo.[20] Afinal, Rick Nañez é ministro das Assembleias de Deus desde 1987 e, por mais de 20 anos, ministrou em uma igreja de norte-americanos nativos e afro-descendentes. O tom de sua escrita é cordial e propositiva, a fim de desfazer equívocos e contribuir para a formação de uma teologia pentecostal de qualidade. Ele escreve:

> "Não me interpretem mal. Amo profundamente o movimento pentecostal-carismático e é nele que decidi me ancorar teologicamente. Escolhi adorar e servir no ambiente do Evangelho Pleno por muitas razões, e sem dúvida, ele tem sido uma bênção grandiosa para o corpo de Cristo em todo o mundo. O seu entusiasmo espiritual, a busca ardente por transcendência e a sinceridade na restauração dos variados dons do Espírito Santo têm chamado a atenção de muitos e enriquecido o povo de Deus ao redor do mundo. Milhões fora dos círculos cheios do Espírito têm sido despertados da dormência de uma fé insípida e formal e conduzidos a uma espiritualidade vital e significativa por meio de sua influência. Muitos outros têm descoberto por meio do contato com pessoas do Evangelho Pleno que não precisam fazer parte do clero para estudar as Escrituras Sagradas ou para participar do sacerdócio do Reino. [...] Uma vez que tenho adorado e ministrado nesta comunidade por mais de 20 anos, continuo pessoalmente a experimentar a presença do sobrenatural. Anseio ardentemente que o Espírito Santo seja meu guia, que a sua suficiência seja a minha força, que os dons do Espírito sejam frutíferos em meu viver e o extraordinário ainda se manifeste na minha jornada espiritual. Visões, sonhos, um encontro ocasional com o reino dos demônios e a voz de Deus têm me acompanhado em minha peregrinação para o Reino".[21]

[20] NAÑES, Rick, 2007, p. 10.
[21] NAÑES, Rick, 2007, p. 20.

Não obstante, diz ele, apesar dos avanços na área da educação em tempos recentes, ainda "somos uma subcultura significativa que, na maioria das vezes, produziu um exército, uma massa com aspirações sobrenaturais, ao mesmo tempo em que permitiu que muitos levassem uma vida intelectual superficial".[22] Com efeito, "[...] continuamos um povo profundamente preocupado com a cura física e desconfiado da cura intelectual. Permitam-me dizer isto de modo direto: possuir um coração cheio e ao mesmo tempo uma cabeça vazia ou um espírito ardente e um intelecto fraco na melhor das hipóteses serve à mediocridade e na pior, à desgraça".[23]

Falando com temor a Deus e com o coração desejoso por uma mudança de pensamento e de atitude em nossas igrejas especialmente de tradição pentecostal, da qual faço parte, é preciso reconhecer que ao longo dos últimos anos a experiência e o emocionalismo ganharam espaço em nossos púlpitos, fazendo surgir uma espiritualidade popular e anti-intelectual, criando, por via de consequência, um ambiente de hostilidade aos interessados nos estudos acadêmicos. Stanley Horton, que foi um dos maiores eruditos da teologia pentecostal[24], afirmou ele mesmo ter passado por um momento de "censura anti-intelecual" no início de seu ministério. Em seu livro *O Avivamento Pentecostal*, Horton conta que o Dr. Burton Goddard, seu professor de hebraico no Seminário Teológico Gordon-Conwell, incentivou-o a ir para Harvard fazer doutorado em Antigo Testamento, ajudando-o inclusive a conseguir uma excelente bolsa de estudos. Ele diz que quando contou esse fato ao irmão Smuland, seu superintendente distrital, que estava agradecido a Deus pela bolsa de estudos, ele retrucou: "A Deus ou ao Diabo?"[25]

Porém, para não correr o risco de ser vago e por demais superficial sobre essa questão, é preciso fazer uma análise mais adequada, a fim de descobrir as raízes históricas do anti-intelectualismo pentecostal, assim como inferir a sua abrangência nos dias atuais.

---

[22] NAÑES, Rick, 2007, p. 21.

[23] NAÑES, Rick, 2007, p. 21.

[24] Stanley Horton faleceu em 12 de julho de 2014, aos 98 anos de idade, em Springfield (Missouri, EUA). Estudioso das Escrituras e escritor destacado, Dr. Horton era uma das principais referências da teologia pentecostal da atualidade. De acordo com nota divulgada pela Assembleia de Deus dos Estados Unidos [1], Dr. Horton recebeu a sua formação educacional em Los Angeles City College (AA, 1935); Universidade da Califórnia-Berkeley (BS, 1937); Gordon College (agora Gordon-Conwell Theological Seminary) (M.Div, 1944.); Universidade de Harvard (STM, 1945); e Central Baptist Theological Seminary (Th.D., 1959). Ele foi Professor Emérito da Bíblia e Teologia das Assembleias de Deus Theological Seminary (AGTS), onde lecionou 1978-1991. Antes disso, atuou como presidente do Departamento Bíblia no Colégio Central da Bíblia de 1948-1978 e professor no Instituto Bíblico Metropolitano 1945-1948.

[25] HORTON, Stanley. **O Avivamento Pentecostal.** 4. ed. Rio de Janeiro: CPAD, 2001, 32-33.

Refletir sobre esse aspecto é significativamente importante, especialmente para os cristãos pentecostais que estão ingressando nas universidades, para que possam desenvolver uma postura mais adequada em relação à formação profissional e à aquisição de conhecimento "secular". Geralmente, nossos irmãos pentecostais são mais suscetíveis de terem a fé enfraquecida durante a vivência acadêmica, exatamente em virtude da histórica tradição de rejeição à intelectualidade presente nas igrejas pentecostais. Não tenho números para amparar essa afirmação. Mas minha experiência com o trabalho universitário aponta para essa realidade (Sim, existem regras e exceções!). Mas essa realidade pode ser alterada com uma reflexão profunda sobre nossas raízes e com a construção de um pentecostalismo biblicamente consistente e intelectualmente engajado.

Ao estudar as origens do anti-intelectualismo, César Moisés, em sua obra *Uma pedagogia para a Educação Cristã,* remonta sua análise sobre esse aspecto ao início do cristianismo, destacando a influência recebida do pensamento grego. Depois de assentar que "nada se desenvolve em um vácuo atemporal", mas ao contrário, "todos os acontecimentos se dão em um espaço-tempo que apresenta determinadas características, ou seja, compatíveis ao paradigma em vigência naquela sociedade e naquele tempo"[26], César Moisés recorda que o cristianismo emergiu em um contexto social regido pelo pensamento greco-romano, recebendo, inclusive, membros em seus quadros ministeriais de pessoas oriundas dessa cultura convertidos à fé cristã. Conquanto se os cristãos de forma geral não concordassem com alguns elementos da cultura grega, especialmente a sua filosofia, o impacto dessa cultura era inegável.[27]

Segundo o mesmo autor, embora a filosofia helênica tenha começado a se inserir na teologia cristã por intermédio de Clemente e Orígenes de Alexandria, a entrada definitiva do dualismo platônico nessa tradição se deu por intermédio de Agostinho de Hipona. Conforme César Moisés, "a exemplo dos pensadores cristãos dos segundo e terceiro séculos, ele procurou defender a fé cristã dos perigos das heresias e infiltrações de ideias heterogêneas no pensamento cristão, mas, não obstante, teve, sem o perceber, sua teologia também influenciada pelo neoplatonismo".[28] Nesse mesmo sentido, Stanley Grenz escreveu:

[26] CARVALHO, César Moisés. **Uma pedagogia para a educação crista**: noções básicas da ciência da educação a pessoas não especializadas. Rio de Janeiro: CPAD, 2015, p. 116.

[27] GONZÁLES, Justo. **Uma breve história das doutrinas cristãs**. São Paulo: Hagnos, 2015, p. 70.

[28] CARVALHO, César Moisés, 2015, p. 119.

> "Agostinho foi muitas vezes chamado "neoplatônico cristão. Sua visão ética, embora completamente cristã, revela profunda dívida com o neoplatonismo. De fato, Thomas Bigham e Albert Mollegen chegam a afirmar que "a ética teológica agostiniana é uma síntese profunda e real do neoplatonismo e do Novo Testamento". Como pensador cristão, Agostinho procurou conduzir a filosofia a serviço da fé. Nesse processo, a visão neoplatônica influenciou sua maneira de entender o cristianismo.
> No âmago do pensamento de Agostinho, está sua apropriação do enfoque neoplatônico do conhecimento supremo como uma intuição mística do divino. Esse modo de pensar está ligado a uma ontologia basicamente neoplatônica, que vê a realidade como uma hierarquia do ser, semelhante à figura de uma pirâmide. Os objetos mais altos na pirâmide participam mais integralmente do ser. Abaixo da pirâmide, está apenas o não-ser, que é o "nada" ou a pura "essência do nada". No ápice, está o ser puro ou o que Plotino denomina de "o Uno".[29]

Desse modo, Agostinho foi o responsável pela criação de uma teologia platonizada, pois para ele "o ser humano não é uma unidade"[30], de modo que em sua "síntese da fé cristã com o arcabouço filosófico neoplatônico, o dualismo matéria-espírito instalou-se definitivamente no pensamento teológico cristão".[31] Ainda que esse equívoco tenha ocorrido na tentativa de defender o evangelho, César Moisés enfatiza que "mesmo cometido involuntariamente, [o erro] deve ser corrigido e não ignorado"[32], afinal essa antropologia dualista corpo/alma não é bíblica, mas híbrida e platônica.[33] Na sequência, o autor destaca que os dualismos que haviam no gnosticismo e no maniqueísmo, possivelmente foram influenciados pela filosofia platônica, impactando, igualmente, de uma forma ou de outra, a teologia do período patrístico à Idade Média. Assim, "como em termos de formação a Igreja desempenhou um papel preponderante no mundo ocidental, o dualismo acabou fundamentando atitudes estranhas aos ensinamentos de Jesus".[34]

Historicamente, como veremos no capítulo seguinte, esse dualismo resultou em uma dicotomia intelectual, separando a fé e a razão em dois pa-

[29] GRENZ, Stanley. **A busca da moral: fundamentos da ética cristã**. São Paulo: Editora Vida, 2006, p. 155.
[30] ROSA, Wanderley *apud* CARVALHO, César Moisés, 2015, p. 54.
[31] ROSA, Wanderley *apud* CARVALHO, César Moisés, 2015, p. 119.
[32] CARVALHO, César Moisés, 2015, p. 119.
[33] CARVALHO, César Moisés, 2015, p. 119.
[34] CARVALHO, César Moisés, 2015, p. 124.

vimentos distintos — para usar a expressão de Francis Schaeffer — o que afetou também o movimento pentecostal. Mas, por conta de sua ênfase na experiência, o pentecostalismo foi ainda mais atingido que as demais tradições cristãs. César Moisés escreve:

> "É claro que até chegar ao período dos avivamentos norte-americanos (início do moderno "Movimento Pentecostal" - de Topeka, em 1901, representado por Charles Fox Parham; de Los Angeles (na famosa Azusa Street, 312), em 1906, representado por Willian Joseph Seymour; e, finalmente, Chicago, em 1907, representado por Willian Durham e de onde saiu os nossos pioneiros do pentecostalismo clássico, Gunnar Vingren e Daniel Berg, fundadores das Assembleias de Deus no Brasil –, muito tempo se passou. Mas, em vez de isso representar um arrefecimento da postura dualista, algo bem pior aconteceu. A estrutura do pensamento dualismo instaurou uma ambivalência tão profunda no pentecostalismo que, unida à perspectiva pré-milenistadispensacionalista, deu origem a uma das piores espécies de omissão que existe: a que, inacreditavelmente, promove o cristão alienado e não comprometido com a transformação da realidade nos mais santo dos crentes! Longe de ser um ideal bíblico que os cristãos aspiravam, a "insistente ênfase na vida celeste em detrimento da vida neste mundo era influência da teologia platonizada". Infelizmente, a esperança da *parusia* não fruto de motivações corretas, mas uma espécie de fuga da realidade e a negação do mundo. E era justamente essa equivocada perspectiva que alimentava cada vez mais o anti-intelectualismo pentecostal que, por sua vez, só teve tal postura instaurada em seu interior devido ser, como os demais segmentos ou denominações cristãs, herdeiro do dualismo antropológico e da dicotomia da realidade inseridos lá atrás no pensamento teológico cristão. Tudo isso preparou o terreno para que o pentecostalismo tivesse ainda mais motivos para nutrir sua característica aversão pelo saber".[35]

É interessante observar que a análise que César Moisés faz do pressuposto motivador (dualismo) do anti-intelectualismo é anterior ao próprio Movimento Pentecostal. Significa dizer que malgrado o pentecostalismo tenha assumido uma postura de aversão ao intelecto, essa tradição teológica não inventou o anti-intelectualismo no ambiente religioso.

---

[35] CARVALHO, César Moisés, 2015, p. 126.

É importante fazer essa nota porque, não raro, os grandes despertamentos e o movimento pentecostal são indicados como a raiz da ignorância religiosa, levando à enganosa ideia de que o pentecostalismo é, em si, uma interpretação enganosa das Escrituras.

Uma reflexão no mínimo responsável sobre essa temática deve principiar separando o joio do trigo. Ou seja, precisamos assumir desde início que o movimento pentecostal apesar do seu histórico anti-intelectual não é o próprio anti-intelectualismo em si. Ao contrário de ser uma consequência natural de sua tradição teológica e doutrinas estruturantes, é antes de tudo o resultado da sua subversão, a partir de práticas e costumes que desconsideram a importância do ensino sistematizado das Escrituras e da vida da mente. É necessário admitir que a experiência e afirmações anti-intelectuais dos precursores do movimento não possuem maior autoridade do que as Escrituras, e por isso podem e devem ser rechaçadas quando desbordam do Texto Sagrado. Assim como os erros de Lutero e Calvino não invalidam a Reforma Protestante, os possíveis equívocos de Charles Parhan e Willian Seymour não são capazes de suprimir a validade das doutrinas pentecostais.

Dentro dessa análise, também não podemos nos olvidar de que o pentecostalismo faz parte da tradição cristã, dando-lhe vivacidade e realçando a experiência com o sobrenatural. Na obra *Panorama do Pensamento Cristão*, Gregory J. Miller escreve que "acentuando a experiência de Deus na conversão e também uma dotação especial pelo Espírito Santo para o serviço e ministério cristãos (At 2.4; 1 Co 12), os pentecostais trouxeram energia para o evangelismo e missões mundiais".[36] Miller ainda diz que

> "devido à forte ênfase em missões, os movimentos pentecostais e carismáticos são agora numericamente maiores fora dos Estados Unidos que dentro. Isso não só tem ajudado a formar a cosmovisão cristã pela "desocidentalização" do cristianismo, mas também legou uma fé vibrante e sobrenatural ao cristianismo global nesta conjuntura importante da história do mundo". [37]

De igual modo, Rick Nañes assevera que o movimento pentecostal-carismático é um fenômeno, e como corrente eclesiástica que nos dias de hoje acha-se entrelaçada no tecido de muitas nações. De acordo com

[36] PALMER, Michael D. (Org.). **Panorama do Pensamento Cristão.** 1ª.ed. Rio de Janeiro: CPAD, 2001, p. 143.

[37] PALMER, Michael D. (Org.), 2001, p. 144.

Nañes, "sua influência tem ajudado a preencher o vazio espiritual frequente de centenas de milhares, trazendo esperança e provendo um escape pelo qual se torna fácil ter uma experiência direta com Deus".[38] E mais: "Sem sombra de dúvida, o movimento pentecostal-carismático está cumprindo papel decisivo no resgate de multidões das águas congeladas da religião convencional, muitas vezes morta".[39]

Todavia, o pentecostalismo não deve ser visto simplesmente como "movimento" ou "fenômeno" religioso, caracterizado tão somente pela vivacidade na pregação, pelo "poder no Espírito" ou por seu dinamismo missionário, estribado — apenas e tão somente — na experiência, sem fundamentos teológicos e interpretação bíblica consistente. Erroneamente, há quem afirme, como lembrou Gary McGee, que "o Pentecostalismo é um movimento à procura de uma teologia, como se não estivesse ele radicado à interpretação bíblica e à doutrina cristã".[40] Geralmente, esse tipo de afirmação parte daqueles que além de nunca terem estudado a tradição pentecostal, compreendem a teologia de forma estática e unívoca, "como formulação conceptual e sistemática da doutrina. Isso exige um alto grau de institucionalização, expresso pela existência de teólogos adequadamente capacitados e de centros acadêmicos que facilitem o desenvolvimento teológico".[41] Ao criticar essa postura, César Moisés afirma que

> "o pentecostal não pode cair na armadilha de querer justificar para quem não crê nas mesmas coisas que ele, o porquê de crer no que o movimento acredita (...). Basta apenas não se deixar manipular e dominar por aqueles que, dizendo-se guardiões das Escrituras, julgam-se melhores que as demais pessoas".[42]

O primeiro passo para superar a perspectiva equivocada de que é impossível existir relacionamento entre pentecostalismo e intelectualidade é o resgate e a ênfase aos fundamentos da teologia pentecostal *clássica*, expondo suas credenciais bíblico-históricas, com assento na mesa da tradição cristã. Ainda que o pentecostalismo tenha dado mais ênfase à tradição oral e de fácil compreensão popular, ao invés de uma teologia acadêmica, é ine-

[38] NAÑES, Rick, 2007, p. 101.
[39] NAÑES, Rick, 2007, p. 101.
[40] MCGEE, Gary. In: HORTON, Stanley M. (Ed.). **Teologia Sistemática**. Uma perspectiva Pentecostal. Rio de Janeiro: CPAD, 1996, p.11.
[41] MAGALHÃES, A. C. M. *apud* CARVALHO, César Moisés, 2015, p. 304.
[42] CARVALHO, César Moisés, 2015, p. 305.

gável que ela possui credencias bíblicas e que nos últimos anos tem se consolidado ainda mais como uma teologia bem definida e sistematizada, com forte ênfase na doutrina do Espírito Santo. Isso se deve a uma guinada na produção teológica pentecostal, pois, como bem ressaltou Willian e Robert Menzies "os pentecostais ficaram conhecidos por sua vitalidade espiritual, não pela superioridade teológica ou rigor intelectual. Mas a história nos mostra que sem uma base teológica forte, os movimentos entusiásticos se dissipam ou evoluem para outras direções".[43]

Ciente dessa realidade, o pentecostalismo tem pegado o caminho do fortalecimento teológico, e, por isso como afirmam James H. Railey Jr. e Benny C. Aker, em sua maior parte, a teologia pentecostal encaixa-se confortavelmente nos limites do sistema evangélico.

> "Por outro lado, os pentecostais levam a sério a operação do Espírito Santo como comprovação da veracidade das doutrinas da fé, e para outorgar poder à proclamação destas. Esse fato leva frequentemente à acusação de que os pentecostais baseiam-se exclusivamente na experiência. Tal acusação não procede; o pentecostal considera que a experiência produzida pela operação do Espírito Santo acha-se abaixo da Bíblia no que tange à autoridade. A experiência corrobora, enfatiza e confirma as verdades da Bíblia, e essa função do Espírito é importante e crucial".[44]

Por essa razão, os autores citados dizem que é importante que o pentecostal tenha uma base e um ponto de referência realmente bíblicos e pentecostais.[45] *Primeiro*, deve crer no mundo sobrenatural, especialmente em Deus, que opera de forma poderosa e revela-se na história, na existência dos milagres e nos outros poderes no mundo sobrenatural, quer angelicais (bons), quer demoníacos (maus), penetram em nosso mundo e aqui operam.[46] "O pentecostal não é materialista nem racionalista, mas reconhece a realidade da dimensão sobrenatural".[47]

---

[43] MENZIES, William W.; MENZIES, Robert P. **No Poder do Espírito: Fundamentos da Experiência Pentecostal**. 1 ed. São Paulo: Editora Vida, 2002, p. 10.
[44] RAILEY JR.; AKER, Benny C. In: HORTON, Stanley M (Ed.), 1996, p. 55-56.
[45] RAILEY JR.; AKER, Benny C. In: HORTON, Stanley M (Ed.), 1996, p. 61.
[46] RAILEY JR.; AKER, Benny C. In: HORTON, Stanley M (Ed.), 1996, p. 61.
[47] RAILEY JR.; AKER, Benny C. In: HORTON, Stanley M (Ed.), 1996, p. 61.

Em segundo lugar, os autores afirmam que o ponto de referência do pentecostal deve ser a revelação que Deus fez de si mesmo. Ora, é exatamente isso que os pentecostais acreditam. A Bíblia é "a forma autorizada de revelação que, devidamente interpretada, afirma, confirma, orienta e dá testemunho da atividade de Deus neste mundo".[48] Mas o conhecimento racional das Escrituras, que não é o simples fato de serem decoradas, não substitui a experiência pessoal da regeneração e o batismo no Espírito Santo, com todas as atividades de testemunho e de edificação que o Espírito coloca diante de nós".[49]

> "Além disso, o pentecostal crê que Deus fala à sua igreja através dos dons do Espírito Santo, a fim de corrigir, edificar e consolar. Embora os dons sejam subordinados às Escrituras e discerníveis à luz destas, devem ser encorajados. Tendo em mente tais fatos, a teologia (e a cultura) não precisam inibir o fervor espiritual. Na realidade, não é a teologia nem a cultura que inibe a obra do Espírito Santo, mas o ponto de referência-teológica e educacional. É importante, portanto, interpretar a Bíblia dentro de suas próprias condições através de um ponto de referência apropriado. Dessa forma, teremos uma teologia corroborada pela experiência. Teologia esta que, mediante a fé e a obediência, passa a ser uma "realidade da experiência" baseada na Bíblia, com eficácia na vida diária, ao invés de uma teologia que não passa de mero motivo de discussão".[50]

Portanto, ao falarmos sobre a necessidade da intelectualidade no ambiente pentecostal, enfatizando a importância da universidade para os crentes pentecostais, não pretendemos descartar a espiritualidade sadia e o verdadeiro mover do Espírito Santo. Estamos a falar, ao contrário, do desenvolvimento de uma teologia cristã intelectualmente consistente, permeada pela manifestação do Espírito Santo. A esse respeito, Claiton Ivan Pommerening enfatiza que "fazer teológico pentecostal e neste sentido é mais importante que a própria teologia em si, caso contrário produzirá teólogos e alunos frios com uma teologia estéril que não satisfaz às demandas da vida e das próprias exigências do Espírito".[51] Essa experiência — pros-

---

48 RAILEY JR.; AKER, Benny C. In: HORTON, Stanley M (Ed.), 1996, p. 62.
49 RAILEY JR.; AKER, Benny C. In: HORTON, Stanley M (Ed.), 1996, p. 62.
50 RAILEY JR.; AKER, Benny C. In: HORTON, Stanley M (Ed.), 1996, p. 62.
51 POMMERENING, Claiton Ivan P. **Fragmentos de uma teologia do Espírito para o Pentecostalismo Clássico.** Azuza: Revista de estudos pentecostais. v.5, n.2. 2014, p. 8.

segue Pommerening — "não pode ser produzida artificialmente, a não ser pelo Espírito, mas pode ser desejada e intensamente buscada".[52] Entretanto, esse mesmo autor diz que "não se pode esquecer de que a teologia que valida a experiência para que esta não se transforme em excitação religiosa, fanatismo, exibicionismo, fanfarrismo ou qualquer outra demonstração de esquisitice da psique humana".[53]

Com efeito, para superar a falsa compreensão do movimento pentecostal é necessário resgatar o ensino da Palavra e incentivar o ensino teológico de qualidade. Conforme o título do livro de Osiel Gomes, precisamos de "Mais palavra, menos emocionalismo".[54] Há muito sentimentalismo, espetáculo e confissão positiva sendo propagado em alguns púlpitos e causando danos à igreja, sob o falso título de "mover do Espírito" e pentecostalismo. Indo direto ao ponto, o pentecostalismo clássico deve afastar-se do neopentecostalismo (e do fenômeno da *neopentecostalização*[55]) e suas invencionices religiosas, fortalecendo seus alicerces doutrinários.

Significa dizer que não há qualquer incompatibilidade entre a teologia pentecostal e o uso da mente para a glória do Senhor. Aliás, é necessário mencionar algumas vozes da teologia pentecostal que batalharam pela consistência teológica do movimento pentecostal contra o anti-intelectualismo, como Gordon Fee, Willian Menzies, Russel Spittler, Gordon Anderson, Stanley Horton, Donald Gee, Amos Yong e o próprio Rick Nañez. No Brasil, vozes pentecostais como Antônio Gilberto, Claudionor de Andrade, César Moisés, Esdras Bentho, Alexandre Coelho, Silas Daniel, Paulo Romeiro e muitos outros que também são exemplos daqueles que defendem um pentecostalismo inteligente, erudito, que concilia fervor espiritual com mente afiada.

V. O Perigo da Arrogância Intelectual

Como contraponto, este autor reconhece que a Bíblia francamente alerta para não depositarmos a nossa confiança no conhecimento e na sabedoria carnal, mas sim na graça e na sabedoria do alto. As principais advertências de Paulo nesse sentido foram direcionadas à igreja que estava em Corinto,

[52] POMMERENING, Claiton Ivan, 2014, p. 8.

[53] POMMERENING, Claiton Ivan, 2014, p. 8.

[54] GOMES, Osiel. **Mais palavra, menos emocionalismo.** Rio de Janeiro: CPAD, 2013.

[55] Termo usado pelos sociólogos da religião, pela qual as igrejas neopentecostais passaram a influenciar as demais igrejas evangélicas.

uma cidade antiga da Grécia, o berço da filosofia. Corinto era a metrópole grega de maior destaque dos tempos de Paulo, e por isso era intelectualmente arrogante, materialmente próspera e moralmente corrupta.[56]

Em sua primeira epístola aos cristãos de Corinto, o apóstolo dos gentios apresenta uma distinção entre a sabedoria do mundo e a sabedoria de Deus. Ele ressalta que Deus há de destruir a sabedoria dos sábios e aniquilar a inteligência dos inteligentes (1 Co 1.19). E também indaga: "Onde está o sábio? Onde está o escriba? Onde está o inquiridor deste século? Porventura, não tornou Deus louca a sabedoria deste mundo?" (v. 20). Mais adiante ele afirma: "A minha linguagem e a minha pregação não consistiram em palavras persuasivas de sabedoria humana, mas em demonstração do Espírito de poder; para que a vossa fé não se apoiasse em sabedoria dos homens, mas no poder de Deus" (1 Co 2. 4,5).

O objetivo de Paulo, novamente, não é apresentar uma dicotomia entre vida cristã e conhecimento secular, mas criticar a sabedoria presunçosa do mundo que, por não conhecer a Deus, tenta excluí-lo. Para Paulo, a sabedoria do mundo é aquela que não foi capaz de compreender a verdade revelada por Deus, oculta em mistério, que Ele ordenou antes dos séculos para nossa glória (1 Co 1.20). Por isso, Paulo concluiu: "Ora, o homem natural não compreende as coisas do Espírito de Deus, porque lhe parecem loucura; e não pode entendê-las, porque elas se discernem espiritualmente. Mas o que é espiritual discerne bem tudo, e ele de ninguém é discernido. Porque quem conheceu a mente do Senhor, para que possa instruí-lo? Mas nós temos a mente de Cristo" (1 Co 2.14-16). Se por um lado, a Bíblia condena o anti-intelectualismo, por outro, ela não chancela o intelectualismo orgulhoso e arrogante. Como alertou John Stott, "Deus não pretende que o conhecimento seja um fim em si mesmo, mas sim que seja um meio para se alcançar algum fim".[57] Por essa razão, Stott ensina que o conhecimento que adquirimos deve nos conduzir a pelo menos quatro propósitos dignos. *Primeiro*, o conhecimento deve conduzir à adoração a Deus, a quem nos submetemos com plena admiração exclamando: "Ó profundidade da riqueza, tanto da sabedoria, como do conhecimento de Deus! Quão insondáveis são os seus juízos e quão inescrutáveis os seus caminhos" (Rm 11.33). *Segundo*, o conhecimento deve conduzir a fé; mas uma fé com fundamentos sólidos, alicerçada no conhecimento que a torna racional. *Terceiro*, o conhecimento deve conduzir à santidade; em uma

[56] Bíblia de Estudo Pentecostal, CPAD, p. 1.733.

[57] STOTT, John. **Crer é também pensar.** São Paulo: ABU Editora, 2001, p. 55.

vida de entrega e devoção ao Senhor. E, *quarto*, o conhecimento deve conduzir ao amor, porque "quanto mais sabemos, mais devemos compartilhar do que sabemos com os outros e usar o nosso conhecimento em serviço a eles, seja na evangelização, seja no ministério".[58]

A toda evidência, a dita intelectualidade cristã não pode ser usada simplesmente como uma ferramenta de interesse pessoal, vanglória e autoglorificação. Isso não passa de pseudo-intelectualismo com rótulo cristão, que em nada supera as filosofias humanistas baratas e o hedonismo mental.

O intelectual cristão é aquele que usa sua capacidade e habilidades para a glorificação do Senhor e para o benefício do Reino, pois o temor a Ele é o princípio da sabedoria (Pv 9.10). Aqueles que almejam uma vida acadêmica ativa não devem se esquecer do conselho de Paulo: "Nada façais por contenda ou por vanglória, mas por humildade; cada um considere os outros superiores a si mesmo" (Fp 2.3). E para adquirir a humildade, como escreveu C. S. Lewis, o primeiro passo é reconhecer o próprio orgulho. "Se você acha que não é presunçoso, isso significa que você é presunçoso demais".

Síntese e Conclusão

Conforme foi exposto neste capítulo, não existe um único versículo bíblico que dê amparo ao anti-intelectualismo. Diferentemente disso, somos convidados, como filhos do Reino, a usar todos os nossos dons, inclusive o intelecto, em prol da obra do Senhor. Por isso, a universidade se coloca como um importante ambiente de formação intelectual para os cristãos. Não podemos nos esquecer de que o orgulho é um mal que atinge a todos, independentemente do nível de escolaridade. Tão prejudicial quanto o orgulho intelectual é o orgulho da ignorância. Isto é, a atitude presunçosa pela simples falta de instrução, como se isso fosse um sinal de maior espiritualidade. Nada mais equivocado, pois diz o salmista: "O coração do entendido adquire o conhecimento, e o ouvido dos sábios busca a sabedoria" (Pv 18.15).

[58] STOTT, John, 2001, p.58.

Capítulo
3
Em Direção a uma Cosmovisão Cristã

O chamado cristão não é somente para salvar almas, mas também para salvar mentes.

Nancy Pearcey

I. Dicotomia entre Fé e Razão

Para entendermos um pouco mais sobre o anti-intelectualismo tratado no capítulo anterior, é preciso relembrar a ideia enganosa aceita por muitos (cristãos ou não) de que há uma dicotomia entre fé e razão[1], e que a vida deve ser dividida em dois grandes compartimentos, separando o espiritual do intelectual e o sagrado do secular. De acordo com essa crença dualista, o primeiro "compartimento" seria para expressar a religião (aspecto espiritual-privado-sagrado) e o outro para viver "a vida real" (aspecto intelectual -público-secular). Nessa visão dicotômica, o mundo da religião deve preocupar-se somente com coisas espirituais, tais como salvação e santidade, e pouco se importar com questões intelectuais, afinal, seria assunto da esfera da razão. Nisso, a vida cristã torna-se fraturada e restrita, sem capacidade de discutir os problemas sociais e muitos menos influenciar a cultura.

Em seus livros *A morte da razão* e *O Deus que intervém,* Francis Schaeffer mostra o processo histórico pelo qual a cosmovisão teísta foi substituída por uma cosmovisão existencialista, e como a verdade objetiva foi suplantada pelo relativismo. Schaeffer denominou esse processo de a *Linha do Desespero*, assim representado:

Linha do Desespero

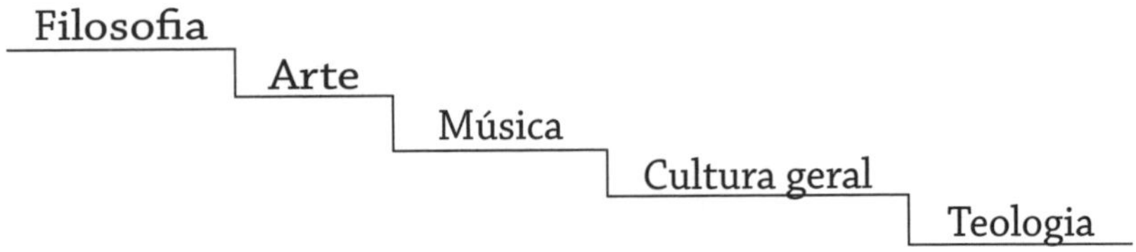

De acordo com Schaeffer, cada um dos degraus representa certo período: o mais alto representa o mais antigo, o mais baixo, o mais recente. Foi nessa ordem que a mudança na concepção da verdade afetou a vida dos homens, expandindo-se gradualmente. Ele explica que, acima da linha, as pessoas eram racionalistas otimistas e acreditavam que poderiam traçar

[1] COLSON, Charles; PEARCEY, Nancy. **E Agora, Como Viveremos?**. Rio de Janeiro: CPAD, 2000, p. 55.

um sistema capaz de abranger todos os pensamentos da vida e a própria vida, sem ter de partir da lógica da antítese, e que o homem era capaz de encontrar uma unidade na diversidade total. Contudo, depois de longos anos na busca desta unidade, os homens se deram conta que não poderiam encontram um campo unificado do conhecimento racional e, com isso, deixando de lado a metodologia clássica da contradição, resolveram alterar o conceito de verdade. Foi nesse momento que o homem passou para baixo da Linha do Desespero.

Depois, Schaeffer vai demonstrar que essa linha do desespero, começando pela filosofia, foi traçada basicamente a partir da ideia de separação da verdade em dois pavimentos, superior e inferior, provocando o afastamento entre fé e razão:

Pavimento de Cima
Fé
(O não racional e não lógico)

Pavimento de Baixo
Razão
(Racional e lógico)

Esse pensamento dualista influenciou todos os demais pontos da linha do desespero (arte, música, cultura em geral) até chegar à Teologia que, igualmente, manteve a ideia da separação entre o "andar de cima" e o "andar de baixo", gerando a seguinte condição:

Fé
Sem racionalidade; ou seja, sem contato com o cosmos (ciência) ou a história

---

Todas Racionalidade
Incluindo as evidências científicas e históricas

Seguindo o mesmo esquema, Nancy Pearcey assegura que, a partir da dicotomia identificada por Schaeffer, as sociedades modernas estão nitidamente divididas da seguinte forma:

Esfera Particular
Preferências pessoais

Esfera Publica
Conhecimento científico

Ao ser alocada no pavimento superior, a religião não é considerada uma verdade objetiva que devemos nos submeter, mas trata-se de mera questão de gosto pessoal, de uma preferência particular. Nessa perspectiva, a religião é um "salto de fé no escuro", sem fundamento consistente e verificável. Por isso, explica Nancy, a dicotomia chega a ser denominada divisão fato-valor:

Valores
Escolha Individual

Fatos
Ligados a Todos

A partir desse cenário, Nancy Pearcey reivindica a necessidade de resgatarmos o cristianismo do seu cativeiro cultural, argumentando que ele não é apenas uma verdade religiosa, mas a verdade sobre toda a realidade. É a verdade absoluta de Deus que se insere em todos os aspectos da vida humana, inclusive intelectual.[2]

O primeiro passo para formarmos uma cosmovisão cristã, escreve Nancy, é superar esta divisão severa entre "coração" e "cérebro". "Temos de rejeitar a divisão de vida em uma esfera sagrada, limitado a coisas como adoração e moralidade pessoal, em oposição a uma esfera secular que in-

[2] PEARCEY, Nancy, 2006, p. 22.

clui ciência, política, economia e o restante do cenário público"[3], afinal, essa dicotomia em nossa mente é a maior barreira para libertar o poder do evangelho (Rm 1.16) para toda a cultura de hoje, diz ela.

> "Para recuperar um lugar à mesa do debate público, os cristãos têm de encontrar um meio de vencer a dicotomia entre o público e o particular, o fato e o valor, o secular e o sagrado. Precisamos libertar o evangelho do seu cativeiro cultural e restabelecê-lo ao status de verdade pública [...] Somente com a recuperação da visão holística da verdade total é que conseguiremos libertar o evangelho para se tornar a força redentora em todas as áreas da vida".[4]

Em outras palavras, é preciso compreender a fé cristã como uma cosmovisão.

II. Uma Definição de Cosmovisão Cristã

Mas o que é uma *cosmovisão*[5]? O termo é uma tradução da palavra alemã *weltanschauung*, que significa "modo de olhar o mundo" (*welt* – mundo, *schauen* – olhar), ponto de vista ou concepção de mundo. Em poucas palavras, é um conjunto de suposições e crenças que utilizamos para interpretar e formar opiniões acerca da nossa humanidade, propósito de vida, deveres no mundo, responsabilidades para com a família, interpretação da verdade e questões sociais. É como um mapa mental que nos diz como navegar de modo eficaz no mundo.[6]

Segundo Norman Geisler, a cosmovisão é semelhante a uma lente intelectual através da qual enxerga-se o mundo. Se alguém olha através de uma lente vermelha, o mundo lhe parece vermelho. Se outro indivíduo olha através de uma lente azul, o mundo lhe parece azul. A cosmovisão de uma

[3] PEARCEY, Nancy, 2006, p. 22.
[4] PEARCEY, Nancy, 2006, p. 25.
[5] No meio evangélico brasileiro, o conceito de cosmovisão cristã surgiu primeiramente a partir dos livros de Francis Schaeffer (*O Deus que intervém, Morte da Razão e o Deus que se revela*). Contribuíram também para a disseminação do termo livros como E Agora como viveremos (Charles Colson e Nancy Pearcey), Panorama do Pensamento Cristão (Michael D. Palmer), O universo ao lado (James Sire), Filosofia e cosmovisão cristã (Willian L. Craig e J. P. Moreland) e outros. (v. AMORIM, Rodolfo. Cosmovisão: Evolução do conceito e aplicação cristã *In:* LEITE, Cláudio Antônio C.; CARVALHO, Guilherme V. R.; CUNHA, Maurício José S. **Cosmovisão cristã e transformação.** – Viçosa, MG: Ultimato, 2006, p. 51-52).
[6] PEARCEY, Nancy, 2006, p. 25.

pessoa é a soma de todas as suas crenças básicas, o conjunto de ideias que dá o direcionamento no seu modo de vida.

Devemos entender que todas as pessoas, religiosas ou não, agem impulsionadas por algum tipo de pressuposto ideológico ou ético. A suposta neutralidade ética ou ideológica é uma ficção que não encontra respaldo na realidade, uma vez que o ser humano passa a assumir em algum momento da vida certos princípios, (des)crenças e valores que direcionam suas ações e decisões morais e políticas. Como afirmou Thomas Sowell, não há como "prescindir completamente de visões e lidar somente com a realidade"[7], afinal a "realidade é muito complexa para ser compreendida por qualquer mente".[8] Por isso, "visões são como mapas que nos guiam através de um emaranhado de complexidades desconcertantes".[9] Elas modelam silenciosamente os nossos pensamentos e enquanto "ato cognitivo pré-analítico" é anterior a qualquer teoria, formando por isso sua base estruturante. Mais do que simples impulsos emocionais, as visões podem ser morais, políticas[10], econômicas religiosas ou sociais.

Uma das pesquisas mais abrangentes sobre o significado do termo foi elaborada por James Sire, em seu livro *Dando Nome ao Elefante*[11]. Nesta obra, Sire apresenta aquilo que chama de sua definição refinada de *cosmovisão*:

> "[...] cosmovisão é um comprometimento, uma orientação fundamental do coração, que pode ser expressa como uma história ou um conjunto de pressuposições (hipóteses que podem ser total ou parcialmente verdadeiras ou totalmente falsas), que detemos (consciente ou subconscientemente, consistente ou inconsistentemente) sobre a constituição básica da realidade e que fornece o alicerce sobre o qual vivemos, nos movemos e existimos".[12]

Em *O universo ao lado*[13], Sire explica resumidamente cada parte do seu conceito:

---

[7] SOWELL, Thomas. **Conflito de Visões**: origens ideológicas das lutas políticas. São Paulo: É Realizações, 2012, p. 17.

[8] SOWELL, Thomas, 2012, p. 17.

[9] SOWELL, Thomas, 2012, p. 17.

[10] Uma interessante perspectiva cristã sobre as visões políticas. Cf. KOYZIS, David T. **Visões e ilusões políticas**: uma análise e crítica crista das ideologias contemporâneas. São Paulo: Vida Nova, 2014.

[11] SIRE, James. **Dando nome ao elefante:** cosmovisão como um conceito, tradução Paulo Zacharias e Marcelo Herberts. Brasília, DF: Editora Monergismo, 2012, p. 48-67.

[12] SIRE, James, 2012. p. 179.

[13] SIRE, James. **O universo ao lado:** um catálogo básico sobre cosmovisão. Tradução Fernando Cristófalo. 4ª Ed. São Paulo: Hagnos, 2009, p.16.

Cosmovisão como comprometimento: uma cosmovisão envolve a mente; porém, é, acima de tudo, um compromisso, uma questão de alma. É uma orientação espiritual mais do que uma questão de mente apenas. De acordo com Sire, cosmovisões são, na verdade, uma questão de coração. O conceito bíblico de coração inclui: sabedoria (Pv 2.10), de emoção (Êx 4.14; Jo 14.1), desejo e vontade (1 Cr 29.18), espiritualidade (At 8.21) e intelecto (Rm 1.21).

Expressa como uma história ou um conjunto de pressuposições: Sire destaca que uma cosmovisão não é necessariamente um conjunto de pressuposições, mas pode ser expressa dessa maneira. Quando refletimos a respeito de onde viemos ou para onde vamos, a nossa cosmovisão se expressa por meio de uma história. Pode ser uma história contada a partir do ponto de vista naturalista, que se inicia no Big Bang, ou a partir da visão cristã, na qual o nascimento, a morte e a ressurreição de Jesus Cristo constituem o fundamento central.

Pressuposições que sejam verdadeiras (total ou parcialmente verdadeiras ou totalmente falsas), conscientes (ou subconscientemente) e consistentes (ou inconsistentemente): De acordo com Sire, as pressuposições que expressam o comprometimento da pessoa podem ser plena ou parcialmente verdadeiras ou totalmente falsas. Significa dizer que a pessoa pode desenvolver pressuposições que não sejam verdadeiras, sem se dar conta disso. Em um mundo que não aceita a existência de uma verdade absoluta, o papel da apologética cristã é exatamente apontar as incoerências das cosmovisões não cristãs. Além disso, as pressuposições podem ser conscientes ou inconscientes,

O alicerce sobre o qual vivemos, nos movemos e existimos. Em geral, assegura Sire, nossa cosmovisão repousa tão profundamente entremeada em nosso subconsciente que, a não ser que tenhamos refletido longa e arduamente, não temos consciência do que ela é. Nessa perspectiva, Schaeffer diz que todas as pessoas têm seus pressupostos, e elas vão viver do modo mais coerente possível com estes pressupostos, mais até do que elas mesmas possam se dar conta.[14]

III. As Consequências Práticas de uma Cosmovisão

Embora muitas pessoas não reflitam de forma consciente acerca de sua cosmovisão (e nem mesmo imaginem que tenham uma), todos nós possuímos uma perspectiva da vida e de mundo — ainda que de forma

[14] SCHAEFFER, Francis. **Como Viveremos.** São Paulo: Editora Cultura Cristã, 2003, p. 10.

inconsciente — que adquirimos a partir da reflexão criteriosa ou de modo subconsciente ao longo dos anos, como resultado de nossas experiências pessoais e socioculturais. Isso porque, como lembrou George Barna,

> "Sem uma cosmovisão não conseguiríamos tomar as centenas de decisões diárias que tomamos, pois uma opção seria tão atraente quanto qualquer outra. Até mesmo nas pequenas escolhas, baseamo-nos em nosso senso de certo e errado, de bom e mau, de útil e desnecessário, de apropriado e inconveniente, a fim de conseguirmos o que pensamos serem as escolhas mais acertadas. Desde ainda bem pequenos, ao sairmos do útero materno, começamos a desenvolver a compreensão de como a vida acontece e as melhores opções a adotar".[15]

É exatamente a cosmovisão básica de uma pessoa que vai norteá-la diante das situações mais importantes da sua vida. Quando o casamento vai mal, qual a decisão a ser tomada? A infidelidade é normal? Como deve ser encarada a questão do aborto e do homossexualismo? Qual a forma de proceder no trabalho? Como educar os filhos? Como encarar e resolver o problema da violência? Quais os princípios que devem nortear a economia, a distribuição de renda, a educação e o Direito? Frente a tais situações práticas, os indivíduos tomam suas resoluções baseando-se naquilo que compreendem como sendo verdadeiro ou falso; certo ou errado; justo ou injusto; adequado ou inadequado.

"Ideias têm consequências" é a frase que melhor explica o caráter orientador das cosmovisões, seja de forma individual ou coletiva. Por conta disso é que Guilherme de Carvalho compara a visão de mundo à raiz de uma árvore, na qual as crenças (pressupostos) vão gerar valores (tronco). Estes valores, por sua vez, determinam o comportamento (galhos) dos indivíduos, que vão originar as consequências (frutos).

---

[15] BARNA, George. **Pense como Jesus**: como pensar, decidir e agir em sintonia com Deus. São Paulo: Vida Nova, 2007, p. 28.

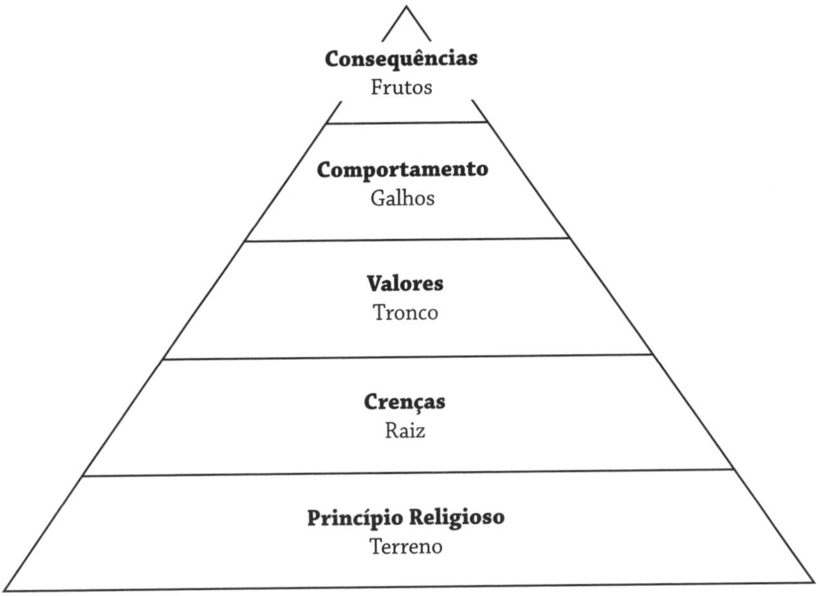

Guilherme de Carvalho enfatiza que um sistema de ideias dirige os corações e as mentes dos indivíduos, consciente ou inconscientemente, que vai se refletir nos seus valores, comportamentos e nas consequências oriundas destes padrões. A cosmovisão e os valores que temos, escreve Carvalho, determinam a nossa história, e não o contrário. "Muitas vezes, tem-se tentado solucionar os problemas apenas ao nível das consequências, ou seja, atuando nos "frutos" da árvore. Arrancamos o fruto, mas ele volta a nascer e crescer, porque a raiz não foi transformada".[16]

É importante observar que, na representação acima, os frutos são somente a "ponta do *iceberg*", o resultado direto das crenças primárias de uma pessoa, os seus pressupostos básicos, que dão sustentação à pirâmide e que ilustra o nosso edifício existencial. O próprio Jesus em um dos seus ensinamentos, referindo-se aos falsos profetas, afirmou que uma árvore é conhecida pelos seus frutos. Pode alguém colher uvas de um espinheiro ou figos de ervas daninhas? Semelhantemente, a árvore boa dá bons frutos, mas a árvore ruim dá frutos ruins. A árvore boa não pode dar frutos ruins, nem a árvore ruim pode dar frutos bons. (Mt 7.15-20). Nesta lição, o Mestre evidencia a relação consequencial entre a natureza da árvore (pres-

[16] CARVALHO, Guilherme. **O que é uma cosmovisão?** Disponível em: http://www.ebah.com.br/com tent/ABAAAe4PYAI/cosmovisao-crista. Acesso em 15 de abril de 2013.

supostos/raiz) e os seus frutos (resultado), tal qual ocorre na cosmovisão de uma pessoa e os seus efeitos inescapáveis.

Se nossas cosmovisões influenciam diretamente nossas ações e reações diante da sociedade, é particularmente importante conhecer aquilo em que cremos e o por quê, e também o que fundamenta a nossa prática de vida. Essa questão é de extrema relevância nos nossos dias, diante do surgimento de tantas ideologias e estilos de vida, desenvolvidas na cultura pop por personalidades e gurus da pós-modernidade, ou no ambiente das universidades.

Inadvertidamente, muitos aceitam essas crenças e as colocam em prática sem antes fazerem uma reflexão crítica sobre as suas implicações para a vida como um todo. Esse é o motivo pelo qual Michael Palmer diz que, a cosmovisão de algumas pessoas só existe no sentido de que herdaram um conjunto de crenças e práticas de sua família e comunidade imediata.

> "Elas não entendem suas crenças e não alcançam o significado maior de suas ações. Acreditam e agem de forma não crítica e ingênua, em vez de um modo autorreflexivo. Na grande maioria das vezes explicarão por que acreditam ou fazem algo, referindo-se às tradições da família, aos padrões da igreja ou à afiliação partidária política. Em resumo, elas só têm uma cosmovisão no sentido de que outra pessoa a impôs nelas, e não porque elas refletiram cuidadosamente sobre as questões importantes e escolheram sua cosmovisão.[17] Por isso, algumas dessas ideias são tão desconexas e sem sentido que não precisariam nem mesmo de uma investigação mais detalhada para expor as suas incoerências. Ainda assim, vivendo em uma cultura sensorial e emotiva como a nossa, poucos estão preocupados e interessados em refletir sobre suas próprias cosmovisões".

Um poema satírico intitulado Creed [Credo] do jornalista inglês Steve Turner, citado por Ravi Zacharias[18], exemplifica essa realidade ao evidenciar a fragilidade da mentalidade contemporânea:

> Cremos em Marx e Freud e Darwin.
> Cremos que tudo está bem,
> Desde que você não prejudique ninguém,
> quanto você possa definir prejudicar,
> e quanto você possa saber.

[17] PALMER, Michael D. (Org.), 2001, p. 23.

[18] ZACHARIAS, Ravi. **Pode o homem viver sem Deus?.** São Paulo: Editora Mundo Cristão, 1997, p. 71-73.

Cremos no sexo antes, durante
E depois do casamento.
Cremos na terapia do pecado.
Cremos que o adultério é uma brincadeira.
Cremos que a sodomia é correta.
Cremos que os tabus são tabus.

Cremos que tudo está ficando melhor,
Apesar da evidência contrária.
A evidência precisa ser investigada,
E não se pode provar nada com evidência.

Cremos que há algo nos horóscopos,
Nos OVNIs e nas colheres entortadas;
Jesus era um homem bom, como Buda,
Maomé e nós mesmos.
Ele foi um bom mestre de moral, embora achemos
Que o seu bom ensino moral era nocivo.

Cremos que após a morte vem o nada,
Porque, quando você pergunta aos mortos o que acontece,
Eles não dizem nada.
Se a morte não é o fim, se os mortos mentiram,
Então o céu é compulsório para todos,
Exceto, talvez,
Hitler, Stalin e Genghis Khan

Cremos em Masters e Johnson.
O que se seleciona é a média.
O que é a média é normal.
O que é normal é bom.

Cremos no desarmamento total.
Cremos que há elos diretos entre a
guerra e o derramamento de sangue.
Os americanos deveriam fundir as
suas armas e transformá-las em tratores,
E certamente os russos os imitariam.

Cremos que o homem é essencialmente bom.
É somente o seu comportamento que o faz cair.

É culpa da sociedade.
A sociedade é o defeito das condições.
As condições são o defeito da sociedade.

Cremos que o homem deve descobrir a verdade
Que é certa para ele.
Consequentemente, a realidade se adaptará.
O universo se reajustará.
Cremos que não há verdade absoluta,
Exceto esta:
Não há verdade absoluta.

Cremos na rejeição dos credos,
E no florescer do pensamento individual.

Esse "credo" é um tipo de salada ideológica pluralista, assimilada e digerida por grande parte de adolescentes, jovens e adultos do nosso tempo, ainda que de modo inconsciente. As pessoas formam suas visões de mundo a partir de letras de músicas, campanhas publicitárias, frases retiradas das redes sociais e até mesmo de enredos de filmes. Isso porque, como afirmou Dallas Willard, vivemos sufocados por *slogans*, em que acontecimentos, coisas e informações nos afogam, nos subjugam, desorientando-nos com ameaças e possibilidades acerca das quais a maioria de nós não sabe o que fazer. Ele diz que "comerciais, *slogans*, bordões políticos e pretensiosos rumores intelectuais atulham o nosso espaço mental e espiritual. As nossas mentes e os nossos corpos 'pegam' essas coisas como um terno escuro pega fiapos".[19]

Isso explica porque um sem número de pessoas adere a "causas" e participa de movimentos e abaixo-assinados sem saber, de fato, os seus fundamentos e consequências, uma vez que se deixaram influenciar pelo *efeito viral* de crenças, ideias e boatos que se propagam com imensa facilidade.

Esse fenômeno também ocorre com a religiosidade. No livro *O Deus de Barack Obama*, Stephen Mansfield, ao usar como exemplo a fé do primeiro presidente negro dos Estados Unidos diz que hoje, com relação à religião, a maioria dos jovens tem uma postura pós-moderna, o que significa dizer que eles encaram a fé de um modo parecido ao *jazz*: informal, eclético e, muitas vezes, sem um tema específico. Basicamente, eles:

[19] WILLARD, Dallas, **Conspiração Divina**, São Paulo: Editora Mundo Cristão, 2001, p. 29.

> "costumam rejeitar uma religião organizada, privilegiando uma mescla religiosa que funcione para eles. Para esses jovens, não há nada de mais em construir a própria fé juntando tradições de religiões totalmente diferentes, e muitos formam sua teologia da mesma maneira como pegam um resfriado: por meio de contatos casuais com estranhos".[20]

Essa mesma perspectiva foi constatada por um estudo realizado em 2010 pelo Grupo Barna, um instituto de pesquisa dos Estados Unidos, que apontou que um número crescente de pessoas está menos interessado em princípios espirituais e desejosos de aprender mais soluções pragmáticas para a vida. O resultado disso é que, cada vez mais, as pessoas sabem menos sobre suas próprias religiões. Elas não passam de receitas espirituais que visam a proporcionar magicamente resultados imediatos para a vida.

O cristianismo evangélico também não está imune a esse problema. Com efeito, o Instituto LifeWay Research[21] divulgou, há alguns anos, o resultado de uma pesquisa que apontou que boa parte dos evangélicos não conhecem as doutrinas básicas da Igreja. O levantamento concluiu que temas como a salvação, a Bíblia e a natureza de Deus podem confundir os fiéis. De acordo com a publicação, quando perguntados: "Quando você morrer irá para o céu, pois confessou seus pecados e aceitou Jesus Cristo como seu Salvador?", 19% disseram que não tem certeza. Cerca de 26% dos entrevistados (todos membros batizados de suas igrejas) acreditam que "se uma pessoa estiver sinceramente buscando a Deus, poderá obter a vida eterna por intermédio de outras religiões além do cristianismo".

IV. Pensando com a Mente de Cristo

Sendo assim, podemos afirmar que a cosmovisão cristã é a compreensão de todas as coisas a partir da perspectiva cristã; a leitura da realidade através da lente das Escrituras Sagradas. A perspectiva bíblica de que a fé cristã deve se aplicar a todas as áreas da sociedade leva-nos a entender a necessidade de resgatar a dimensão pública do cristianismo, a fim de aplicar suas doutrinas fundamentais a todas as esferas, tanto no âmbito público quanto privado. Essa verdade é apreendida tendo como fundamento o pressuposto essencial de que a soberania de Cristo se aplica não somente à vida religiosa, mas a todo o mundo.

---

[20] MANSFIELD, Stephen. **O Deus de Barack Obama**. São Paulo: Thomas Nelson, 2008, p. 15.

[21] Disponível em: http://www.cpadnews.com.br/integra.php?s=12&i=15503. 11/8/2013.

Dentro dessa compreensão, para além de uma mera experiência ou devoção pessoal, o cristianismo genuíno é a interpretação de toda a realidade, o que implica dizer que nenhuma área da vida humana escapa da soberania divina. O Apóstolo Paulo escreveu que, em Cristo, foram criadas todas as coisas que há nos céus e na terra, visíveis e invisíveis, sejam tronos, sejam dominações, sejam principados, sejam potestades. Tudo foi criado por Ele e para Ele (Cl 1.16). Em outra oportunidade, o apóstolo dos gentios disse que a terra é do Senhor e toda a sua plenitude (1 Co 10.26).

Isso nos leva à compressão de que o ponto sublime da cosmovisão bíblica é a supremacia de Cristo sobre qualquer outra pessoa ou ícone religioso. Jesus não é mais um no grande panteão de deuses criados pelo homem. Ele é o Filho Unigênito de Deus (Jo 3.16), o primogênito de toda Criação (Cl 1.15), o Caminho, a Verdade e a Vida (Jo 14.6), o [único] Mediador entre Deus e o homem (1 Tm 2.5).

Na epístola aos Hebreus, o escritor também evoca a superioridade de Cristo, começando com essa majestosa declaração:

> "'Havendo Deus, antigamente, falado, muitas vezes e de muitas maneiras, aos pais, pelos profetas, a nós falou-nos, nestes últimos dias, pelo Filho, a quem constituiu herdeiro de tudo, por quem fez também o mundo. O qual, sendo o resplendor da sua glória, e a expressa imagem da sua pessoa, e sustentando todas as coisas pela palavra do seu poder, havendo feito para si mesmo a purificação dos nossos pecados, assentou-se à destra da Majestade, nas alturas; feito tanto mais excelente do que os anjos, quanto herdou mais excelente nome do que eles' (Hb. 1.1-4)".

A supremacia de Cristo é tão evidente que, no capítulo dois de Hebreus, Ele é apontado como sendo superior aos anjos. No capítulo três, é superior a Moisés e, no capítulo cinco, é superior aos sumos sacerdotes do antigo pacto. Em virtude dessa supremacia, o nome de Jesus é superior a qualquer outro nome, ante quem todo o joelho se dobrará, dos que estão nos céus, e na terra, e debaixo da terra, e toda a língua confesse que Jesus Cristo é o Senhor (Fp 2.9-11).

O próprio Jesus tinha total convicção de sua autoridade. Ele disse: "Eu e o Pai somos um" (Jo 10.30). E depois da sua ressurreição dos mortos, afirmou: "É-me dado todo o poder no céu e na terra". (Mt 28.18). Cristo não se considerava um simples sábio, um mero homem de moral elevada ou somente um profeta. Ele sabia que era o Filho Unigênito de Deus, enviado com o desígnio de proporcionar redenção ao homem.

Desse modo, uma forma bem simples e, ao mesmo tempo, desafiadora para assimilar e viver a dimensão integral da fé cristã, adotando a cosmovisão bíblica, é pensar como Jesus. Diante de qualquer situação cotidiana precisamos nos perguntar: "O que Jesus faria em meu lugar?" e, depois, aplicar a resposta sem fazer quaisquer ajustes em virtude da reação dos outros. A vida de Jesus é o paradigma de todo cristão, por isso raciocinar como Ele não é uma questão de escolha, mas de obediência. Não há como ser discípulo do Mestre aplicando os seus ensinamentos somente em algumas áreas da nossa vida e em outras não. Ou somos seus discípulos ou não somos. Ou temos a sua mente ou não temos!

George Barna lembra-nos que "Jesus foi capaz de modelar uma cosmovisão bíblica porque Ele é Deus e, assim, conhece e corporifica a verdade e a justiça".[22]

O apóstolo Paulo expressou isso da seguinte forma: "Porque, quem conheceu a mente do Senhor, para que possa instruí-lo? Mas nós temos a mente de Cristo" (1 Co 2.16). No original grego, a palavra mente (*nous*) significa o lugar da consciência reflexiva, compreendendo as faculdades de percepção e entendimento, do sentimento, julgamento e determinação.[23] Ter a mente de Cristo, portanto, implica em pensar como Ele e aplicar as verdades bíblicas em tudo o que fazemos. Ter a mente de Cristo envolve refletir, compreender, sentir, julgar e decidir de acordo com a vontade de Deus.

Em síntese, pensar com a mente de Cristo envolve três aspectos básicos: *visão*, *reflexão* e *decisão* nos moldes de Jesus. Todos esses componentes, juntos, formam uma cosmovisão adequada e biblicamente relevante.

Muitos cristãos acham que compreender o cristianismo como uma visão de mundo abrangente é algo muito teórico e filosófico, que deveria ser assunto somente para pastores e eruditos. Mas a verdade é que desenvolver uma cosmovisão cristã deve ser a preocupação de todo e qualquer crente, seja ele erudito ou não, pastor ou membro da igreja, pois é algo que afeta diretamente nossa espiritualidade e como colocamos em prática nossas principais crenças no dia a dia.

---

[22] BARNA, George, 2007, p.29.

[23] VINE, W. E. **Dicionário Vine**. Rio de Janeiro: CPAD, 2002, p. 784.

V. A Importância e a Urgência de se Compreender o Cristianismo como uma Visão de Mundo Abrangente

Além de ajudar a superar a dicotomia público/privado discutida no início deste capítulo, a compreensão do cristianismo como uma cosmovisão nos ajuda a discernir o mundo e o tempo em que vivemos.

A sociedade do século XXI tem experimentado transformações cada vez mais catastróficas. Os novos e estranhos valores familiares, religiosos, ideológicos, políticos e educacionais mostram-nos que o homem (sem Deus) do tempo presente se assemelha a uma nau à deriva, sem rumo, sem propósito e desprovido de uma âncora firme que lhe dê sustentação.

Dentro desse estado de coisas, está a igreja cristã chamada para ser o sal da terra e a luz do mundo (Mt 5.13), a fim de influenciar todas as esferas da sociedade. Mas, para cumprir essa tarefa, o cristão precisa estar apto a fazer a leitura da própria sociedade. Entender os acontecimentos. Verificar os fatos. Refletir sobre o cenário. Desse modo, em primeiro lugar, compreender a fé cristã como uma visão de mundo abrangente é importante porque ajuda a discernir o mundo pelas lentes das Escrituras.

Jesus disse que não podemos servir a dois senhores, pois haveremos de odiar a um e amar o outro (Mt 6.24). Nesse sentido, a compreensão do cristianismo como uma visão de mundo tem como um de seus objetivos, exatamente, evitar que os cristãos sirvam a "outros senhores", isto é, filosofias e concepções que contrariem as doutrinas primordiais da fé cristã; pois aqueles que não olham a sociedade, a cultura e os sistemas de ideias pelas lentes da cosmovisão cristã, sem se aperceberem, são seduzidos por ideologias espúrias e antibíblicas, em virtude da incapacidade de denotarem as forças ocultas e os princípios morais e/ou religiosos que se escondem por detrás de algumas ideias aparentemente inofensivas, porém destruidoras. O desenvolvimento de uma visão de mundo cristã habilita o discípulo de Cristo a refletir sobre as pressuposições elementares de toda e qualquer linha de raciocínio e concluir se tais pressuposições são ou não compatíveis com a Bíblia.

O fato de vivermos em um momento histórico de pluralismo, diversidade e tolerância, com a crescente multiplicação de pontos de vistas, teorias, doutrinas e religiões de todos os tipos e origens, bem como os conflitos morais, teológicos e ideológicos que disso resultam, compreender o cristianismo como uma cosmovisão torna-se ainda mais relevante, para o fim de discernir as vozes do nosso tempo e destruir os conselhos, e toda a altivez que se levanta contra o conhecimento de Deus, e levando cativo todo o entendimento à obediência de Cristo (2 Co 10.5).

Por fim, a compreensão do cristianismo como uma cosmovisão ajuda a capacitar o cristão para exercer a defesa da fé (1 Pe 3.15) de modo mais apropriado e relevante. Isso porque, a partir da ideia da cosmovisão podemos enxergar com mais amplitude os aspectos culturais, éticos, antropológicos e legais do tempo em que vivemos, filtrando todas as coisas pelas lentes das Escrituras, o que possibilita apresentar as respostas oferecidas pelo cristianismo em harmonia com os sobressaltos da vida e a par dos dilemas das pessoas.

Todos esses fatores, juntos, auxiliarão o cristão no ambiente universitário. Ao compreenderem a abrangência da fé cristã, como uma visão de mundo que encerra a compreensão de toda a realidade, e não somente uma parte dela, o discípulo de Cristo compreende melhor a sua vocação e responsabilidade perante o mundo.

Síntese e Conclusão

Neste capítulo, pudemos perceber a necessidade e a importância da fé cristã ser compreendida como uma visão de mundo abrangente. Além de afastar a dicotomia fé/razão, público/privado também ajuda o cristão a discernir o mundo e o tempo em que está vivendo, assim como nos ajuda a desenvolver uma apologética (Defesa da Fé) mais consistente dentro da cultura atual. Tais aspectos são fundamentais na preparação prévia do jovem cristão antes de ingressar no ambiente universitário, para que possa compreender o mundo a partir da Mente de Cristo, de forma crítica e fundamentada, assim como se preparar para responder com temor e mansidão a todo aquele lhe pedir a razão da sua esperança que há em Cristo (1 Pe 3.15).

PARTE 2

A Importância da Universidade

Capítulo 4

Retomando as Universidades

Se a igreja perder a batalha intelectual em uma geração,
a evangelização se tornará infinitamente difícil na geração seguinte.

J. Gresham Machen

Porque Deus é um ser racional e o universo é a sua criação pessoal, o universo tem por definição uma estrutura racional, com leis estáveis que aguardam uma compreensão humana aperfeiçoado.

Rodney Stark

I. Resgatando a Mente Cristã

Um dos grandes desafios enfrentados pelos cristãos no ambiente acadêmico é a forte ênfase secularista presente nos discursos acadêmicos. A rigor, a religiosidade é compreendida como uma mera expressão de gosto pessoal, sem capacidade de contribuir com os "debates inteligentes" que emergem da Academia. Nesse contexto, se o cristão não estiver embasado em uma visão de mundo abrangente, com o passar do tempo sofrerá o impacto da "secularização mental".

O aluno de C. S. Lewis, Harry Blamires, em seu livro *A Mente Cristã*, fala sobre o modo como os cristãos ao longo dos anos perderam a mente cristã e a sua influência nos debates sociais. O livro foi escrito em 1963, e já naquela época, Blamires chamava a atenção para o processo de secularismo que solapava o cristianismo. De acordo com Blamires, o cristão moderno aceitava a religião — a moralidade dela, o seu culto e sua cultura espiritual; porém, rejeitava "a visão que relaciona todos os problemas humanos — sociais, políticos, e culturais — aos alicerces doutrinários da fé crista, à visão que vê todas as coisas aqui em baixo em termo se supremacia de Deus e transitoriedade da terra, em termos de céu e inferno".[1] Ele escreve:

> "A secularização mental dos cristãos quer dizer que, nos dias de hoje, nós nos encontramos só como seres que prestam culto e como seres morais, não como seres pensantes. Concordamos que é correto comparecer à casa do Senhor no dia do Senhor. Concordamos que é pecado cometer adultério ou falar mal de nosso próximo. Mas não podemos nos reunir como cristãos pensantes, para discutir como cristãos controversas questões políticas, sociais e culturais, cuja discussão em público constitui a vida intelectual vigorosa de muitas pessoas tanto dentro como fora da igreja".[2]

Adicionalmente, Blamires dizia que os cristãos haviam escolhido o caminho da acomodação, retirando a consciência cristã da esfera da vida pública, comercial e social. Segundo ele, nessas esferas ninguém mais conhece a linguagem cristã.[3] A sua critica era que os cristãos haviam parado

[1] BLAMIRES, Harry. **A mente cristã:** como um cristão deve pensar. São Paulo: Shedd Publicações, 2006, p.16.

[2] BLAMIRES, Harry, 2006, p.26.

[3] BLAMIRES, Harry, 2006, p. 36.

de pensar de forma cristã para pensar de forma secular. Criamos, segundo Blamires, "o hábito de tirar nossas vestes cristãs sempre que entramos mentalmente na esfera da vida social e política".[4]

É exatamente esse processo de secularização que afastou os cristãos do mundo intelectual. Todavia, essa dicotomia nem sempre existiu dentro da igreja cristã. Historicamente, o pensamento cristão sempre considerou o envolvimento dos crentes com a educação secular e com a cultura uma forma de atender a vontade divina. A melhor prova disso é que as primeiras universidades foram influenciadas pelos cristãos.

II. Como o Cristianismo Contribuiu para o Surgimento das Universidades

A história da educação e do surgimento das primeiras universidades está intimamente ligada ao cristianismo. Na primeira metade do século IV d.C, durante o Império de Constantino, quando o cristianismo passou a ser a religião oficial, a igreja veio a ser indicada como a responsável pela liderança e supervisão das atividades educacionais e escolares. Do século IV ao século X, escolas confessionais ligadas às catedrais católicas e episcopais ensinavam às crianças a doutrina cristã, assim como as sete artes[5] liberais.[6] O historiador Geoffrey Blainey recorda que as universidades resultaram, em grande parte, do trabalho da Igreja. Segundo Blainey, "fossem elas formadas por bispos ou grupos informais de professores e estudiosos, logo estavam unidas sob o mesmo comando — exceto as da região ocidental do Mediterrâneo; obedeciam aos preceitos e promoviam os objetivos da Igreja".[7]

Ainda que esse processo educacional tenha acontecido em grande medida por causa do poder da Igreja, algumas vezes para fazer prevalecer sua força política, o fato é que a educação, a produção e a disseminação do conhecimento, sempre tiveram espaço de destaque na tradição eclesiástica. Não fosse essa tradição judaico-cristã, dificilmente a humanidade teria avançado tanto nas questões científicas até os dias atuais. Embora a edu-

---

[4] BLAMIRES, Harry, 2006, p. 44.

[5] Currículo que incluía o ensino da gramática, retórica e eloquência, aritmética, geometria, astronomia e música.

[6] HUGHES, John A. **Por que educação cristã e não doutrinação secular?** *apud* MACARTHUR, John (org). Pense biblicamente: Recuperando a visão cristã de mundo. São Paulo. Hagnos, 2005, p. 371.

[7] BLAINEY, Geoffrey. **Uma breve história do Cristianismo.** São Paulo. Editora Fundamento, 2012, p. 129.

cação seja pré-cristã[8], foi o cristianismo, a partir da tradição judaica, quem expandiu e tornou o ensino universal a todas as pessoas, pois, dentro da sua perspectiva, o ser humano, diferente dos animais, têm capacidade cognitiva para aprender e ensinar. A premissa subjacente é que "Deus capacitou todo homem e mulher com a habilidade intelectual de raciocinar, formar hipóteses, inventar, filosofar e teorizar, é o processo educacional que transmite os resultados da atividade intelectual pessoal para outros indivíduos e para gerações subsequentes"[9], escreveu John Hughes.

Nesse sentido, Hughes lembra que conquanto a Bíblia não tenha sido escrita com a proposta específica de ser um livro para preparação de professores, não contendo, por isso, um exaustivo e específico plano de currículo escolar, as Escrituras fornecem claros princípios de autoridade espiritual que podem ser considerados como sólido subsídio para uma sólida fundação e padrão para o desenvolvimento de uma filosofia educacional que honra a Deus.[10]

No Antigo Testamento, toda tradição e história de Israel é pautada pela necessidade do ensino da Lei de Deus para as gerações seguintes. Tal tradição de transmissão de conhecimento decorre do mandamento divino: "E estas palavras, que hoje te ordeno, estarão no teu coração; e as ensinarás a teus filhos e delas falarás assentado em tua casa, e andando pelo caminho, e deitando-te e levantando-te. Também as atarás por sinal na tua mão, e te serão por frontais entre os teus olhos. E as escreverás nos umbrais de tua casa, e nas tuas portas" (Dt 6.6-9).

Como o plano de Deus para Israel envolvia as gerações futuras, era indispensável que os pais transmitissem aos seus filhos a Lei do Senhor de forma efetiva. Não é sem razão que a palavra hebraica *Torah*, que se refere aos primeiros cinco livros da Bíblia, significa "instrução", "doutrina", "apontamento", ou "lei". Como decorrência desse princípio, o livro de Provérbio 22.6 diz: "Ensina a criança no caminho em que deve andar, e, ainda quando for velho, não se desviará dele".

---

[8] "Na Antiguidade Clássica, o Ocidente, principalmente na Grécia e em Roma, já dispunha de escolas tidas como de alto nível, para formar especialistas de classificação refinada em medicina, filosofia, retórica, direito. Discípulos se reuniam em torno de um mestre, cuja bagagem cultural de conhecimentos era zelosamente transmitida". LUCKESI, Cipriano Carlos [et. al.]. **Fazer universidade**: uma proposta metodológica. 10 ed. São Paulo: Cortez, 1998, p. 30.

[9] HUGHES, John A. In MACARTHUR, John (org).2005, p. 369.

[10] HUGHES, John A. In MACARTHUR, John (org).2005, p. 375.

A esse respeito, Hazel Perkin explica:

> "A educação sempre foi prioridade entre os judeus. A criança era ensinada a compreender a relação especial do seu povo com Deus e a importância de servir ao Senhor (Êx 12.26, 27; Dt 4.9). A história do povo judeu tinha enorme importância; este conhecimento ajudava a sustentar o ideal de uma pátria nos períodos de cativeiro e exílio. Como a criança era ensinada a princípio pela família, sua compreensão da fé era enriquecida pelas práticas familiares, especialmente refeições ligadas a festas religiosas como a Páscoa. Quando os meninos ficavam mais velhos, recebiam do pai ensinamentos sobre a herança e tradição religiosas".[11]

César Moisés também recorda que o objetivo da educação judaico-religiosa, no Antigo Testamento, "era preservar o povo de Deus das más influências dos povos idólatras e corrompidos que havia ao redor da terra prometida, em outros termos era uma contracultura".[12] Assim, sempre que o povo judeu abandonava o ensino e a prática da lei, toda a nação era afetada. Eis o motivo pelo qual Deus vaticinou por intermédio do profeta Oseias: "O meu povo foi destruído, porque lhe faltou conhecimento; porque tu rejeitaste o conhecimento, também eu te rejeitarei, para que não sejas sacerdote diante de mim; visto que te esqueceste da lei do teu Deus, também eu me esquecerei de teus filhos"(Os 4.6).

Em o Novo Testamento, de igual modo, o ensino também possui predominância. É bem verdade que nessa época o ensino judeu perdeu a sua essência, sofrendo com o monopólio educacional dos escribas (ou doutores da Lei). Segundo César Moisés, nesse tempo "a Educação judaico-religiosa ficou sendo o monopólio de uns poucos 'iluminados' — os escribas (cf. Lc 11.52) — homens que anteriormente atuavam como secretários do Estado, cuja tarefa consistia em preparar e emitir decretos em nome do rei".[13]

Nesse contexto, a nação judaica não era homogênea, ela estava dividida em vários grupos e partidos com doutrinas e tradições distintas, movidos ora por causas políticas, ora religiosas. Apesar da pequena quantidade, os saduceus representavam a aristocracia dominante do judaísmo nos tempos do Novo Testamento. O nome desse grupo originou-se provavelmente de Zadoque, o pai da linhagem de sumo sacerdotes durante o reinado de

[11] PERKIN, Hazel. *Apud* CARVALHO, César Moisés, 2015, p. 51.
[12] CARVALHO, César Moisés, 2015, p. 54.
[13] CARVALHO, César Moisés, 2015, p. 54.

Salomão (1 Rs 1.32, 34, 38, 45). Eles formavam o escalão superior dos sacerdotes e parte do Sinédrio, exercendo, por isso grande influência política.

Ao contrário dos fariseus que reconheciam a importância da tradição oral, os saduceus aceitavam somente a Lei escrita. Por influência do helenismo e da cultura pagã, era uma religião materialista e secularizada, negavam a existência do mundo espiritual (At 23.8) e não criam na ressurreição dos mortos (Mc 12.18) nem na vida futura. A vida para eles, portanto, se resumia ao aqui e agora, sobre a qual Deus não tinha nenhuma interferência. Quanto a esse grupo, Jesus disse aos seus discípulos para tomarem cuidado com o seu "fermento" (Mt 16.6), símbolo do mal e da corrupção.

Em maior número que os saduceus, os fariseus (hb. *parash*: "separar") representavam o núcleo mais rígido do judaísmo, formado basicamente por pessoas da classe média e com grande influência entre o povo (Jo 12.42, 43). Eram meticulosos quanto ao cumprimento da Lei mosaica, e, por isso a maioria dos escribas (Mt 15.1; 23.2) pertencia a esse grupo. Enfatizavam mais a tradição oral do que a literalidade da Lei. Além de dar grande valor às tradições religiosas como a lavagem das mãos antes das refeições (Mc 7.3) e ao recolhimento do dízimo (Mt 23.23), os fariseus jejuavam regularmente (Mt 9.14) e enfatizavam a observância do sábado (Mt 12.1). Entretanto, eram avarentos (Lc 16.14) e em suas orações gostavam de se vangloriar de seus atributos morais (Lc 18.11,12).

É exatamente nesse contexto que surge Jesus Cristo, revigorando a interpretação da Lei e a sua forma de ensino, erigindo o padrão da educação cristã. César Moisés escreve:

> "Seu ensino não era superficial e meramente prescritivo ou restrito à observância de regras e preceitos, Ele contemplava os princípios da Lei (Mt 5.18; 22.36-40). Assim, sua educação visava não somente informação, mas formação. Ela não consistia e nem tinha por objetivo forjar atitudes legalistas irrefletidas, mas objetivava transformações interiores, no âmago das pessoas".[14]

A partir dessa premissa, o ministério de Jesus foi caracterizado pela formação de seus discípulos e pelo ensino das doutrinas do Reino (Mc 1.22; Lc 13.10). Os evangelhos deixam transparecer que o Mestre Jesus costumava pregar e ensinar nas sinagogas acerca do Reino de Deus (Lc 4.44; 13.10; Mt 12.9; Mc 1.39). No original, sinagoga (gr. *synagōgē*) tem o

[14] CARVALHO, César Moisés, 2015, p. 55.

sentido de assembleia, congregação de pessoas. No judaísmo, enquanto o Templo era o lugar do culto, a sinagoga tinha uma função educativa, porque proporcionava o ambiente para o estudo da Lei. O Mestre, inclusive, ordenou aos discípulos que continuassem o trabalho de formação de novos discípulos de todas as nações (Mt 28.19). Seguindo esse mandamento, a Igreja Primitiva seguindo o exemplo do Mestre, floresceu anunciando e ensinando o evangelho em tais localidades (At 9.20; 13.5; 18.4). São muitas as referências neotestamentárias sobre o valor do ensino e da transmissão das doutrinas bíblicas (Rm 12.7, 1 Tm 4.13, 2 Tm 3.16, 1 Tm 5.17).

A educação, portanto, possui uma posição privilegiada na tradição judaico-cristã. Abro, inclusive, um parêntese para registrar que essa importância é reconhecida até mesmo entre os ateus. Alain de Botton, em seu livro *Religião para ateus*, sugere que o ateísmo deve tomar como exemplo várias estratégias e concepções da religião em geral e do cristianismo, em particular, para se tornar algo palatável, ser compreendido e aceito no ambiente social. Botton afirma que seus pares ateus não estão dispostos a considerar a cultura secular de forma suficientemente religiosa, como fonte de orientação. Com relação à educação, diz ele, enquanto aqueles que tentam fundamentar a educação na cultura secular (e não nas Escrituras) têm sérias dificuldades para justificar-se como algo relevante e útil, o cristianismo olha para o propósito da educação a partir de outro ângulo, no qual somos: desesperados, vulneráveis, pecadores, mais bem-informados que sábios, sempre à beira da angústia, aterrorizados com a morte e, acima de tudo, necessitados de Deus. A partir dessa perspectiva, "o cristianismo se ocupa desde o início com nosso lado interior e confuso, declarando que nenhum de nós nasce sabendo como viver; somos, por natureza, frágeis e caprichosos", de modo que a educação tem um papel primordial nesse processo de instrução do homem. Com efeito, segundo Botton, o "cristianismo está focado em ajudar uma parte de nós que a linguagem secular tem dificuldade até mesmo de nomear [...]" "[...] tem sido a tarefa essencial da máquina pedagógica cristã cultivar, tranquilizar, confortar e guiar nossas almas".[15]

Ele afirma:

> "Por mais que possamos discordar da visão do cristianismo com relação àquilo de que nossa alma necessita, é difícil invalidar a provocativa tese subjacente, que não parece ser menos relevante no domínio secular que no religioso – a tese de que temos em nós um núcleo perigoso, infantil e vulnerável, que deveríamos nutrir e cuidar ao longo de sua turbulenta jornada pela vida".[16]

[15] BOTTON, Alain. **Religião para ateus**. Rio de Janeiro: Intrínseca, 2011, p. 89.

[16] BOTTON, Alain, 2011, p. 91.

Alain de Botton captou o pressuposto pelo qual a educação possui uma posição de destaque no cristianismo. A doutrina da Queda e da depravação humana explicam a natureza do homem e, ao mesmo, tempo exige um processo pedagógico de constante instrução acerca da Lei de Deus. Caído, o ser humano carece de educação permanente, a fim de ajudá-lo no desenvolvimento do conhecimento, habilidades e atitudes que contribuam para que possa glorificar e agradar melhor a Deus.[17]

O que Alain de Botton não percebeu é que não é possível utilizar um pressuposto cristão para encaixá-lo em uma cosmovisão naturalista. O que ele pretende é pegar emprestado uma ferramenta teísta para utilizar em sua visão de mundo ateísta. Uma visão de mundo, para ser coerente, deve guardar correspondência com seus pressupostos estruturantes. Quando isso não ocorre, tendo que recorrer aos fundamentos de outra cosmovisão, evidencia-se que a cosmovisão professada na verdade é falha, pois não consegue explicar toda a realidade, incluindo a natureza humana. É isso o que ocorre com o ateísmo de Botton. No fim das contas, ele simplesmente expõe a incoerência de seu agnosticismo, cujas premissas não conseguem dar sentido à existência humana.

É realmente intrigante como os ateus tentam impingir aos cristãos a pecha de irracionais, afinal a própria ideia de racionalidade não encontra guarida na visão naturalista, para a qual a natureza física é tudo o que existe e o ser humano não passa de um acidente cósmico; um produto do acaso.

Jónatas Machado expõe a fragilidade da tese ateísta ao lembrar que para o naturalismo, o Universo, a vida e o ser humano são o produto de processos cegos, irracionais, aleatórios, ineficientes e cruéis, destituídos de qualquer, sentido, propósito e valor intrínseco. Como consequência desses pressupostos, o cérebro e a mente resultaram de um processo aleatório de seleção natural, levando-nos à inescapável conclusão de que toda produção intelectual humana não passa de produto acidental de milhões de anos de processos físicos e aleatórios. Sendo assim, o jurista português inquire: "Onde é que está a razão? Ela tem existência material? Alguém a viu? Alguém a mediu ou pesou?"[18]

Machado, então, afiança que a "linha de raciocínio naturalista conduz a um resultado irracional e autocontraditório, na medida em que também as

[17] HUGHES, John In MACARTHUR, John (org), 2005, p. 377.

[18] MACHADO, Jónatas. **Estado Constitucional e Neutralidade Religiosa**: entre o teísmo e o (neo) ateísmo. Porto Alegre: Livraria do Advogado Editora, 2013, p. 62.

próprias ideias naturalistas seriam o produto das leis da física e da química, não havendo uma forma objetiva e independente de atestar a sua veracidade".[19] E conclui: "Se levássemos o naturalismo até as últimas consequências e considerássemos que a natureza física é tudo o que existe, teríamos que concluir que a razão e a lógica são entidades imaginárias".[20] Portanto, as conclusões ateístas conduzem inevitavelmente a um beco sem saída epistemológico, em que nada nem ninguém pode garantir a racionalidade, a verdade e o conhecimento.[21]

Feita essa observação, voltemos ao nosso excurso histórico e sobre a formação pelas primeiras universidades.

De forma acentuada, foi na Idade Média que teve início a sistematização do processo educacional daquilo que hoje se chama universidade, mas cuja raiz remonta ao século IX, com as escolas monásticas da Europa, que serviam à formação dos monges, mas que recebiam também estudantes externos. O saber era considerado um dom divino e, como tal, caberia a qualquer cristão que fosse agraciado por Deus e tivesse assim o dom do conhecimento do latim.[22]

Dinesh D´Souza diz que, a princípio, os monges trabalhavam em mosteiros, dedicando-se incansavelmente ao resgate do conhecimento clássico destruído, quando os bárbaros invadiram o império romano e espalharam o caos por todo o continente. Por vários séculos, os mosteiros foram as únicas instituições na Europa onde se adquiria, preservava e transmitia conhecimento". Como uma religião de recordação, pois, no cristianismo, a lembrança é uma das suas principais bases de existência e divulgação, já que é necessário relembrar-se dos atos divinos e das palavras sagradas para assegurar a salvação espiritual.[23] E isso se faz por meio do processo educacional.

Dinesh D´Souza afirma que as igrejas começaram a construir escolas, primeiro fundamentais e depois secundárias.

> "Por fim, aprimoraram-se até que, no século VII, as primeiras universidades foram fundadas em Bolonha e Paris. Oxford e Cambridge foram fundadas no início do século XIII, seguidas pelas universidades de Roma, Nápoles, Salamanca, Sevilha,

[19] MACHADO, Jónatas, 2013, p. 63.
[20] MACHADO, Jónatas, 2013, p. 63.
[21] MACHADO, Jónatas, 2013, p. 64.
[22] Disponível em: http://www.histedbr.fe.unicamp.br/navegando/glossario/verb_c_universidades_medievais.htm. Acesso em: 15/2/2015.
[23] OLIVEIRA, Terezinha. **Origem e memória das universidades medievais**: a preservação de uma instituição educacional. VARIA HISTORIA, Belo Horizonte, vol. 23, nº 37: p.113-129, Jan/Jun 2007, p. 126.

> Praga, Viena, Colônia e Heidelberg. Essas instituições talvez estivessem afiliadas à igreja, mas sua administração e funcionamento eram independentes. O currículo era teológico e secular, de modo que o novo conhecimento científico dos tempos modernos poderia ser adaptado. Como mostra Alvin Schmidt, muitas das primeiras faculdades e universidades dos Estados Unidos – Harvard, o College of William and Mary, Yale, Northwestern, Princeton, Dartmouth, Browen – começaram como instituições cristãs".[24]

A própria palavra universidade foi concebida com a ideia de encontrar unidade na diversidade. Havia um pressuposto subjacente da existência de uma verdade fundamental, que interligava todas as áreas do pensamento humano. Como o Deus cristão era uma mente única, uma e a fonte de todas as verdades, o currículo era unificado no sentido de que se esperava que toda disciplina lançasse luz sobre as demais e com elas se harmonizasse. O corpo docente e administrativo da faculdade confiava em que o conhecimento existia em todos os campos de estudo.[25]

A Reforma Protestante, iniciada em 1517 pelo jovem monge e professor universitário Martinho Lutero, revigorou o apreço pela educação cristã, descentralizando-a. Ao contrariar a venda de indulgência pela Igreja Católica, Lutero afixou as suas 95 Teses na Catedral de Wittenberg, desencadeando uma reforma da doutrina por toda a Europa. Esse movimento também estava associado à reivindicação pela reforma do sistema educacional escolástico, pelo retorno às fontes autênticas da Antiguidade.[26]

Michael Horton[27] recorda que Martinho Lutero persuadiu o governo de sua época a proclamar a educação universitária compulsória tanto para meninas como para meninos pela primeira vez na história ocidental. Juntamente com seus auxiliares ele criou um sistema de educação pública na Alemanha, e exortava os professores a considerar a vocação para o ensino com o mesmo espírito com que considerariam o serviço de Deus na igreja. Em suas *Ordinances* [Ordenanças] de 1541, Lutero escreveu: "Desde que é necessário preparar as gerações futuras, a fim de não deixar a igreja num deserto para os nossos filhos, é imperativo que se estabeleça

---

[24] D'SOUZA, Dinesh. **A verdade sobre o cristianismo:** por que a religião criada por Jesus é moderna, fascinante e inquestionável; [tradução Valéria Lamim Delgado Fernandes]. Rio de Janeiro: Thomas Nelson Brasil, 2008, p. 117.

[25] MORELAND, J. P., 2011, p. 94.

[26] SCHEIBLE, Heinz. **Melanchton: uma biografia**. São Leopoldo: Sinodal, 2013, p. 34.

[27] HORTON, Michael S., 2006, p. 26.

uma instituição de ensino para se instruir os filhos e prepará-los tanto para o ministério como para o governo civil".[28]

Ao lado de Lutero, Filipe Melanchton também fez contribuições decisivas para a reforma do sistema educacional alemão. Em *Melanchton: uma biografia,* Heinz Scheible afirma que, Melanchton empenhou-se por uma boa didática escolar, divisão de classes e aprendizado do latim e gramática. Melanchton exigia que as crianças conhecessem poucos autores, mas com profundidade. Heinz Scheible registra que "diferentemente da Universidade de Wittenberg, em que Melanchton implementou suas ideias reformadoras por iniciativa própria, sua considerável influência sobre o sistema escolar surgiu indiretamente por meio de seus compêndios e de sua 'Instrução para os Visitadores'".[29]

III. Fé Cristã e Ciência

Para além da criação das primeiras universidades, o cristianismo contribuiu com a formulação das bases da ciência moderna, tanto que as maiores descobertas científicas foram, em grande parte, obra de cristãos.[30] O pensamento de que o universo obedece a um conjunto de leis preestabelecidas e que o papel do cientista é exatamente desvendar essas leis, nasce exatamente da concepção cristã. De acordo com Dinesh D´Souza, "o cristianismo revigorou a ideia de um cosmos ordenado ao imaginar o Universo como sustentado por Leis que incorporam a racionalidade de Deus, o criador", defendendo que o homem foi criado à imagem e semelhança de Deus, o que significa que existe uma centelha de razão divina no homem, separando-o das outras coisas e dando-lhe o poder especial de compreendê-las. "De acordo com o cristianismo, a razão humana provém da inteligência divina que criou o Universo".[31]

Tudo isso pode ser sintetizado nas palavras de C. S. Lewis: "Os homens se tornaram cientistas porque esperavam haver leis na natureza, e esperavam haver leis na natureza, porque acreditavam num legislador".[32] Baseado nessa convicção é que Francis Bacon (1561-1626), considerado por muitos como o pai da ciência moderna, ensinava que Deus nos fornece

[28] HORTON, Michael S., 2006, p. 26.
[29] SCHEIBLE, Heinz, 2013, p. 34.
[30] D´SOUZA, Dinesh, 2008, p. 106.
[31] D´SOUZA, Dinesh, 2008, p. 116.
[32] LEWS. C. S. *apud* LENNOX, John C. **Por que a ciência não consegue enterrar Deus?;** [tradução Almiro Pisetta]. São Paulo: Mundo Cristão, 2011, p. 28.

dois livros — o livro da natureza e a Bíblia — e que, para ser instruída de maneira correta, a pessoa deveria dedicar a mente ao estudo de ambos.[33]

Dentro dessa percepção, o professor de Oxford, John Lennox, em seu livro *Por que a ciência não consegue enterrar Deus*, anota que muitas das proeminentes figuras da ciência tinham o mesmo pensamento de Bacon. Homens como Galileu (1564-1642), Kepler (1571-1630), Pascal (1623-1662), Boyle (1627-1691), Newton (1642-1727), Faraday (1791-1867), Babbage (1791-1871), Mendel (1822-1879) eram teístas; em sua maioria eles eram, de fato, cristãos. Sua crença em Deus, acrescenta Lennox,

> "longe de ser um empecilho para a ciência, era muitas vezes a principal inspiração para ela, algo que eles não tinham vergonha de afirmar. A força que impulsionava a mente inquisitiva de Galileu, por exemplo, era sua profunda convicção interior de que o Criador que nos 'deu sentidos, razão e intelecto' pretendia que nós não 'renunciássemos ao uso deles e que, por algum outro meio, obtivéssemos o conhecimento que por meio deles podemos adquirir'".[34]

Falando sobre essa temática no livro *Por que acredito naquEle que fez o mundo*, o Doutor Antonino Zichichi, PhD em Física e Professor na Universidade de Bolonha e ex-presidente da European Physical Society, desmente o argumento de que existe contradição entre fé e ciência, e mostra como a própria ciência é, em última análise, uma questão de fé: fé na existência de uma lógica que governe este mundo. Tal lógica, para ele, é a lógica de Deus. O Doutor Antonino Zichichi cita como exemplo Galileu Galilei, cujas descobertas foram feitas em virtude da busca de um padrão lógico no universo por meio do estudo de objetos vulgares, como a pedra, o barbante e a madeira, em busca de vestígios do Criador. Ele escreve:

> " (...) Como sabia o pai da Ciência que, estudando como oscilavam os pêndulos, ou como rolam as pedras ao longo de um plano inclinado, deveriam surgir leis rigorosas? Poderiam muito bem ter surgido o Caos, o arbítrio, a excentricidade: um dia de um jeito e um ano depois de outro. Em Pisa, uma lei, na Lua, uma outra. Galileu, por sua vez, pensava em leis fundamentais e universais, expressas de forma rigorosamente matemática. O conjunto destas leis devia representar, e de fato representa, a Lógica da Criação.

[33] LENNOX, John C., 2011, p. 28.
[34] LENNOX, John C., 2011, p. 28.

> Naquela pedra está a mão do Senhor. Estudando os objetos vulgares, Galileu descobriu as Leis Daquele que fez o mundo. Foi esta Fé que o levou a desafiar a cultura dominante de seu tempo. Ele desejava simplesmente ler o Livro da Natureza, escrito pelo Criador com caracteres matemáticos".[35]

Em *A vitória da razão,* o sociólogo da religião Rodney Stark lembra que os teólogos cristãos sempre partiram do princípio que a razão podia levar ao conhecimento cada vez mais correto da vontade divina. Com efeito, diz Stark que "a imagem cristã de Deus é de um ser racional que acredita no progresso humano, revelando-se à medida que os humanos desenvolvem a capacidade de compreensão". Além disso, "porque Deus é um ser racional e o universo é a sua criação pessoal, o universo tem por definição uma estrutura racional, com leis estáveis que aguardam uma compreensão humana aperfeiçoada".[36] Tal raciocínio foi fundamental para muitas investigações intelectuais, inclusive para o desenvolvimento da ciência. Stark afirma que ao contrário das doutrinas religiosas e filosóficas do mundo não cristão, os cristãos desenvolveram a ciência porque acreditavam que a ciência era possível e desejável.

Como se nota, historicamente, principalmente no período da Reforma, longe de serem anti-intelectuais ou temerosos quanto ao estudo secular, os cristãos acreditavam que o cristianismo só poderia florescer em meio a um povo que lesse e fosse culto.[37]

Esse aspecto não pode ser desprezado pelo cristão universitário, devendo lembrar-se da tradição cristã de apreço pela ciência. Contudo, deve estar ciente também da tentativa do naturalismo em desacreditar tanto a contribuição quanto a importância da cosmovisão cristã para o desenvolvimento da ciência. Entende-se aqui o naturalismo como uma visão de mundo abrangente que compreende tudo o que existe como o resultado das forças da natureza, de processos aleatórios e da evolução das espécies, sem espaço, segundo afirmam, para o mito da religião. A efeito, considere as palavras de Peter Atkins, professor de Química da Universidade de Oxford: "A humanidade deve aceitar que a ciência eliminou a justificativa da crença num propósito cósmico, e qualquer sobrevivência desse propósito inspira-se apenas no sentimento".[38]

---

[35] ZICHICHI, Antonino. **Por que acredito Naquele que fez o mundo**. Rio de Janeiro: Objetiva, 1999, p.43.

[36] STARK, Rodney. **A vitória da razão**: como o cristianismo gerou a liberdade, os direitos do homem, o capitalismo e o sucesso do Ocidente. Tribuna: Lisboa, 2007,p. 60.

[37] HORTON, Michael S., 2006, p. 27.

[38] ATKINS, Peter *apud* LENNOX, John C., 2011, p. 19.

É esse tipo de pensamento que dita hoje às aulas da maioria das universidades seculares, a partir da premissa que o avanço científico fez desaparecer a necessidade de um Criador para explicar a origem do universo e da espécie humana. Essa é razão pela qual hoje boa parte dos estudantes universitários são *convidados* a deixarem suas "crenças religiosas ultrapassadas" longe das salas de aulas, pois, esse espaço, segundo dizem, é destinado à produção *imparcial* de conhecimento segundo evidências cientificas (e não baseado na fé). Essa filosofia está presente não somente nas ciências naturais, mas em todas as áreas da produção acadêmica, incluindo-se aí as ciências exatas, biológicas, humanas e sociais.

A justificativa geralmente invocada pelos naturalistas é que a ciência se baseia em fatos, não em crenças. Realmente, esse é um princípio elementar na produção científica. Contudo, é necessário indagar se o naturalismo adota esse princípio para a formulação de seus postulados básicos, ou se trata também de mais uma visão de mundo?

Se aproximarmos as lentes investigativas próximas ao naturalismo, a par de um senso crítico, perceberemos que longe de ser uma perspectiva baseada em fatos, o naturalismo se funda em uma cosmovisão filosófica-ateísta, que exclui antecipadamente Deus do processo e direciona, a seguir, o modo como os seus adeptos "fazem ciência". Isso porque, se realmente o naturalismo fosse uma forma imparcial de fazer ciência e produzir conhecimento, não agiria com intolerância em relação às outras perspectivas que lhes são contrárias. Nesse sentido, faço menção ao documentário intitulado *Expelled: No Intelligence Allowed*[39] [Expulsos: Não é Permitido Inteligência], que demonstra uma espécie de perseguição imposta pelos defensores do darwinismo no meio acadêmico contra os defensores do Design Inteligente (DI).

Em *Darwin no Banco dos Réus,* Phillip Johnson escreve:

> "É lógico que a ciência dominante não concorda que haja dois lados em uma controvérsia, e considera a ciência da criação uma fraude. Tempo igual para a ciência da criação nas aulas de biologia, os darwinistas gostam de afirmar, é como conceder tempo igual para a teoria de que é a cegonha que traz os bebês".[40]

---

[39] Disponível em https://www.youtube.com/watch?v=XUeIgeHdqFA (parte 1/10). Acesso em 2/6/2015.

[40] JOHNSON, Phillip. **Darwin no banco dos réus.** São Paulo: Cultura Cristã, 2008, p. 18.

Com estilo cativante e argumentação precisa Phillip Johnson demonstra que a teoria da evolução não tem a sua base em fatos, mas na fé; a fé no naturalismo filosófico. Johnson afirma que a literatura do darwinismo está cheia de conclusões antiteístas, ao afirmar que o universo não foi planejado e não tem propósitos, e que nós humanos somos o resultado de processos naturais e cegos que não se importam conosco. Essas declarações, afirma Johnson, "não são apresentadas como opiniões pessoais, mas como implicações lógicas da ciência evolucionista".[41]

Isso advém da natureza própria do raciocínio humano, da sua inerente parcialidade e não neutralidade. Jónatas Machado diz que "todo o pensamento teorético tem como ponto de partida pressupostos fundacionais indemonstráveis, designados como axiomas, modelos, paradigmas, matrizes discursivas, epistemas, mundividências, crenças, ideologias, etc."[42] Segundo Jónatas Machado, é esta fé da teoria evolucionista, ao acreditar, por exemplo, na universidade do evolucionismo e na impossibilidade de um Criador, que leva a TE a excluir a priori, qualquer explicação não estritamente materialista para o Universo e a vida. "Uma vez pré-programadas as diferentes disciplinas com base nela, não admira que as mesmas conduzam, invariavelmente, a resultados naturalistas e evolucionistas".[43]

IV. Formando Estudiosos Cristãos para Influenciar a Sociedade

Na cultura ocidental, a universidade ocupa um lugar estratégico na formulação das principais ideias que servem como guia da sociedade, e é exatamente dos seus bancos, que estão saindo as mentes que serão responsáveis por influenciar a cultura e ditar os caminhos da política, do Direito, da mídia e da educação. Willian Lane Craig argumenta que a universidade é a instituição mais importante na construção da sociedade ocidental. É na universidade, diz Craig, que os nossos futuros líderes políticos, jornalistas, advogados, professores, cientistas, executivos e artistas serão formados.

> "É na universidade que eles formularão ou, mais provavelmente, absorverão a cosmovisão que moldará sua vida. Uma

[41] JOHNSON, Phillip, 2008, p. 20.
[42] MACHADO, Jónatas. **Criacionismo bíblico**: a suma dos principais fundamentos teológicos e científicos. Disponível em: http://creation.com/images/lote/portuguese/portuguese_criacionismo.pdf. Acesso em 2/6/2015.
[43] MACHADO, Jónatas. **Criacionismo bíblico**: a suma dos principais fundamentos teológicos e científicos. Disponível em: http://creation.com/images/lote/portuguese/portuguese_criacionismo.pdf. Acesso em 2/6/2015.

> vez que são os formadores de opinião e os líderes que moldam a nossa cultura, a cosmovisão que eles absorverem na universidade será aquela que moldará a nossa cultura".[44]

Igualmente, Charles Colson e Nancy Pearcey garantem que uma geração de graduados das universidades tem saído com diplomas nas mãos e uma ideologia pós-modernista na cabeça, para trabalhar em escritórios executivos, centros políticos e nas salas editoriais de jornais, revistas e estúdios de televisão. O resultado disso, dizem os autores, "é o surgimento de um grupo de profissionais novo e influente que trabalha primordialmente com palavras e ideias — o que alguns sociólogos chamam de Nova Classe ou Classe do Conhecimento ou, mais pejorativamente, a Classe Falante; por controlarem os meios do discurso público, sua filosofia tem se tornado dominante".[45]

A universidade, portanto, não é somente um centro de produção de conhecimento, mas também um centro de influência intelectual, capaz de definir tendências, alterar valores e transformar (positiva ou negativamente) a cultura. Logo, a sua retomada pelos cristãos é algo que não pode ser desprezado, pois está diretamente relacionado com o papel da igreja na terra.

Desse modo, o primeiro motivo pelo qual é importante os cristãos irem para a Universidade é a necessidade de produção de conhecimento a partir de uma perspectiva cristã. Precisamos de cristãos capazes de contribuir com as descobertas científicas, com as inovações tecnológicas e com as bases da própria educação. Necessitamos de cristãos eruditos comprometidos com o Reino e que participem das discussões filosóficas, para progresso da medicina ou com o mundo jurídico. Isso porque, a igreja cristã é a geração eleita, o sacerdócio real (1 Pe 2.9) e possui o importante papel de influenciar positivamente a cultura, preparando-a para a recepção do evangelho da paz.

É parte da tarefa dos estudiosos cristãos, escreveu Willian Craig, ajudar a criar e manter um ambiente cultural no qual o evangelho possa ser ouvido como uma opção plausível para homens e mulheres pensantes, daí porque — prossegue Craig — a igreja tem um papel vital em formar estudiosos cristãos que ajudarão a criar um lugar para ideias cristãs nas universidades.

Essa é uma questão que merece destaque. Quando os cristãos se apartam da produção do conhecimento e dos fatores de influxo da sociedade, o cristianismo tende a se tornar irrelevante e o evangelho menos receptivo.

---

[44] CRAIG, William L.: **Apologética para questões difíceis da vida**. São Paulo: Vida Nova, 2010, p. 15.
[45] COLSON, Charles; PEARCEY, Nancy, 2000, p. 44.

Para entender isso, é preciso relembrar que o anúncio das Boas-Novas é feito dentro de um contexto social com suas características próprias. O evangelho nunca é ouvido à parte das questões culturais. Ele sempre será ouvido a partir do pano de fundo sociocultural em que nós vivemos. Uma pessoa criada em um ambiente em que o cristianismo é ainda visto como uma opção intelectual viável — exemplifica Craig — "terá uma abertura para o evangelho que não encontraremos em uma pessoa criada em um ambiente secularizado".[46] O teólogo J. Gresham Machem advertiu que, se a igreja perder a batalha intelectual em uma geração, a evangelização se tornará infinitamente difícil da geração seguinte:

> "Falsas ideias são o maior obstáculo à recepção do evangelho. Podemos pregar com todo o fervor de um reformador e, mesmo assim, sermos bem sucedidos apenas em ganhar algumas poucas pessoas perdidas por aqui e por ali; e isso só tem acontecido porque permitimos que o pensamento coletivo da nação, ou do mundo, seja controlado por ideias que, pela força irresistível da lógica, impedem o cristianismo de ser reconhecido como algo mais do que uma mera ilusão inofensiva. Sob tais circunstâncias, o que Deus deseja de nós é que destruamos o obstáculo em sua raiz".[47]

Prosseguindo nesse raciocínio, Craig diz que a raiz do obstáculo deve ser encontrada na universidade e é lá que deve ser atacada. Infelizmente, a advertência de Machen não foi ouvida, e o cristianismo bíblico entrincheirou-se no gueto intelectual do fundamentalismo, do qual ele tem apenas recentemente começado a reemergir. "A guerra ainda não está perdida, e é uma guerra que não devemos perder: almas de homens e mulheres estão por um fio."[48]

Os cristãos não podem simplesmente bater em retirada da universidade, alegando que elas foram tomadas pelos liberais e antiteístas. Em vez disso, é necessário valorizá-la e resgatá-la, a fim de destruir os conselhos e toda a altivez que se levanta contra o conhecimento de Deus, levando cativo todo o conhecimento à obediência de Cristo (2 Co 10.5).

---

[46] CRAIG, William L., 2010, p. 15.
[47] MACHEM, J. Gresham *apud* CRAIG, William L., 2010, p. 16.
[48] CRAIG, William L., 2010, p. 17.

Síntese e Conclusão

O primeiro aspecto que demonstra a importância da universidade para os cristãos é que ela ocupa um lugar de destaque na sociedade atual. Como centro de influência intelectual e cultural, ela é capaz de definir tendências, alterar valores e transformar (positiva ou negativamente) a cultura. Logo, a sua retomada pelos cristãos é algo que não pode ser desprezado, pois está diretamente relacionado com o papel da igreja na terra. Até porque, originariamente, a sua criação (assim como a ciência) teve grande influência do pensamento cristão, a partir do pressuposto de que o universo obedece a um conjunto de leis pré-estabelecidas por um Criador, e que o papel do cientista é exatamente desvendar estas leis, nasce exatamente da concepção cristã.

Capítulo 5

O Trabalho como um Chamado Divino

O chamado é a verdade com que Deus nos chama para si mesmo tão decisivamente que tudo o que somos, tudo o que fazemos e tudo o que temos é investido com devoção especial, dinamismo e direção vividos como resposta à sua convocação e serviço.

Os Guinness

Em Gênesis, vemos Deus como jardineiro e, no Novo Testamento, como carpinteiro. Nenhum trabalho é um jarro pequeno demais para conter a imensa dignidade do trabalho dado por Deus.

Timothy Keller e Katherine Alsdorf

Para além da importância sociocultural da retomada das universidades tratada no capítulo anterior, é importante o cristão ir para universidade porque isso lhe proporcionará uma profissão com melhores condições de trabalho e renda. Não podemos ser demasiadamente românticos em relação a esse tema. Todos nós precisamos de um trabalho que nos dê uma vida estável, com remuneração suficiente para nos manter, assim como a nossa família. No Brasil, o desemprego entre aqueles que possuem um curso de nível superior é bem abaixo em comparação com aqueles que possuem somente o nível médio.[1]

Contudo, o aspecto profissional não pode ser visto somente como algo pragmático. O trabalho não é somente um meio para se ganhar dinheiro. Dentro de uma perspectiva bíblica ele é uma criação divina, instituído dentro do seu magnífico propósito. As Escrituras iniciam-se com a apresentação de um Deus que trabalha: "No princípio, criou Deus os céus e a terra" (Gn 1.1). Mais adiante, após formar o primeiro homem [Adão], Deus o pôs no jardim do Éden para o lavrar e o guardar (Gn 2.15); eis aí, então, a descrição do primeiro emprego.

Timothy Keller e Katherine Alsdorf explicam da seguinte forma:

> "O fato de Deus ter inserido o trabalho no paraíso nos causa surpresa porque pensamos nele como um mal necessário e até mesmo um castigo. Mas o trabalho não é inserido na história humana depois da Queda de Adão, como parte da ruína e maldição; é parte da bênção do jardim de Deus. O trabalho é uma necessidade humana básica tanto quanto o alimento, a beleza, o descanso, a amizade, a oração e a sexualidade; não é simplesmente uma boa solução para remediar uma situação, mas alimento para a nossa alma. Sem um trabalho significativo, sentimos um grande vazio e perda interior. Pessoas que ficam desempregadas por problemas de saúde ou por quaisquer outros motivos percebem logo como precisam trabalhar para se desenvolver emocional, física e espiritualmente".[2]

---

[1] Segundo os dados da Pesquisa Nacional por Amostra de Domicílios (Pnad) contínua, a taxa de desocupação entre as pessoas com Ensino Médio incompleto era de 12,7% nos primeiros três meses do ano, enquanto, entre aqueles com Ensino Superior, foi o equivalente a um terço: apenas 4%. Disponível em http://oglobo.globo.com/economia/desemprego-entre-graduados-equivale-um-terco-da-taxa-de-quem-tem-ensino-medio-incompleto-12700458. Acesso em 27/12/2014.

[2] KELLER, Timothy; ALSDORF, Katherine Leary. **Como integrar fé e trabalho:** nossa profissão a serviço do Reino de Deus. São Paulo: Vida Nova, 2014, p. 38,39.

Assim, o trabalho foi introduzido na vida humana não em decorrência do pecado original, mas em razão do mandato divino. A desobediência de Adão e Eva, em verdade, tão somente fez com que o labor se tornasse mais difícil, visto que a partir de então a terra passou a produzir espinhos e cardos (Gn 3.18). A tristeza e o sacrifício que o "pecado injetou na Criação não invalida o modo como fomos feitos originalmente ou o mandato para trabalhar. E a redenção nos permite restabelecer o significado e propósito originais do trabalho. Ela nos dá o poder para levar a cabo a tarefa para a qual fomos criados — desenvolver cultura e civilização".[3]

O labor não é somente o meio pelo qual as pessoas devem ganhar dinheiro para sua própria subsistência; mais do que isso, é também a forma pela qual se pode atuar decisivamente no mundo de modo a contribuir com a sua melhoria, utilizando os recursos econômicos e habilidades de acordo com sua lei de justiça e misericórdia. Por essa razão, as Escrituras estão repletas de passagens que valorizam o labor e repreendem a preguiça e o ócio (Pv 6.6-11; Ec 9.10; 1 Ts 4.11; Ef 4.28; 1 Tm 5.13).

Entretanto, vale destacar que o trabalho, dentro da cosmovisão cristã, não é um fim em si mesmo, mas um meio para se adquirir as condições para uma boa vida. Não se trata, também, de um labor com fins utilitaristas para a simples conquista do lucro material ou da satisfação pessoal; mas sim um meio legítimo que vem acompanhado de propósitos dignos para a glorificação de Deus. É por meio dele que o ser humano, homem e mulher, completa e prolonga a obra criadora de Deus e se realiza como pessoa e como membro de uma comunidade, quer familiar quer nacional.

I. Falando sobre Trabalho e Vocação

Se o trabalho tiver um lugar de destaque na vida humana, então é realmente importante compreendermos a noção bíblica de vocação. Pelo Texto Sagrado, todo cristão foi chamado pelo propósito de Deus (Rm 8.28); para ser de Cristo (Rm 1.6); e para a comunhão com Ele (1 Co 1.9).

Apesar de fascinante, entretanto, a abordagem dessa temática dentro do círculo ministerial, não poucas vezes, é feita de forma estreita, reduzindo a vocação e a mordomia cristã ao âmbito eminentemente eclesiástico. A compreensão que se tem sobre esse assunto é que o Senhor simplesmente convoca pessoas para atuarem como obreiros efetivos em sua obra, mas

[3] COLSON, Charles; PEARCEY, Nancy, 2000, p. 453.

vinculados somente a cargos, ofícios ou funções eclesiásticas, menosprezando, com isso, a vocação e o trabalho para além dos limites do átrio da igreja local e das atividades especificamente religiosas.

De forma idêntica, por muito tempo pensei que, quando a Bíblia falava em chamado, estava inexoravelmente fazendo menção ao trabalho ministerial de pastores, evangelistas, presbíteros ou diáconos e que, em determinado momento da vida a pessoa chamada por Deus, se obediente fosse, deveria abandonar sua carreira profissional e entregar-se completamente à obra.

É claro que muitos cristãos são chamados para atuarem exclusivamente na igreja. Paulo inclusive escreveu: "Quem almeja o episcopado excelente obra deseja" (1 Tm 3.1). O apóstolo dos gentios ainda afirmou em outra ocasião que Deus deu uns para apóstolos, e outros para profetas, e outros evangelistas, e outros para pastores e doutores (Ef 4.11).

Não obstante, o chamado de Deus para a vida do homem é bem mais amplo do que a atuação por meio de cargos na igreja local. Mais que isso, o chamado divino envolve tudo o que somos, fazemos e investimos na obra, em qualquer local e momento. Tudo o que fizermos devemos fazer para a glória de Deus (1 Co 10.31). O sociólogo cristão Os Guinness expressou da seguinte forma: "O chamado é a verdade com que Deus nos chama para si mesmo tão decisivamente que tudo o que somos, tudo o que fazemos e tudo o que temos é investido com devoção especial, dinamismo e direção vividos como resposta à sua convocação e serviço".

Atender o chamado de Deus e fazer a sua obra não significa necessariamente ser um obreiro de tempo integral, e muitas vezes, não é preciso nem mesmo fazer parte do ministério eclesiástico. Quero com isso dizer que todas as esferas de atuação do homem são campos onde o chamado pode e deve ser exercido, inclusive o local de trabalho dos fiéis, onde seus ofícios laborais são considerados por Deus como verdadeiros ministérios.

Todos conhecemos a história de José, filho de Jacó. Desde cedo, ele já havia entendido o propósito e a vocação de Deus para sua vida. José não tinha nenhuma função ligada à prática religiosa, mas foi uma ferramenta importante usada por Deus para o cumprimento de um propósito. Como governador do Egito e profissional capacitado, competente e, sobretudo, fiel à Deus, ele livrou toda uma nação de período de fome avassaladora.

Apesar disso, muitos não conseguem ver relação entre a atuação profissional e o chamado divino. É como se o trabalho secular não tivesse nenhuma importância para Deus ou nenhuma função espiritual. Foi exatamente esse tipo de pensamento que suscitou dúvidas em Sealy Yates, conforme relata Nancy Pearcey.[4]

---

[4] PEARCEY, Nancy, 2006, p. 71-73.

Yates, com apenas 25 anos já havia realizado todos os seus sonhos. Formara-se em Direito, fora aprovado no exame da ordem dos advogados e arrumara um ótimo trabalho. Casara-se com uma mulher maravilhosa, e ambos ocupavam-se na criação do primeiro filho. A vida era boa. Porém, faltava algo na vida de Sealy. Ele ainda não estava contente. Apesar do seu sucesso profissional ele ainda não se sentia plenamente feliz, não obstante ser um cristão autêntico.

Sealy tinha convicção da sua chamada para a obra e ainda por cima desenvolvia várias atividades na igreja em que congregava, mas mesmo assim sentia uma grande fome espiritual. A primeira coisa que passou pela sua cabeça foi exatamente sobre as dimensões da chamada divina: Será que deveria sair do trabalho e ir para o campo missionário? Refletiu Yates.

Segundo Nancy, assim como Sealy, a maioria de nós assimila a ideia de que servir a Deus significa em primeiro lugar fazer a obra de Deus. Se estivermos engajados em outras áreas de trabalho, pensamos que servir ao Senhor significa amontoar atividades na igreja — como cultos, estudos bíblicos, evangelismo — em cima de nossas responsabilidades existentes. A grande dificuldade dele era exatamente integrar a sua fé cristã à sua vida profissional. Nancy escreve:

> "'Onde está Deus em minha vida?', Sealy se perguntava. O que julgara que fosse depressão era um desejo atordoante de que seu trabalho secular tivesse um significado espiritual. Acrescentar atividades eclesiásticas a um trabalho de todo secularizado era como pôr uma moldura religiosa em uma pintura secular. A tensão entre a fome espiritual e as exigências de tempo de trabalho puramente 'secular' estava dilacerando-o por dentro".

Tempos depois, Sealy vislumbrou a possibilidade de conjugar sua fé cristã com a sua atividade profissional. Ele percebeu que as pessoas consultam advogados quando estão passando por dificuldades; viu, então, que era uma oportunidade fenomenal para ajudá-las a fazer o que é certo.

Portanto, Sealy passou a compreender que sua profissão de advogado era, sobretudo, uma forma de ser usado por Deus na obra. Ele percebeu que podem ministrar a cônjuges que procuram divórcio, orientar adolescentes em dificuldade com a lei, aconselhar homens de negócios em conflitos éticos, para fazerem o que é certo, confrontar ministérios cristãos que estejam transigindo os princípios bíblicos. A advocacia — ele concluiu — não é somente um conjunto de procedimentos ou uma técnica argumentativa. É o meio de Deus confrontar o erro, estabelecer a justiça, defender os fracos e promover o bem público.

Sealy descobriu, portanto, que advogar é muito mais do que um modo de ganhar dinheiro e casos. É fundamentalmente um modo de exercer os propósitos de Deus no mundo: promover a justiça e contribuir para o bem da sociedade. Ainda, percebeu que quando estamos em nossos trabalhos, estamos fazendo a obra de Deus. Foi então que ele resgatou a alegria de viver.

Não é muito difícil encontrarmos cristãos convictos com o mesmo dilema de Sealy: como conciliar minha atividade profissional com a chamada divina para a obra?

Frente a essa indagação, a atitude que geralmente se toma é abandonar o trabalho para atuar no campo eclesiástico. Repito: Deus realmente chama alguns para trabalharem exclusivamente na obra; no entanto, atuar efetivamente na obra não é o único meio de obedecer ao chamado e aos propósitos de Deus em nossa vida.

II. O Exemplo de Willian Wilberforce

Recordo-me também do exemplo de Willian Wilberforce, o estadista inglês do século XVIII que depois de reconhecer o seu estado pecaminoso e se converter a Cristo começou uma luta intensa contra o comércio de escravos. Vejamos um pouco da sua história contada por Silas Daniel:

> "William Wilberforce pertencia a uma família nobre da Inglaterra. Ele foi educado nas melhores escolas de sua época. Estudou em Cambridge, onde decidiu dedicar-se à carreira política, que iniciou cedo. Ele foi eleito representante de seu povoado na Câmara dos Comuns aos 21 anos de idade. Para conseguir o apoio popular, repartiu dinheiro que possuía, mandando fazer um grande churrasco para todo o vilarejo, conquistando o afeto de um bom número de votantes. Nessa época, ainda estava afastado de Deus. Aos 24 anos, já era político popular e elogiado em todo o país. Conta-se que, por causa de um inflamado discurso, conseguiu eleger-se representante de Yorkshire, o maior e mais importante condado da Inglaterra.
> Wilberforce era visto em Londres como um jovem com extraordinário futuro político pela frente. Seu amigo de adoles-

ciência. William Pitt, primeiro-ministro inglês, chegou a dizer-lhe nessa época que considerava Wilberforce um dos maiores oradores que já vira em sua vida e dotado de uma voz inconfundível. Pitt disse-lhe que se seu amigo se dedicasse à política, com certeza, impactaria o mundo. Aos olhos humanos, estava no auge, mas não era o que Deus achava.

Em 1784, Deus tocou o coração daquele jovem político. Na infância, Wilberforce fora muito influenciado por sua tia metodista Hannah (uma das grandes apoiadoras do ministério de George Whitefield), mas ele não levou seu fervor inicial em frente. Porém, durante uma viagem, decidiu-se para Cristo. Ainda estava com 24 anos, quando partiu para a França, levando consigo sua mãe Elizabeth, sua irmã Sally, uma amiga dela e seu amigo, o professor Isaac Milner. Na bagagem de Milner, Wilberforce viu uma cópia do livro evangélico The Riseand Progressof Religion in the Soul, de Philip Doddridge (mais conhecido por ter escrito o famoso hino Oh! Happy Day). Ele perguntou a Milner o que era e ouviu como resposta: "Um dos melhores livros já escritos". Então, concordaram em lê-lo juntos durante a viagem. Foi a leitura desse livro e da Bíblia, e as conversas animadas com Milner, que levaram o jovem político a finalmente entregar sua vida a Jesus.

Em seu diário, Wilberforce escreve no final de outubro de 1784: "Assim que me compenetrei com seriedade, a profunda culpa e a tenebrosa ingratidão de minha vida pregressa vieram sobre mim com toda sua força. Condenei-me por ter perdido tempo precioso, oportunidades e talentos. (...) Não foi tanto o temor da punição que me afetou, mas um senso de minha grande pecaminosidade por ter negligenciado por tanto tempo as misericórdias indescritíveis de meu Deus e Senhor. Encho-me de tristeza. Duvido que algum ser humano tenha sofrido tanto quanto sofri naqueles meses".

OS SANTOS

De volta a Londres, Wilberforce não era mais o mesmo. Desejava agora servir a Deus com todas as forças da sua vida. Foi quando se encontrou a primeira vez com John Newton, que, como já vimos, o orientou dizendo que Deus queria usá-lo na política. Nessa época, tocado pelas mensagens dos pastores John Wesley, Anthony Benezet e John Newton, Wilberforce resolveu dedicar-se a duas causas, que considerava as mais im-

portantes de sua vida: a abolição da escravatura e a reforma moral de seu país. "O Deus Todo-poderoso tem posto sobre mim dois grandes objetivos: a supressão do comércio de escravos e a reforma dos costumes", escreveu em seu diário.
Todos os dias, para fortalecer-se espiritualmente, Wilberforce levantava-se cedo para ler a Bíblia e orar. O pastor John Newton tornou-se seu grande conselheiro e inspiração para a gigantesca luta pró-abolicionismo. Gigantesca porque tinham contra si grandes poderes e interesses. O comércio de escravos era justificado pelo país econômica e politicamente. Basta lembrar que o comércio de escravos era a fonte mais lucrativa do mercantilismo. Os próprios reis lucravam com isso. Mesmo assim, Wilberforce afirmou em discurso no parlamento: "A perversidade do comércio de escravos é tão gigantesca, tão medonha e tão irremediável, que a minha mente está completamente preparada para a abolição. Sejam quais forem as consequências, deste momento em diante, estou resolvido que nunca descansarei até que tenha conseguido a abolição" (Extraído do livro 131 Christians Everyone Should Know).
A abolição do tráfico negreiro custou 18 anos da vida de Wilberforce. Seus projetos de lei abolicionistas foram derrotados oito vezes (em 1791, 1792, 1793, 1797, 1798, 1799, 1804 e 1805). Como intimidação, chegou a ser assaltado e surrado duas vezes. Um amigo escreveu-lhe: "Se as coisas continuarem assim, breve ouvirei dizer que foste carbonizado por algum dono de fazenda das índias Ocidentais, feito churrasco por mercadores africanos e comido por capitães da Guiné, mas não desanime – eu escreverei o seu epitáfio".
Nessa guerra, Wilberforce não estava sozinho. Outros companheiros evangélicos uniram-se à causa. Um grupo de crentes e parlamentares metodistas, puritanos e quacres uniram forças com ele, bem como alguns anglicanos de um bairro do sul de Londres. Formaram um grupo que passou a ser chamado jocosamente pela sociedade inglesa e pelos políticos antiabolicionistas da época de "Os Santos". Foi esse grupo que criou a primeira Sociedade Antiescravista e ajudou a fundar Serra Leoa, que nasceu em 1787 como uma colônia chamada Freetown, para servir de refúgio para escravos libertos do Canadá e do Reino Unido. Para lá "Os Santos" conseguiram enviar, em 60 anos, cerca de 100 mil ex-escravos.
"Os Santos" ainda fundaram escolas cristãs para pobres, reformaram prisões, combateram a pornografia e lutaram pela

> obra missionária. Eles oravam três horas por dia: de manhã, ao meio-dia e à noite na igreja de Clapham, em Londres. Muitas comunidades metodistas e todas as igrejas quacres também sustentavam o movimento em oração. O grupo não desistiu, apesar da oposição avassaladora que lhes foi feita. "Os Santos" foram acusados de lesar a pátria e de proporem a ruína da economia inglesa devido à sua luta pela abolição. Depois de muita oração e perseverança, em 1807, uma maioria de 283 votos contra 16 aprovou a lei da abolição da escravatura proposta por Wilberforce. Ao ser aprovada, todo o congresso britânico pôs-se de pé, ovacionando o servo de Deus por vários minutos, enquanto ele chorava e louvava a Deus com o rosto entre as mãos. O resultado saiu nove meses antes da morte de John Newton.
>
> Por conta da decisão parlamentar, a Grã-Bretanha, que na época era a maior potência mundial, declarou guerra ao tráfico de escravos no mundo. Nem ela e nem ninguém mais poderia traficar escravos. Acrescentou ainda que seria a "guardiã dos mares". Nenhum barco negreiro poderia mais singrar os oceanos sem ser vistoriado (o chamado Aberdeen Act). Se a embarcação fosse capturada, os escravos deveriam ser devolvidos. Portugal e Bélgica, os dois principais rivais, tiveram que parar imediatamente com a comercialização dos escravos. Alguns países ainda faziam comércio clandestinamente, como o Brasil, mas, aos poucos, o abolicionismo foi sendo imposto em todo o mundo. O Brasil, por exemplo, por pressão inglesa, finalmente concordou em abolir o tráfico pela Lei Eusébio de Queirós, em 1850.
>
> Depois de uma série de leis intermediárias, a abolição completa da escravidão nas colônias inglesas foi conseguida em 1833, poucos dias antes da morte de Wilberforce. Em decorrência, em agosto de 1834, foi decretado o Slavery Abolition Act, que culminou na libertação imediata de 776 mil homens, mulheres e crianças na Inglaterra".[5]

Como vimos, a história de Wilberforce é muito linda, mas repleta de esforço e dedicação pessoal. O próprio Willian tinha dúvidas sobre a sua vocação, e quase abandonou a carreira pública para se dedicar ao ministério cristão. Porém, foi convencido por John Newton a não fazê-lo, uma vez que a atividade política poderia ser usada dentro dos propósitos divinos para o bem da humanidade. Isso foi providencial para que o tráfico escravagista viesse a ser extinto.

[5] DANIEL, Silas. **A sedução das novas teologias**. Rio de Janeiro: CPAD, 2007, p. 245-247.

Essa também deve ser a nossa compreensão do trabalho. Toda atividade profissional tem potencial para servir como instrumento nas mãos de Deus. Do médico ao vendedor; do magistrado ao motorista. Não importa qual seja a natureza do trabalho, se feito com a mão ou com a mente, todos evidenciam nossa dignidade de seres humanos, pois reflete em nós a imagem de Deus, o Criador.[6] Timothy Keller escreve:

> "O trabalho é digno porque é algo que Deus faz e porque nós o fazemos no lugar de Deus, como seus representantes. Aprendemos que o trabalho não somente tem dignidade em si, mas também que todos os tipos de trabalho são dignos. O trabalho que o próprio Deus faz em Genêsis 1 e 2 é 'braçal', quando nos cria do pó da terra – colocando deliberadamente um espírito em um corpo físico – e quando planta um jardim (Gn 2.8)".
> (...)
> "Em Gênesis, vemos Deus como jardineiro e, no Novo Testamento, como carpinteiro. Nenhum trabalho é um jarro pequeno demais para conter a imensa dignidade do trabalho dado por Deus. Trabalho braçal é trabalho de Deus tanto quanto a formulação de uma verdade teológica. Pensemos no trabalho supostamente humilhante de fazer faxina na casa – ou não contratar alguém para fazê-lo –, você acabará doente e morrerá por causa dos germes, vírus e infecções que se proliferarão por todos os cantos. Deus criou o mundo físico para ser desenvolvido, cultivado e cuidado de inúmeras maneiras por intermédio do trabalho humano. Até o mais simples desses cuidados, porém, é importante. Sem todos eles, a vida humana não floresce".[7]

Muitos cristãos se equivocam ao imaginar que suas atividades não têm nada a ver com a obra de Deus. Não tem muito tempo conversei com uma pessoa que pensava desse jeito. Enquanto ministrava uma aula onde falávamos sobre a atuação plena dos cristãos em todas as áreas da sociedade, um dos alunos, professor do ensino médio, levantou e disse: — Nós, cristão, precisamos eleger políticos para defender a causa cristã junto ao Poder Legislativo.

Após sua fala, argumentei: — Realmente, professor, precisamos de mais políticos no Poder Legislativo para aprovar leis condizentes com a Palavra

---

[6] KELLER, Timothy; ALSDORF, Katherine Leary, 2014, p. 48.
[7] KELLER, Timothy; ALSDORF, Katherine Leary, 2014, p. 49-50.

de Deus, mas, também, precisamos de professores cristãos lecionando nas escolas seculares, defendo o evangelho e formando crianças, adolescentes e jovens segundo as verdades bíblicas, com capacidade para refutar vários ensinamentos que tentam ensinar para os nossos jovens atualmente. Precisamos de médicos cristãos que possuam postura segundo a palavra de Deus. Precisamos também de jornalistas publicando textos em defesa do evangelho. Enfim, precisamos dos cristãos em todos os ramos profissionais.

Vi o momento em que o professor sentou-se em sua cadeira e começou a pensar no que acabara de dizer. Assim como ele, muitos crentes não conseguem fazer a conexão entre a fé que possuem e suas atividades profissionais. Para um bom começo, basta lembrar o conselho de Paulo: "Portanto, quer comais, quer bebais, ou façais outra qualquer coisa, fazei tudo para a glória de Deus" (1 Co 10.31).

Síntese e Conclusão

Aliado ao benefício de formação profissional, o curso universitário pode ser um canal de bênção para a sociedade, notadamente quando colocamos nossos talentos à disposição do Mestre. Isso nos leva a compreender que a escolha do curso universitário deve levar em consideração nossa vocação e aptidões. A escolha de uma profissão não deve ser orientada pela tendência do mercado ou pelo lucro financeiro que pode nos dar, e sim pela chamada que temos.Isso nos leva a compreender a importância da igreja direcionar estudos sobre vocação, especialmente para os jovens. O resultado de uma pesquisa do Grupo Barna apontou que a vinculação entre chamada e vida cristã parece servir como um fator que contribui para fortalecimento da fé dos jovens da Geração Y (ou Geração do Milênio), nascidos a partir da década de 1980. Os jovens que permanecem na igreja são três vezes mais propensos do que os desistentes para dizer que eles aprenderam a ver seus dons e paixões, como parte do chamado de Deus (45% *versus* 17%). Eles são quatro vezes mais propensos a ter aprendido na igreja como a Bíblia se aplica ao seu campo de interesse profissional ou interesse de carreira (29% *versus* 7%). Desse modo, o discipulado profissional é uma maneira de ajudar esses jovens a conectar à rica história do cristianismo com o seu trabalho secular.

6

Universidade: *Campus* Missionário

Ide por todo o mundo, pregai o evangelho a toda criatura

(Mc 16.15)

Através das cidades, os cristãos mudaram a história e a cultura ao conquistarem as elites e também ao se identificarem profundamente com os pobres.

Timothy Keller

Há outro fator significativamente importante quanto à presença dos cristãos no ambiente acadêmico: a evangelização. Os *campi* universitários são locais propícios para a pregação do evangelho e formação de novos discípulos de Cristo, afinal a atividade missional da igreja precisa ser realizada não somente em países e culturas diferentes, mas também nos centros urbanos, nas cidades em que se localizam milhares de pessoas que necessitam ser alcançadas pelo evangelho. No Brasil, de acordo com pesquisa realizada pelo Censo da Educação Superior, o número de alunos universitários alcançou mais de seis milhões e meio em 2012, representando um crescimento de 5,7% em relação a 2010[1], o que evidencia um grande celeiro para o anúncio das boas novas.

I. Fazendo Missão Urbana: O Evangelho no Contexto da Cidade

A comunicação do evangelho nas escolas e universidades faz parte da *missão urbana* da igreja, propondo-se a anunciar o Reino de Deus no contexto da cidade, nos centros urbanos. A grande comissão estabelecida pelo Senhor Jesus em Mateus 28.19-20 requer uma interpretação em sintonia com o que está registrado em Atos 1.8: "Mas recebereis a virtude do Espírito Santo, que há de vir sobre vós; e ser-me-eis testemunhas tanto em Jerusalém como em toda a Judeia e Samaria e até aos confins da terra".

Uma leitura atenta dessa passagem nos revela pelo menos três níveis do trabalho missionário. 1) *Jerusalém* representa o nível local, as missões urbanas. 2) *Judeia e Samaria* indicam as missões nacionais, no âmbito do próprio país. 3) E os *confins da terra* referem-se às missões estrangeiras ou interculturais. A obra missionária envolve esses três níveis, e nenhum deles pode ser desprezado. Entretanto, na prática, o que se vê é uma inversão da ordem estabelecida em Atos 1.8, investindo-se mais nos confins da terra, Judeia e Samaria e pouco em Jerusalém.

A abordagem da Igreja Primitiva era diferente. A prioridade era Jerusalém, depois Judeia e Samaria e os confins da terra. O livro de Atos relata que, depois da morte de Jesus, os discípulos voltaram para Jerusalém (1.12), foram para o cenáculo (1.13) e perseveravam unanimemente em oração (1.14).

[1] **Número de universitários brasileiros cresceu 5,7% em 2011.** Disponível em: http://info.abril.com. br/noticias/carreira/numero-de-universitarios-brasileiros-cresceu-5-7-em-2011-18102012-9.shl. Acesso em 25 de fevereiro de 2013.

O Pentecostes aconteceu em Jerusalém (2), onde Pedro pregou para os judeus e todos o que lá habitavam (2.14), oportunidade em que se converteram quase 3 mil almas (2.41). Eles continuaram fazendo a obra na cidade de Jerusalém: "E todos os dias, no templo e nas casa, não cessavam de ensinar e de pregar Jesus Cristo" e anunciavam a palavra por toda a parte (At 5.42; 8.4).

Logo, a pregação do evangelho nos centros urbanos e em todos os seus aglomerados (escolas, hospitais, edifícios, empresas, universidades, etc) não é modismo, mas uma determinação bíblica. Nesse sentido, Maurício Pride escreve o seguinte:

> "Sabemos que o Senhor Jesus em seu ministério terreno desenvolveu a evangelização e atuação missionária tanto na área rural como nos centros urbanos da época. Andava de cidade em cidade (Lc 8.1). Certa vez chegou à determinada cidade, viu-a e chorou, compadecendo-se dela (Lc 19.41); e ainda orientou pregar em qualquer cidade ou povoado (Mt 10.11). Compreendendo, pois, então, as cidades desde sua história até sua diversidade de fatores influenciadores na vida de seus habitantes, aprendemos com o exemplo de Jesus, que a Igreja precisa enfrentar o desafio missionário urbano enxergando sua cidade como o primeiro campo missionário a ser alcançado e transformado pelo poder do Evangelho de Cristo. Ele conta com cada um de nós! Nesse contexto missionário urbano, a Igreja precisa enxergar também as universidades como centros estratégicos para o progresso do Evangelho".[2]

Vivemos presentemente no contexto social urbano, onde temos um vasto campo a ser alcançado, tendo a cidade como parte desse mundo criado por Deus e necessitando ouvir as Boas-Novas salvadora. Segundo Marcos Almeida, "o entendimento do fenômeno urbano é apenas o princípio da ação missionária intencional que a igreja precisa adotar". Por isso, o ministério das igrejas locais nas diversas cidades não podem se abstrair do fato de estarem inseridas no meio urbano, e sendo assim suas ações, para ser relevantes, devem prever a atuação para além do mero assistencialismo e atingir as estruturas fundamentais da cidade.[3] A universidade, como vi-

---

[2] PRICE, Maurício. **Missões urbanas e as universidades do século XXI.** Disponível em: http://www.pibcopa.org.br/0,,ART257-54,00.html. Acesso em: 11/5/215

[3] ALMEIDA, Marcos Orison Nunes de. **A missão integral no contexto urbano** apud KOHL, Manfred Waldemar; BARRO, Antonio Carlos (orgs.). **Missão integral transformadora.** Londrina: Descoberta, 2005, p. 223.

mos, faz parte dessa estrutura fundamental, na medida em que se constitui em uma das principais instituições sociais e congregam um grande número de pessoas que precisam ouvir a pregação do evangelho.

Geralmente, a cidade é vista de forma negativa, como lugar de maldade, corrupção, crueldade e criminalidade. No entanto, como lembra Jorge Henrique Barro, embora essas e outras situações façam parte do cotidiano dos centros urbanos, a nossa visão e abordagem teológica sobre a cidade deve ser pelo prisma do amor de Deus — *porque Deus amou o mundo.* Desse modo, "se existe algo que necessita ser mudado em nossa perspectiva em relação à cidade é a nossa visão, o modo como a vemos, pois ele determinará o tipo de envolvimento com a mesma".[4]

Em seu livro *Igreja Centrada: desenvolvendo em sua cidade um ministério equilibrado e centrado no evangelho,* Timothy Keller avalia a importância da comunicação do evangelho no ambiente urbano. Keller destaca em sua obra que o ministério frutífero neste século precisa abraçar a inevitável realidade da cidade, uma vez que o mundo está a caminho de se tornar 70% urbano, todos precisamos de uma visão teológica com perfil caracteristicamente urbano.[5] Considerando que as cidades influenciam a cultura e os valores da sociedade, ele afirma que "o modo mais eficiente de os cristãos influenciarem a cultura do país é com grandes números deles continuando nas cidades e simplesmente 'sendo a igreja ali'".[6] O autor também recorda que na Igreja Primitiva, a missão redentora de Deus não estava mais focada em uma cidade em particular; em verdade, todas as cidades do mundo passam a ser alvos precípuos da missão de Deus. Nesse sentido, Keller faz referência[7] aos autores Wayne Meeks e Harvie Conn, os quais elencam os principais fatores para o êxito do ministério da cidade na Igreja Primitiva:

1. *Importância cultural.* No distrito ou no vilarejo, alguém talvez ganhe um ou dois advogado para Cristo. Mas, se você quiser conquistar a classe jurídica, que influenciará todos os advogados, terá de ir para a cidade, onde encontrará faculdades de direito e publicações da área – as organizações-chave de influência nessa profissão.

---

[4] BARRO, Jorge Henrique. **A integridade da missio Dei na cidade:** perspectivas bíblico-teológicas apud KOHL, Manfred Waldemar; BARRO, Antonio Carlos (orgs.), 2005, p. 182.

[5] KELLER, Timothy. **Igreja Centrada:** desenvolvendo em sua cidade um ministério equilibrado e centrado no evangelho. São Paulo: Vida Nova, 2014, 106.

[6] KELLER, Timothy, 2014, p. 192.

[7] KELLER, Timothy, 2014, p. 177.

2. *Importância global.* No distrito ou no vilarejo, alguém pode conquistar aquele grupo étnico que vive lá, pois, em geral, as áreas rurais são socialmente homogêneas. Mas, se você testemunhar do evangelho na cidade, sobretudo nas maiores e diversificadas, você consegue alcançar dezenas de nacionalidades e etnias diferentes. Na verdade, pode alcançá-las por meio de uma única língua – a língua franca daquele local. O evangelho, então, faz um percurso de volta a muitas culturas diferentes por intermédio dos imigrantes que retornam para visitar ou permanecer em seus países de origem.

3. *Importância pessoal.* No distrito ou no vilarejo, as pessoas vivem em uma cultura que resiste a mudanças e é mais conservadora e tradicional. No entanto, por causa da diversidade e da mobilidade das cidades, os cidadãos são mais abertos a novas ideias – tal como o evangelho! A pressão e a diversidade no ambiente urbano levam até mesmos as pessoas mais hostis ao evangelho a abrir novos horizontes de pensamento e de vida.

Timothy Keller prossegue afirmando que "Paulo e outros missionários cristãos foram para as grandes cidades porque o evangelho, ao ser ali plantado, propagava-se regionalmente; também se propagava globalmente; por fim o evangelho tinha uma influência maior na cultura (os centros de aprendizado, de leis e de governos estavam nas cidades)".[8] E hoje, segundo Keller, a importância das cidades não repousa somente em seu crescimento numérico, mas também no crescimento de sua influência, e essa influência é resultado da globalização, a qual trouxe revolução tecnológica, mobilidade urbana e conexão fácil entre pessoas do mundo inteiro.[9]

Portanto, a pregação do evangelho no contexto citadino é uma estratégia que remonta à Igreja Primitiva e não pode ser esquecida pela igreja cristã na atualidade. As Boas-Novas precisam ser anunciadas de forma articulada nos centros urbanos e nos grandes aglomerados, o que não significa que a igreja deva desprezar as missões transculturais e aquelas realizadas no ambiente rural.

[8] KELLER, Timothy, 2014, p. 184.
[9] KELLER, Timothy, 2014, p. 184.

Em verdade, a atividade missional deve contemplar todas as esferas sociais, partindo do pressuposto bíblico de que o mundo é o limite do anúncio das Boas-Novas (Mc 16.15).

II. O Evangelho na Universidade

Ao compreenderem o mandamento divino e a necessidade da pregação do evangelho no contexto urbano, cristãos de várias localidades têm desenvolvido grupos de atuação nas escolas e universidades. No Brasil, é possível mencionar os trabalhos da Aliança Bíblica Universitária do Brasil (ABUB)[10], Movimento Estudantil Alfa e Ômega[11] e Agência Pés Formosos – APF[12] (ligada à missão Chy Alpha).

Em primeiro lugar, esses grupos ajudam no fortalecimento da fé dos cristãos presentes na universidade. Ao encontrar pessoas que compartilham da mesma fé esses irmãos são encorajados a resguardar a esperança que possuem em Cristo Jesus (1 Pe 3.15), com reuniões de oração, louvor e estudos bíblicos.

Nos últimos anos, Deus tem me dado a graça de participar de algumas atividades desenvolvidas pela Agência Pés Formosos em trabalhos evangelísticos, seminários, congressos, reuniões e orações com estudantes cristãos. Apesar dos inúmeros desafios e da falta de apoio, sou testemunha do modo como Deus tem mobilizado homens e mulheres para essa causa geralmente negligenciada. Tenho conhecido pessoas maravilhosas e comprometidos com o evangelho cristocêntrico; ávidas por anunciar o Reino no *campus* e alicerçar a fé dos cristãos que ingressam no ambiente acadêmico.

O envolvimento com esse grupo de irmãos na época em que fui para a faculdade, ainda nos primeiros anos de minha caminhada cristã, foi fundamental para que eu pudesse me manter nos caminhos do Senhor.

---

[10] Aliança Bíblica Universitária do Brasil (ABUB) é uma organização missionária evangélica que existe para compartilhar o Evangelho de Jesus Cristo nas escolas e universidades brasileiras, por meio da iniciativa dos próprios estudantes. O treinamento e formação de estudantes e profissionais, visando o testemunho cristão e o serviço à igreja e à sociedade, completam nossa missão. Disponível em http://www.abub.org.br/quem-somos.

[11] Alfa e Ômega é um grupo de estudantes que entendem que a maior aventura da vida é ter um relacionamento pessoal e verdadeiro com Deus, por meio da pessoa de Jesus. E como essa aventura é maravilhosa demais para ser solitária, precisamos contar ao maior número de pessoas possível. Para isso, promovemos reuniões, palestras, estudos bíblicos, seminários, evangelismo pessoal, discipulado e encontros para diversão. Disponível em: http://alfaeomega.org.br/site/quem-somos/o-que-e-o-alfa-e-omega.

[12] A APF é uma agência de evangelismo, atuando em setores não alcançados pela igreja, tais como universidades, escolas, teatros, centros e convenções, empresas e outros ambientes formadores de opinião no Brasil e exterior. Disponível em http://www.pesformosos.org.br/?pg=quemsomos.

Participar do evangelismo com distribuição de folhetos, reuniões e orações no *campus*, ao lado de outros irmãos na fé, deu-me o alicerce necessário para que pudesse sustentar minha crença e ainda testificar o nome de Cristo entre os colegas de classe.

Por tudo isso, sempre aconselho ao cristão que ingressa na universidade que procure um grupo de irmãos que professam a mesma fé, a fim de promoverem a comunhão que há em Cristo e desenvolverem programas de estudos bíblicos e evangelismo no *campus*. Essa ação, aparentemente simples, pode ajudá-lo a manter a sua fé sedimentada e comprometida, além de poder alcançar pessoas para o Reino.

Em segundo lugar, esses grupos favorecem o engajamento dos cristãos para a pregação do evangelho. Essa é a razão pela qual Maurício Jaccoud, em uma interessante pesquisa sobre o tema, ressalta o valor da participação do universitário evangélico na *missio Dei* por meio da propagação do evangelho. Segundo Jaccoud os movimentos estudantis evangélicos, que se propõem a propagarem a fé em Cristo pelos universitários e para os universitários, têm contribuído para o fortalecimento da fé desses jovens evangélicos e, consequentemente, têm favorecido o engajamento destes na *missio Dei,* percebendo-se "a enorme importância desses movimentos estudantis que atuam dentro das universidades públicas e privadas de nosso país, ao contribuírem na formação da mente e coração desses estudantes e despertando o envolvimento deles na evangelização".[13]

Por isso, Jaccoud ressalta a necessidade do apoio da igreja a esses movimentos:

> "Ao mesmo tempo, vale ressaltar a importância das igrejas locais na permanência deste jovem em sua participação na *missio Dei*. Os jovens evangélicos ao aderirem a esses movimentos estudantis não podem desvincular-se de suas igrejas de origens ou deixar de frequentar uma igreja local. A participação na *missio Dei* é para a vida toda e é necessário haver parceria entre as igrejas locais e os movimentos estudantis. As igrejas locais devem incentivar seus jovens universitários a participarem dos movimentos estudantis dentro das universidades, e os movimentos estudantis devem incentivar e ensinar a importância da igreja local para a vivência deste jovem e sua participação na *missio Dei*. Isso em termos de princípio. Resta saber como esta relação – por vezes difícil e tensa entre jovem e igreja local – se dá na realidade das nossas igrejas".[14]

[13] COSTA, Maurício Jaccoud, 2013, p. 58.
[14] COSTA, Maurício Jaccoud, 2013, p. 59.

Nesse mesmo sentido, Jonathan Menezes alerta que

> "a missão ou igreja que não vê a importância estratégica de levar o evangelho à universidade carece de sentido prático; todavia a que não demonstra interesse algum em comunicar a mensagem de vida aos estudantes, ou pelo menos a apoiar decididamente àqueles que se dedicam a comunicá-lo, carece de verdadeira (e como tal, bíblica) visão missionária".[15]

Menezes ainda destaca:

> "como estudantes universitários participaram na *missio Dei*. João Wycliffe, João Huss, Lutero, Calvino, Zinzendorf, Charles e John Wesley em seu famoso "Clube Santo", são exemplos de universitários que participaram da *missio Dei* e causaram grandes transformações na sociedade. A própria Reforma Protestante nasce no contexto de labor estudantil, embora estudar no século XVI numa universidade fosse algo muito diferente do que acontece hoje em dia nas sociedades democráticas".[16]

A igreja que possui uma visão clara acerca do Reino de Deus e da importância do evangelismo urbano deve estar envolvida com a atividade missional nos *campi* universitários. Segundo Dave Russel:

> "é preciso enviar obreiros ao *campus* para que preguem o evangelho. No mínimo, isso significa preparar estudantes universitários que sejam membros de sua igreja. Isso também pode incluir usar a equipe pastoral (pastores universitários, estagiários remunerados, etc.), líderes leigos ou um ministério paraeclesiástico fiel (mas nunca em lugar da preparação dos estudantes da igreja)".[17]

De acordo com Russel, o "objetivo é alcançar o *campus* com o evangelho por meio do envio de obreiros para um ministério focado nele. Em vez de simplesmente tentar atrair estudantes universitários com uma programação dentro da igreja, as igrejas devem focar em alcançar o *campus* por meio do envio de obreiros ao *campus*". Russel diz que o segundo passo:

[15] MENEZES, Jonathan *apud* COSTA, Maurício Jaccoud, 2013, p. 59.

[16] MENEZES, Jonathan *apud* COSTA, Maurício Jaccoud, 2013, p. 60.

[17] Evangelismo universitário e a igreja. Disponível em: http://voltemosaoevangelho.com /blog /2014/ 12/ evangelismo-universitario-e-igreja/. Acesso em 2/6/2015.

> "(...) é integrar tudo o que acontece no *campus* à igreja local. À medida que as igrejas propagam o evangelho e os estudantes se voltam para Cristo, eles devem então ser envolvidos naquela igreja local, onde serão ensinados sobre a importância do batismo, da membresia da igreja e da comunhão. Eles devem ser discipulados como membros da igreja local.
> Depois, então, o ciclo se repete: à medida que os alunos estão conectados à vida da igreja, eles são preparados para voltar ao *campus* para servir e causar impacto. Todo o ministério que é realizado fora é, então, trazido de volta à igreja local".[18]

Josh Renfro é um exemplo vivo desse ciclo proposto por Russel. Conheci Josh em 2011, em Belo Horizonte, por ocasião do Congresso Nacional de Evangelismo Universitário, promovido pela Agência Pés Formosos. Josh e sua esposa Mayra converteram-se em uma universidade do Texas, Estados Unidos, na época em que cursavam o curso de Criminologia. Eles foram alcançados por meio do trabalho de um grupo de evangelismo universitário ligado ao ministério Chy Alpha.[19] Depois da conversão, Josh e Mayra receberam o chamado de Deus para atuar nessa mesma área. Hoje, ele é pastor e missionário no Chile e líder do ministério Conexão, atuando exclusivamente com estudantes.

É impressionante o que Deus tem feito por meio desses ministérios nos diversos *campi* espalhados pelo mundo. Se a igreja local se dispuser a apoiar alguns desses ministérios, certamente que o impacto seria ainda maior. Por isso, tenho conclamado os líderes para que invistam nessas atividades, incentivando, contribuindo e realizando palestras em suas igrejas.

Observe que um dos aspectos mencionados por Russel é a preparação de estudantes cristãos para evangelizarem nas universidades. É isso o que Timothy Keller chama de preparar pessoas leigas para a vida missional, formando "missionários informais". Conforme Keller, embora o ministério ordenado não seja obsoleto — "devendo a liderança edificar a igreja e seus membros por intermédio do ministério da Palavra e dos sacramentos"[20] — a responsabilidade da evangelização e do discipulado e estende aos crentes leigos, para que estes ministrem ao mundo. Equivale a dizer que cada cristão é um missionário, chamado a anunciar o evangelho em seu próprio

---

[18] **Evangelismo universitário e a igreja.** Disponível em: http://voltemosa oevangelho.com /blog /2014/ 12/evangelismo-universitario-e-igreja/. Acesso em 2/6/2015.

[19] Chi Alpha é um ministério de evangelismo universitário desenvolvido pela Assembleia de Deus americana. Disponível em: http://www.chialpha.com/

[20] KELLER, Timothy, 2014, p. 328.

contexto social, familiar, profissional e educacional, independentemente do trabalho puramente eclesiástico.

Novamente nos voltamos à Igreja Primitiva para perceber que os "missionários informais" também foram decisivos para a expansão do cristianismo, por meio da evangelização da família *(oikos)* inteira, no ambiente da vida doméstica, com parentes, servos, clientes e amigos. Segundo Michael Green, quando um chefe de família se convertia, todo o ambiente familiar "se tornava um centro de ministério onde o evangelho era ensinado a todas as pessoas da casa e aos vizinhos".[21] O livro de Atos evidencia essa prática (At 16.15,32-34 — as casas de Lídia e do carcereiro de Filipos; At 17.5 — a casa de Jasom, em Tessalônica; At 18.7 — A casa de Tício Justo em Corinto; At 21.8 — a casa de Filipe de Cesareia). Também em 1 Coríntios 1.16; 16.15 (a casa de Estéfanas, em Corinto).[22] Esse princípio está presente na carta que Paulo escreve a Timóteo: "E o que de mim, entre muitas testemunhas, ouviste, confia-o a homens fiéis, que sejam idôneos para também ensinarem os outros" (2 Tm 2.2).

III. Evangelismo no Campus

O ponto central da mensagem anunciada por Jesus em seu ministério terreno foi a proclamação do *evangelho do Reino* (Mt 4.23; 9.35; 24.14; Lc 4.43; 8.1). Igualmente, esse foi o cerne da pregação de João Batista (Mt 3.2), assim como dos discípulos e da Igreja Primitiva (At 8.12; 19.8; 28.21). A palavra evangelho (gr. *euangelion*) tem o sentido de boas novas, boas notícias, acerca do plano salvífico de Deus para a humanidade. O evangelho genuíno é o evangelho do Reino. A pregação do evangelho não é uma opção, mas um imperativo, sob a ordem do Senhor Jesus que disse: "Ide por todo o mundo e pregai o evangelho a toda criatura" (Mc 16.15). Atento a esse comando, o apóstolo Paulo afirmou: "Por que, se anuncio o evangelho, não tenho de que me gloriar, pois me é imposta essa obrigação; e ai de mim, se não anunciar o evangelho!" (1 Co 9.16). O mesmo Paulo escreveu aos Romanos: "Porque todo aquele que invocar o nome do Senhor será salvo. Como, pois, invocarão aquele em quem não creram? e como crerão naquele de quem não ouviram? E como ouvirão, se não há quem pregue? E como pregarão, se não forem enviados? como está escrito: Quão formosos os pés dos que anunciam o evangelho de paz, dos que anunciam coisas boas!" (Rm 10.13-15).

[21] KELLER, Timothy, 2014, p. 329.

[22] KELLER, Timothy, 2014, p. 329-330.

A história registra grandes homens que entenderam a necessidade premente de ganhar almas para o Reino de Deus, dentre os quais podemos citar alguns:

> "Knox, assim rogava a Deus: 'Dá-me a Escócia ou eu morro!'
> Whitefield, implorava: 'Se não queres dar-me almas, retira a minha!'
> Diz-se de Aleine: 'Era insaciavelmente desejoso de conversão de almas, e para esse fim derramava seu coração em oração e pregação'.
> João Bunyan, disse: 'Na pregação não podia contentar-me sem ver o fruto do meu trabalho'.
> Assim dizia Matthew Henry: 'Sinto maior gozo em ganhar uma alma para Cristo, do que em ganhar montanhas de ouro e prata, para mim mesmo'.
> D. L. Moody: 'Usa-me, então, meu Salvador, para qualquer alvo e em qualquer maneira que precisares. Aqui está meu pobre coração, uma vasilha vazia, enche-me com a Tua graça'.
> Henrique Martyn, ajoelhado na praia da Índia, onde fora como missionário, dizia: 'Aqui quero ser inteiramente gasto por Deus'.
> João Hunt, missionário entre os antropófagos, nas ilhas de Fidji, no leito de morte, orava: 'Senhor, salva Fidji, salva Fidji, salva este povo. Ó Senhor, tem misericórdia de Fidji, salva Fidji!'
> João McKenzie, ajoelhado à beira do Lossie, clamava: 'Ó Senhor, manda-me para o lugar mais escuro da terra!'
> Praying Hyde, missionário na Índia, suplicava: 'Ó Deus, dá-me almas ou morrerei!'
> Quando aqueles que assistiam a morte de Davi Stoner, pensavam que seu espírito já tivesse voado, ele se levantou na cama, e clamou: 'Ó Senhor, salva pecadores! Salva-os as centenas e salva-os aos milhares!', e findou a sua obra na terra. O desejo ardente da sua vida, dominava-o até a morte.
> Davi Brainerd falava: 'Eis-me aqui, Senhor. Envia-me a mim! Envia-me até os confins da terra: envia-me aos bárbaros habitantes das selvas; envia-me para longe de tudo que tem o nome de conforto, na terra; envia-me mesmo para a morte, se for ao Teu serviço e para o progresso do Teu reino'".[23]

[23] BOYER, Orlando. **Esforça-te para ganhar almas**. Vida: São Paulo, 1975, p. 8,9.

Isso nos leva a perceber que o evangelismo universitário é uma necessidade premente da igreja, pois consiste no anúncio do Reino de Deus no ambiente do contexto estudantil, onde transita um grande número de pessoas que precisam ouvir a mensagem do amor de Deus (Jo 3.16) e a chamada ao arrependimento (Lc 5.32). Todavia, para ser genuíno, cristocêntrico e biblicamente fundamentando, o evangelismo universitário deve se distinguir de algumas concepções equivocadas na prática da evangelização.

Em primeiro lugar, evangelismo não se confunde com *marketing* religioso que propagandeia fórmulas de autoajuda e felicidade imediata. O evangelismo não se presta a apresentar um cardápio de cristianismo instantâneo e materialista, cuja finalidade precípua é atender os desejos imediatistas do ser humano. O objetivo do evangelho não é fazer o homem se sentir melhor ou mais alegre. Embora a alegria seja o resultado da nova vida em Cristo (At 13.52; Sl 30.11; 97.11; Jo 17.13; Fp 4.4), a primeira coisa que o verdadeiro evangelho faz é expor a ira, as fraquezas e a mazela espiritual humana (Rm 2.12; 3.23, 1 Jo 1.9), para que compreenda a necessidade do arrependimento e do novo nascimento (Jo 3.3). Martin Luther King Jr. ressaltou que "a cruz que carregamos precede a coroa que usaremos". Em certo sentido, essa frase sintetiza a ordem correta do anúncio das Boas-Novas: ela começa na cruz e termina na glória. A inversão desses fatores desfigura a mensagem do evangelho.

Em segundo lugar, evangelismo não é proselitismo religioso do tipo que busca simplesmente atrair adeptos para um determinado segmento religioso. Embora em o Novo Testamento a palavra prosélito (*proselytos*) tenha o mesmo sentido de uma pessoa que foi convertida (Mt 23.15; At 2.10; 13.43), geralmente a expressão é usada para se referir a uma tática conversionista de inculcação doutrinária e de tradições religiosas. De fato a mensagem do evangelho é um chamado à conversão pelo arrependimento (At 5.31; 20.21; 26.20; Rm 2.4) e à mudança de vida (At 3.19; Tg 5.19; 2 Co 3.16), mas que leva à transformação verdadeira para a salvação de todo aquele que crê (Rm 1.16; 10.9). Enquanto o proselitismo dá ênfase excessiva à religiosidade e à denominação religiosa, de forma altiva e, às vezes, autoritária, o evangelismo genuíno é realizado com amor e humildade, a fim de oferecer a salvação proporcionada por Cristo. Orlando Boyer lembra que Moody não podia falar aos perdidos sem chorar. "A ternura divina faz derreter os corações de pedra. As lágrimas de amor são mais eloquentes que qualquer oratória. A dureza e a censura, ao contrário, endurecem os que querem chegar a Cristo".[24]

[24] BOYER, Orlando, 1975, p. 49.

Em terceiro lugar, evangelismo não se resume a um conjunto de *métodos evangelísticos*. Os métodos são importantes, pois ajudam na sistematização e comunicação do evangelho de maneira eficiente, eficaz e contextualizado. Entretanto, os métodos não são mais importantes que o evangelho em si. A presente era é caracterizada pela disseminação de métodos e estratégias de crescimento da igreja e evangelização dos incrédulos, táticas estas, vezes sistematizadas por meio de programas complexos, enlatados e importados de outros países. A pregação do evangelho está centrada mais em uma boa teologia bíblica do que em programas.[25] A. W. Tozer exorta-nos ao afirmar que "a simplicidade existente em Cristo raramente se acha entre nós. Em lugar disso, se veem apenas programas, métodos, organizações e um mundo de atividades animadas, que ocupam tempo e atenção, mas que jamais podem satisfazer à fome da alma". [26]

Volto a enfatizar que os métodos evangelísticos possuem validade, mas eles não substituem o evangelho e não podem ser a ênfase do trabalho de anúncio das Boas-Novas. Essa verdade ficou mais evidente para mim no ano de 2006, durante uma consulta de evangelismo universitário realizado no IBAD — Instituto Bíblico das Assembleias de Deus em Pindamonhangaba/SP, promovido pela Agência Pés Formosos. Estava ansioso para ouvir as palestras dos pastores John Koeshal e David Ellis, e aprender as suas experiências com o evangelismo universitário na Europa e na Argentina, respectivamente, e principalmente conhecer suas estratégias de trabalho com universitário. Na primeira oportunidade que tive para conversar com eles, no café da manhã do primeiro dia do evento, fui direto ao ponto e perguntei qual era a melhor estratégia para adotar no evangelismo universitário. Sem muitos rodeios, o pastor Ellis respondeu: "Irmão Valmir, a melhor estratégia para a pregação do evangelho é o amor. Ao falar sobre o amor de Cristo às pessoas no contexto universitário, não se preocupe tanto com a metodologia, e sim com a essência da pregação, que é Cristo, e a condição espiritual decaída da pessoa". Essa simples afirmação teve um impacto fenomenal em minha visão acerca do ministério de evangelismo universitário, levando-me a compreender que a pregação da boa notícia da salvação aos estudantes não deve ser direcionada por roteiros e táticas, e sim pela oferta de um relacionamento verdadeiro com Cristo, que alcançou a nossa redenção e reconciliação na cruz do calvário (Ef 2.16; Cl 2.14).

[25] KELLER, Timothy, 2014, p. 34.

[26] TOZER, A. W. **O melhor de A. W. Tozer**. 3. ed. São Paulo: Mundo Cristão, 1997, p. 15.

A comunicação do evangelho na universidade pode ser realizada de forma individual ou por intermédio de um trabalho em equipe. O evangelismo pessoal é a base da pregação do evangelho, por meio do qual anunciamos Cristo a cada pessoa individualmente, de forma autêntica, casual e informal. É preciso lembrar de que os descrentes, em sua grande maioria, rejeitam tudo aquilo que cheira a religiosidade e proselitismo. Timothy Keller[27] sugere alguns caminhos para o compartilhamento do evangelho:

1. *Um a um – Informal*
   - Em uma conversa qualquer, deixe as pessoas perceberem sua fé cristã simplesmente mencionando sua frequência aos cultos ou suas crenças bíblicas.
   - Faça perguntas sobre as crenças, as experiências das outras pessoas, e simplesmente ouça com atenção o interesse genuíno.
   - Ouça de modo compassivo às dificuldades das pessoas e diga que vai orar regularmente por elas.
   - Relate alguma dificuldade pessoal e certifique-se de mencionar que sua fé o ajuda porque dá forças e lhe garante o perdão de Deus, etc.
   - Conte sua narrativa espiritual em um breve testemunho de sua experiência cristã.

2. *Um a um – Planejado/Intencional*
   - Presenteie alguém com um livro ou áudio sobre assuntos bíblicos e convide a pessoa a dar suas impressões.
   - Inicie uma conversa sobre as questões ou objeções mais importantes que o amigo tem em relação ao cristianismo. Ouça com respeito e ofereça-lhe um material para leitura e debate.
   - Leiam a Bíblia juntos e regularmente – um dos Evangelhos, de preferência – para conversarem sobre a pessoa de Jesus.

3. *Ofereça a experiência de uma comunidade cristã*
   - Convide seus amigos para atividades em que conhecerão alguns cristãos, mas que não seja nada diretamente evangélico.
   - Convide os amigos para lugares em que o evangelho será apresentado e discutido: um evento único, como debate aberto; grupo pequeno; culto; reunião para interessados, como em um clube de livro; um grupo para pessoas em busca de espiritualidade, etc.

[27] KELLER, Timothy, 2014, p. 340.

4. *Compartilhe sua fé*
   - Converse sobre os fundamentos da fé cristã com seu amigo, explicando-lhe como se tornar cristão e convidando-o a fazer um compromisso.

IV. Princípios para o Evangelismo no Campus

Com relação ao evangelismo em grupo, efetuado por ministérios dentro dos *campi* universitários, sugere-se os cinco princípios bíblicos utilizados pelo ministério Chi Alpha, a saber: oração, comunhão, adoração, serviço cristão e discipulado.

A *oração* individual ou em grupo é essencial no trabalho de evangelismo de estudantes. Antes de ser um trabalho intelectual, a pregação das Boas-Novas é uma atividade eminentemente espiritual, daí a necessidade da sua perseverança (Cl 4.2). Reunir-se com outros cristãos para momentos de oração e intercessão pelas atividades no *campus* é fundamental.

O evangelismo universitário também requer *comunhão*. O livro de Atos registra que a Igreja Primitiva perseverava na comunhão e no partir do pão (At 2.42). E essa comunhão somente ocorre por meio da unidade do Espírito pelo vínculo da paz (Ef. 4.3). Nesse aspecto, a vida em comunidade ajuda no fortalecimento da fé e na criação de um ambiente de cumplicidade e ajuda mútua.

A *adoração* é o reconhecimento da soberania de Deus sobre todas as coisas, porque dEle é o Reino, o poder e a glória, para sempre (Mt 6.13). E como disse o Senhor Jesus, os verdadeiros adoradores adoraram o Pai em espírito e em verdade (Jo 4.23). Essa adoração envolve momentos de louvor a Deus, entoando hinos, e cânticos espirituais; cantando e salmodiando ao Senhor no vosso coração (Ef 5.19).

O *serviço cristão*, ou a mordomia cristã, é o trabalho realizado com amor e zelo em prol do Reino de Deus para a edificação do Corpo de Cristo. E o serviço envolve chamado. Pelo Texto Sagrado, todo cristão foi chamado pelo propósito de Deus (Rm 8.28); para ser de Cristo (Rm 1.6); e para a comunhão com Ele (1 Co 1.9).

Por fim, o *discipulado* representa o processo contínuo de formação e instrução dos novos seguidores de Cristo, a fim de que se torne um crente maduro e perfeitamente instruído para toda a boa obra (2 Tm 3.17). Em outras palavras, o discipulado é o meio pelo qual se formam novos discípulos. Não basta somente pregar o evangelho, é necessário ensinar ao novo convertido sobre as doutrinas fundamentais da fé cristã. É preciso que haja o discipulado. O grande exemplo de formação de discípulos foi o próprio Senhor Jesus. De acordo com Robert Coleman[28] o plano mestre de Jesus acerca do discipulado envolveu as seguintes fases:

1. *Recrutamento*: Em primeiro lugar, Jesus arregimentou pessoas que fossem capazes de testemunhar a respeito de sua vida e manter sua obra em andamento, depois que retornasse ao Pai.

2. *Associação*: Depois de convocar os discípulos, Jesus permaneceu entre eles, viveu entre eles. O conhecimento era adquirido primeiramente pela associação, e depois compreendido pela explicação.

3. *Consagração*: Jesus esperava que as pessoas que andavam com Ele fossem obedientes e leais, a fim de assumirem o caráter de seu Líder.

4. *Transmissão*: Além da obediência, Jesus queria que seus discípulos conhecessem, por meio do Espírito Santo, o amor de Deus. Esse amor os instilaria a transmitir as Boas-Novas às outras pessoas do mundo perdido.

5. *Demonstração*: Jesus providenciou para que os discípulos aprendessem sua maneira de viver diante de Deus e dos homens. Ele reconhecia que não bastava atrair as pessoas à sua comunhão espiritual. Seus discípulos precisavam saber como a experiência de conviver com o Mestre deveria ser conservada e compartilhada.

6. *Delegação*: O método de Jesus consistia em conduzir os discípulos a uma experiência vital com Deus e mostrar-lhe como Ele trabalhava, antes de dizer que seriam enviados. Mas, também os encorajava a trabalhar, delegando algumas atividades, cuidando de tarefas básicas como: obter alimentos e arranjar acomodações para o grupo que o seguia.

7. *Supervisão*: Jesus determinou um procedimento em relação ao trabalho dos discípulos: Ele ouvia os relatórios das viagens e compartilhava as bênçãos de seu ministério, que consistia em fazer as mesmas coisas. Por isso, também devemos lembrar-nos da necessidade de supervisão no discipulado.

[28] COLEMAN, Robert. **O plano mestre de evangelismo.** 2.ed. São Paulo: Mundo Cristão, 2006.

8. *Reprodução*: Jesus queria que os discípulos refletissem sua imagem e semelhança dentro, por intermédio e além da igreja. Assim, seu ministério, por intermédio do Espírito Santo, seria potencializado a partir de seus discípulos.

Aplicando todos esses princípios bíblicos — oração, comunhão, adoração, serviço cristão e discipulado — é possível dizer que o evangelismo universitário dará frutos. Não é necessário nenhuma estratégia extraordinária para o anúncio das Boas-Novas no *campus*. Basta que exista amor pelas almas e um desejo ardente no coração de levar as pessoas a Cristo para uma nova vida.

Síntese e Conclusão

O *campus* universitário é o ambiente propício para a pregação do evangelho. A comunicação do evangelho nas escolas e universidades faz parte das *missões urbanas*, propondo-se a anunciar o Reino de Deus no contexto da cidade, nos centros urbanos. Seja de modo individual ou por meio de um grupo de movimento estudantil, os discípulos do Senhor podem fazer da universidade um campo missionário, comunicando as Boas-Novas àqueles que vivem nesse ambiente, com graça e grande poder.

PARTE 3

O *Campus* em Tempos Pós-Modernos

Capítulo

7

Panorama do Pensamento Pós-Moderno

O que é a pós-modernidade? Resposta: não sei. E tem mais: ninguém sabe. Se soubessem, não a chamavam de "pós alguma coisa". Chamavam-na pelo nome. Mas chamam-na de pós-modernidade porque só sabem até a modernidade.

Rubem Amorese

"O pós-modernismo representa um grande desafio à missão da apologética cristã, em especial, por causa de suas visões em relação à verdade, à racionalidade e à linguagem."

Douglas Groothuis

Os alemães utilizam o termo *zeitgeist* para designar o clima intelectual, moral e cultural de uma dada época no curso da história da humanidade, com o objetivo de definir o *espírito* daquele tempo.

Qual seria, então, o *zeitgeist* da presente era? Qual a atmosfera intelectual que norteia o *ethos* e as tendências nas universidades em nossos dias?

Ao frequentar uma universidade — advertem os escritores Norman Geisler e Frank Turek — espera-se que a pessoa seja guiada a encontrar a unidade na diversidade ou, mais precisamente, a forma pela qual os diversos campos do conhecimento se encaixam para fornecer um quadro uniforme da vida. Entretanto, apesar de ser uma tarefa nobre, os autores enfatizam que essa não é a busca da universidade atual. Em vez de universidades, dizem eles, temos hoje as *pluriversidades*.

> "São instituições que consideram todos os pontos de vista tão válidos como quaisquer outros, por mais ridículo que possa ser, com exceção do ponto de vista de que apenas uma religião ou visão de mundo possa ser verdadeira. Esse é o único ponto de vista considerado intolerante e fanático na maioria das universidades".[1]

Esse é o panorama do *campus* universitário no tempo presente. Um tempo marcado pela ambiguidade do *relativismo absoluto e* pela *tolerância intolerante*. Uma época em que a razão é colocada em dúvida e todas as cosmovisões sob suspeita. Um período de incertas, flexibilização moral e ausência de significado; tempos este que os especialistas insistem em chamar pelo epíteto "pós-moderno".

Entender as características do *espírito* da nossa época, cujos pressupostos dominam a educação e a produção de conhecimento acadêmico é significativamente relevante para o universitário cristão. Compreender, portanto, as nuanças da pós-modernidade é vital, na medida em que suas perspectivas estão presentes em todas as áreas do saber, especialmente nas ciências humanas e sociais, ditando hoje o mundo das ideias. A elite da cultura do Ocidente, após beber na fonte dos gurus pós-modernos como Nietzsche, Michel Foucault, Jacques Derrida, Richard Rorty e outros, está ditando as regras nos *campi* universitários, arrebanhando professores, seduzindo acadêmicos e, sobretudo, influenciando as principais mentes da atualidade, ou seja, os formadores de opinião.

---

[1] GEISLER, Norman L; TUREK, Frank. **Não tenho fé suficiente para ser ateu**. São Paulo: Editora Vida, 2006, p. 19.

Uma vez alocada na gênese da produção do conhecimento de hoje, a pós-modernidade influência diretamente a cultura popular de massa, ditando tendências na arquitetura, nas artes, no cinema, na música e, principalmente, na mídia.

Cabe-nos neste capítulo basicamente orientar o leitor quanto a esse fenômeno, apontando suas características e aspectos que caminham na contramão da cosmovisão cristã.

I. O que É a Pós-Modernidade?

Definir o termo pós-modernidade[2] não é uma tarefa fácil, isso porque o debate em torno do assunto já inicia na sua própria definição, que encerra uma gama variada de significados. Por esse motivo, Rubem Amorese, em tom de humor, escreve: "O que é a pós-modernidade? Resposta: não sei. E tem mais: ninguém sabe. Se soubessem, não a chamavam de 'pós alguma coisa'. Chamavam-na pelo nome. Mas chamam-na de pós-modernidade porque só sabem até a modernidade".

Realmente, a expressão pós-modernidade não possui um significado único ou estático, daí porque David Lyon[3] adverte que "pós-modernidade é um conceito multifacetado que chama a nossa atenção para um conjunto de mudanças sociais e culturais profundas que estão acontecendo neste final de século XX em muitas sociedades 'avançadas'". Segundo ele, "tudo está englobado: uma mudança tecnológica acelerada, envolvendo as telecomunicações e o poder da informática, alterações nas relações políticas, e o surgimento de movimentos sociais, especialmente os relacionados com aspectos étnicos e raciais, ecológicos e de competição entre os sexos."

J. P. Moreland[4] também se refere ao pós-modernismo como uma coalizão frouxa de diversos pensadores de várias e diferentes disciplinas acadêmicas. Por isso, afirma que se trata tanto de uma noção histórica, cronológica, quanto de uma ideologia filosófica. Na perspectiva histórica, refere-se ao período do pensamento subsequente e reagente ao período denominado modernidade. E como ideologia filosófica representa uma forma de relativismo cultural sobre coisas como realidade, verdade, razão, valor, significado linguístico, o eu e outros conceitos.

---

[2] Alguns escritores costumam diferençar pós-modernidade e pós-modernismo. O pós-modernismo teria a ver com uma atitude intelectual e com uma série de expressões culturais. Já a pós-modernidade faria referência a uma época emergente; teria a ver com mudanças sociais. Contudo, nesta obra, utilizaremos os termos como sinônimos.

[3] LYON, David. **Pós-modernidade**. São Paulo: Paulus, 1998, p. 13.

[4] MORELAND, J. P., 2011, p. 104.

A reflexão sobre o sentido da pós-modernidade, portanto, pode ganhar duplo direcionamento: histórico e filosófico-ideológico. O que não significa necessariamente que sejam abordagens opostas ou excludentes. Não há como discutir a história sem a influência das ideologias, e vice-versa. Não raro, tais perspectivas se entrelaçam e dialogam, refletindo mutuamente sobre o sentido de uma e de outra coisa.

Seja como for, na abordagem histórica busca-se pensar a pós-modernidade como acontecimento histórico, posterior — como o nome sugere — à modernidade. Seria a pós-modernidade uma continuação da atitude mental moderna, ou a sua rejeição? Na dimensão ideológica, a pós-modernidade é concebida como uma visão de mundo própria que deve ser cultivada e aceita, a partir da realidade dos novos rearranjos sociais.

Atribui-se a Arnold Toynbee a utilização primeira do termo pós-modernidade em sua obra Estudos de História. Segundo Toynbee, essa era pós-moderna seria caracterizada pelo fim do domínio ocidental e pelo declínio do individualismo, do capitalismo e do cristianismo, a partir de 1870, cuja transição ocorreu quando a civilização ocidental desviou-se para a irracionalidade e para o relativismo. Conforme Toynbee, o poder passou da cultura ocidental para as culturas não ocidentais e para uma cultura mundial pluralista.[5]

Contudo, o termo se popularizou devido, principalmente, à obra do filósofo francês Jean-François Lyotard, *A Condição Pós-Moderna*, baseado em um relatório apresentado pelo autor sobre o *status* do conhecimento nas sociedades avançadas, para o Conselho das Universidades de Quebec. Segundo Lyotard[6], por volta dos anos 50, da chamada era "pós-industrial", observou-se uma modificação da natureza da ciência (e consequentemente da universidade) provocada pelo impacto das transformações tecnológicas sobre o saber — entendido como um conjunto de conhecimentos que autoriza a determinada pessoa emitir juízos de verdade, moral e estética — e que abalou os alicerces da sua legitimação. Legitimação, segundo Lyotard, diz respeito à autoridade de se prescrever as condições estabelecidas para que um enunciado faça parte deste discurso e possa ser levado em consideração pela comunidade científica.

Então, pós-moderno para ele seria "o estado da cultura, depois de transformações súbitas nas regras dos jogos da ciência, da literatura e das

[5] GRENZ, Stanley. **Pós-modernismo**: um guia para entender a filosofia do nosso tempo. São Paulo: Vida Nova. 2008, p. 31.

[6] LYOTARD, Jean-François. **A condição pós-moderna**. 12a. edição. Rio de Janeiro: José Olympio Editora, 2009.

artes, a partir do século XIX". Em síntese, Lyotard definiu a pós-modernidade como sendo a "incredulidade em relação às metanarrativas", ou seja, as visões totalizantes e universais da história. Para Lyotard, desde a 2ª Guerra Mundial, as grandes narrativas do progresso científico perderam sua credibilidade. Por consequência, o apelo à ciência como categoria organizadora e unificadora está enfraquecendo.[7]

Em certo sentido, disse Stanley Grenz, os pós-modernos não possuem cosmovisão alguma, pois no seu cerne há uma negação da realidade de um mundo unificado como objeto de percepção. Rejeita-se a possibilidade da construção de uma cosmovisão única e correta, contentando-se simplesmente em falarem em muitas visões e, consequentemente, muitos mundos.[8]

A rigor, poderíamos afirmar que a pós-modernidade não é uma visão de mundo, mas uma *anti-cosmovisão*, na medida em que rejeita qualquer narrativa que pretenda explicar todas as coisas de forma universal. Não obstante, James Sire está certo ao listá-la em seu *Catálogo de Cosmovisão*, pois "a rejeição de todas as metanarrativas é, por si só, uma metanarrativa". "A ideia de que não existem metanarrativas é considerada como um primeiro princípio, e não há meios de abordar isso, exceto ignorar a autocontradição e prosseguir com o show, o que o pós-modernismo precisamente faz".[9]

Essa ambiguidade e falta de padrão racional presente no pós-modernismo é uma de suas marcas. Isso ocorre porque os pós-modernos não estão dispostos a conceber que o intelecto humano seja o único determinante daquilo em que devemos crer. "Eles olham para além da razão e dão guarida a meios não racionais de conhecimento, dando às emoções e às intuições um *status* privilegiado".[10] Com efeito, a mente pós-moderna decretou a morte da razão. Os pós-modernistas rejeitam a ideia da racionalidade objetiva. Stanley Grenz escreveu:

> "Eles [os pós-modernos] rejeitam a suposição sobre a qual se baseia – a saber, que vivemos em um mundo feito de objetos físicos facilmente identificáveis por suas propriedades inerentes. Para os pós-modernos, não deparamos simplesmente com um mundo lá 'fora'; na verdade, construímos o nosso mundo utilizando conceitos que trazemos para ele. Eles afirmam que

[7] GRENZ, Stanley J., 2008, p. 76.
[8] GRENZ, Stanley J., 2008, p. 64.
[9] SIRE, James. **O universo ao lado:** um catálogo básico sobre cosmovisão. Tradução Fernando Cristófalo. 4ª Ed. São Paulo: Hagnos, 2009, p. 294.
[10] GRENZ, Stanley J., 2008, p. 28.

> não dispomos de nenhum ponto estratégico – além de nossa própria estruturação do mundo – com base no qual poderíamos ter uma visão objetiva da realidade, qualquer que seja ela, do mundo lá fora".[11]

Moldada pelo Iluminismo do século XVIII, a mentalidade moderna foi concebida como a *Era da Razão*, na qual se pensava que a humanidade poderia resolver seus problemas se as pessoas se livrassem da superstição e de suas crenças sem fundamento científico. O modernismo rompeu com a perspectiva da Idade Média que defendia a síntese entre a fé a razão. A partir daí, a tolerância e não a convicção — era a virtude mais importante; e a ciência, em vez da religião, é que poderia mostrar a saída, pensavam eles.[12] Com a chegada da pós-modernidade, nem mesmo a ciência, tal qual entendida historicamente, tem a última palavra para definir o que é a verdade. É o fim do otimismo iluminista!

II. Existência, Conhecimento e Significado

A pós-modernidade recoloca em discussão as percepções de verdade e significado. A análise que James Sire faz sobre o deslocamento do período pré-moderno para o moderno, chegando depois no pós-moderno é muito elucidativa. Segundo Sire, a primeira coisa que o pós-modernismo suscita não é o que está lá ou como sabemos o que está lá, mas como a linguagem funciona para construir significado. Em outras palavras, há uma mudança nas "primeiras coisas" de ser para saber, para construir significado. Sire afirma que o período "pré-moderno" (característica do mundo ocidental anterior ao século XVII) foi marcado pela preocupação no *ser*, na existência da própria realidade. A existência de Deus era um pressuposto subjacente, de modo que o conhecimento se dava por meio da sua revelação ao ser humano. É um período caracteristicamente teísta, que coloca o *ser* antes do *conhecer*.

No "período moderno", sufragado pela chamada Era das Luzes (Iluminismo), há um movimento inverso: o *conhecer* vem antes do *ser*. Considerado o primeiro filósofo moderno, René Descartes (1596–1650) assentou esse pressuposto modernista em sua célebre frase: "Penso, logo existo".

---

[11] GRENZ, Stanley J., 2008, p. 64.

[12] MORLEY, Brian K. Entendendo nosso mundo pós-moderno *apud* MACARTHUR, John (org). **Pense biblicamente:** Recuperando a visão cristã de mundo. São Paulo. Hagnos, 2005, p. 205.

Embora Descartes não tenha rejeitado a noção teísta de Deus, sua ideia teve consequências notáveis. James Sire explica que Descartes desejava ter absoluta certeza de que aquilo que pensara era realmente verdadeiro, levando o método da dúvida quase ao limite. Ao indagar do que poderia duvidar, Descartes concluiu que podia colocar em dúvida todas as coisas, exceto o fato de ele estar duvidando (duvidar é pensar). Ao afirmar, "penso, logo existo", Descartes considerou se havia outra coisa, além da sua própria existência, da qual pudesse ter certeza. Depois de algumas elucubrações sobre si mesmo, Descartes conclui que era "uma pessoa que pensa". O pensamento, a razão, pois, vem antes da existência.

Aqui reside, como nos lembra Sire, a essência do modernismo: a *autonomia da razão*. Ao confiar em seu próprio julgamento, que lhe dá a certeza filosófica da sua própria existência, Descartes prossegue para afirmar que Deus necessariamente existe e que a realidade é dualista — matéria e mente. Essa percepção liberou a mente humana da autoridade dos antigos, de modo que o progresso científico e tecnológico não deveria resultar da credulidade do passado ou da existência divina, mas da razão humana, que poderia encontrar o seu caminho rumo à verdade.

A partir daí, a filosofia ocupa-se em discutir como alguém poderia obter conhecimento. É isso o que fizeram pensadores como David Hume (1711–1776), Immanuel Kant (1724–1804), F. W. Hegel (1770–1831) e, finalmente, Friedrich Nietzsche (1844–1900). Foi exatamente esse último, diz Sire, quem "desferiu o golpe de misericórdia na autoconfiança modernista", de que o que pensamos que conhecemos, nós, realmente conhecemos. Em Nietzsche, possivelmente, está a gênese do pensamento pós-moderno. Ele questiona a existência de certeza, objetividade e verdade. Essa última, para o filósofo alemão não passa de uma ilusão, "um exército móvel de metáforas":

> "Então, o que é verdade? Um exército móvel de metáforas, metonímias e antropomorfismos – em resumo, uma soma de relações humanas, que têm sido intensificadas, transpostas e ornamentadas poética e retoricamente, ainda parecendo firmes, canônicas e obrigatórias para a pessoa, apesar do longo tempo de uso: verdades são ilusões sobre as quais se esqueceu de que isso é o que elas são; metáforas que estão desgastadas e sem poder de afetar nossos sentidos; moedas que perderam sua cunhagem, valendo apenas como metal, não mais como moedas".[13]

[13] SIRE, James, 2009, p. 274.

Por mais autorrefutante que seja e inaplicável em todas as áreas da vida, os pós-modernos partem da premissa básica de que a verdade objetiva não existe. Inaplicável porque, como afirmou Willian Craig, ninguém adota uma visão pós-modernista dos textos literários ao ler o rótulo de remédio ou uma caixa de veneno para ratos, nas situações em a nossa vida corre algum tipo de risco. Segundo Craig, as pessoas se voltam para o subjetivismo apenas em relação à ética e à religião, e não em áreas passíveis de demonstração pela ciência.

Seja como for, a ideia de que a verdade é a correspondência da realidade hoje é algo ultrapassado, e por isso todos aqueles que acreditam em metanarrativas, histórias totalizantes, que explicam (ou tentam explicar) toda a realidade, estão iludidos. "Podemos ter significado, pois todas essas histórias são mais ou menos significativas, porém, não podemos ter verdade".[14] A ênfase do pós-modernismo não recai nem na existência (pré-modernismo) nem no conhecimento (modernismo), mas no significado da linguagem. E a linguagem é uma construção humana, e como tal não podemos determinar a sua veracidade, apenas a sua utilidade. Nietzsche sustentava que, na ausência de um Criador (Deus estava morto para ele), cabia aos seres humanos imporem significado e ordem no mundo.[15]

Kevin Vanhoozer captou bem a essência dessa perspectiva *nietzschenia-na* ao lembrar que "a verdade não é mais a abnegação do sacerdote que lida com a revelação, nem do professor que dominou a razão. A verdade é a criação do artista. O mundo é um piquenique para o qual o intérprete traz o significado. A linguagem é o meio que os humanos usam criativamente para colonizar um mundo desprovido de significados. As palavras menos se referem ao mundo do que o refazem, mascarando o absurdo da vida com a maquiagem da retórica. Aquilo que chamamos de 'verdade' é uma ilusão na qual passamos acreditar".[16]

Se a pós-modernidade se ocupa mais com o significado do que propriamente como o método do conhecimento, é possível afirmar que o ato interpretativo ganha relevância. Eis o motivo pelo qual Vanhoozer também assevera que a hermenêutica — *a reflexão sobre os princípios que corroboram a interpretação textual correta* — era tradicionalmente um assunto para exegeta e filólogos, no entanto, recentemente tornou-se também assunto para filósofos, que buscam entender não o que aquele texto significa, mas o que

[14] SIRE, James, 2009, p. 274.
[15] VANHOOZER, Kevin. **Há um significado neste texto**: Interpretação bíblica – um desafio contemporâneo. São Paulo: Editora Vida, 2005, p. 26.
[16] VANHOOZER, Kevin, 2005, p. 27.

significa entender.[17] Antigamente considerada como a Cinderela da academia, em tempos recentes a Hermenêutica tem exercido certa hegemonia sobre outras disciplinas, englobando todas as atividades intelectuais. Segundo Vanhoozer, "a ascensão da hermenêutica está em paralelo com a queda da epistemologia. Em vez de apresentar reivindicações substanciosas de conhecimento absoluto, até mesmo os cientistas agora veem suas teorias como interpretações".[18]

Todavia, dentro do atual clima intelectual, o cerne da hermenêutica sofreu uma severa guinada. As transformações remontam a Friedrich Schleiermacher (1768–1834), passando por Wilhelm Dilthey (1833–1911), Martin Heidegger (1884–1976), Ludwig Wittgenstein (1889–1951), Hans-Georg Gadamer (1900–2002) e, mais recentemente, Jacques Derrida (1930–2004).

D. A. Carson chama de *hermenêutica radical* esse novo estilo de interpretação, que rejeita a ideia clássica que algumas interpretações possam estar corretas enquanto outras, erradas. Essa nova hermenêutica está baseada no desconstrucionismo do "filósofo literário" Jacques Derrida. Em resumo, Derrida nega que a linguagem tenha um significado fixo relacionado a uma realidade fixa ou que ela desvele a verdade definitiva. A desconstrução é uma estratégia de desmontagem ou desfazimento; é o desmantelamento de certas distinções e oposições garantidoras de autoridade e legitimidade. Vanhoozer vai dizer que o motivo por trás da estratégia de Derrida de desfazer nasce de seu temor em relação aos recursos ilegítimos à autoridade e aos exercícios de poder. "A crença de que alguém possa ter chegado ao único e correto Significado (ou Deus, ou Verdade) fornece uma desculpa maravilhosa para condenar aqueles de quem se discorda, considerando-os ou 'tolos, ou heréticos'".[19] Derrida, então, contesta a pretensão tanto do filósofo quando do exegeta que afirma ter chegado à visão correta de todas as coisas.

Essa nova forma de fazer hermenêutica levou a interpretação para o mundo subjetivista do leitor-usuário. Nem mesmo o autor detém a interpretação correta sobre o seu próprio escrito. Consequentemente, "o intérprete na última moda não reconhece qualquer princípio de realidade (a maneira como é), apenas o princípio do prazer (a maneira como quero que seja)".[20]

---

[17] VANHOOZER, Kevin, 2005, p. 23.
[18] VANHOOZER, Kevin, 2005, p. 24.
[19] VANHOOZER, Kevin, 2005, p. 27.
[20] VANHOOZER, Kevin, 2005, p. 44.

A tese de Derrida ganhou vazão e passou a influenciar vários campos do saber além da literatura, compreendendo a filosofia, arquitetura, história, psicanálise, direito, etc. A teologia, evidentemente, também se viu afetada. Se a Bíblia é um livro (ou uma coleção de livros), o intérprete também poderia usar o método da desconstrução para interpretá-la. É isso o que propõe a chamada *Teologia Narrativa*, uma cria dos teólogos emergentes da pós-modernidade. Segundo essa linha de raciocínio, explica-nos Silas Daniel:

> "o sentido do texto não estaria dentro do texto, mas fora do texto. Não seria intra-textual, mas extra-textual. O significado e a interpretação de todos os textos bíblicos seriam, portanto, relativos e caberia a cada um extrair dos textos bíblicos, sem preocupar-se com regras de hermenêutica, as lições que achar interessantes, conforme a necessidade do momento".[21]

III. Principais Características da Pós-Modernidade

São múltiplas as características da pós-modernidade. Mas, os cinco principais aspectos que caracterizam a sua essência podem ser assim resumidos: relativismo, pluralismo, pragmatismo, hedonismo e egocentrismo.

O *relativismo* considera que não existe uma verdade absoluta, capaz de estabelecer regras universais para todos os homens. Para eles, a sua verdade é a sua verdade, e a minha verdade é a minha verdade; e as crenças são, em última análise, uma questão de contexto social, resultando daí a inescapável conclusão: "O que é certo para nós talvez não o seja para você" e "O que está errado em nosso contexto talvez seja aceitável ou até mesmo preferível no seu". Logo, tanto a verdade como a moralidade são relativas e adaptáveis ao seu contexto. Como observou Dallas Willard, "não há hoje nenhum conhecimento moral reconhecido como base sobre o qual se possa elaborar projetos de incentivo do desenvolvimento moral". O que se têm são somente perspectivas, pontos de vistas distintos sobre o mundo; e nenhum pode alegar a sua própria superioridade em relação ao outro.

Quanto ao *pluralismo*, abordaremos esse tema no próximo capítulo, mas por ora, é possível adiantar que essa palavra possui várias conotações. D. A. Carson[22] apresenta pelo menos três tipos de pluralismo: pluralismo em-

[21] DANIEL, Silas, 2007, p. 84.

[22] CARSON, D.A. **O Deus amordaçado**: o Cristianismo confronta o pluralismo. São Paulo: Shedd Publicações, 2013, p. 18.

pírico, pluralismo incentivado e o pluralismo filosófico ou hermenêutico. *Pluralismo empírico* refere-se à vasta diversidade que existe no mundo, seja ideológica, religiosa ou cultural. Nesse aspecto, o pluralismo é um fato. Já o *pluralismo incentivado* tenta, segundo Carson, acrescentar a aprovação ao pluralismo empírico. Isto é, o pluralismo não é somente um fato, mas algo que deve ser incentivado e buscado a todo custo. Segundo Lesslie Newbigin: "Tornou-se lugar comum dizer que vivemos em uma sociedade pluralista — não apenas uma sociedade que é de fato plural na variedade de culturas, religiões e estilos de vida que abraça, mas também é pluralista no sentido de que essa pluralidade é celebrada como algo a ser aprovado e incentivado".[23]

Por fim, o *pluralismo filosófico ou hermenêutico* é uma postura intelectual que afirma que qualquer noção de que uma declaração ideológica ou religiosa em particular é intrinsecamente superior a outra é necessariamente errada. Desse modo, "o único credo absoluto é o credo do pluralismo. Nenhuma religião tem o direito de declarar a si mesma correta ou verdadeira e as outras como falsas ou até mesmo (na percepção da maioria) relativamente inferiores".[24] Tanto o pluralismo incentivado quando o pluralismo filosófico desafia o exclusivismo cristão, para quem a verdade é personificada em Cristo, e Ele é o único caminho que conduz a Deus, de modo que todas as demais religiões que contrariam essa revelação são sistemas falsos.

O pragmatismo é ideia de que os resultados, a praticidade e a utilidade são os melhores indicadores da verdade e da melhor maneira de se viver. Para exemplificar, em *Cartas de um Diabo a seu Aprendiz*, de C. S. Lewis, o Diabo instrutor Fitafuso aconselha seu sobrinho e aprendiz, Vermebile, sobre como afastar uma pessoa da verdade do evangelho. Na primeira epístola, Fitafuso desenvolve a ideia de que os humanos são mais propensos a aceitar pensamentos que tenham aplicação prática em suas vidas, ao invés de avaliar a validade das mesmas. Ele escreve:

> "O seu paciente sempre foi acostumado, desde criança, a ter uma dezena de filosofias incompatíveis dentro de sua cabeça. Ele não classifica doutrinas basicamente como "verdadeiras" ou "falsas", e sim como "acadêmicas" ou "práticas", "antiquadas" ou "contemporâneas", "convencionais" ou "cruéis". O jargão, e não a argumentação, é o seu melhor aliado para afastá-lo da Igreja. Não desperdice seu tempo tentando fazê-lo

[23] *apud* CARSON, D.A, 2013, p. 18.
[24] CARSON, D.A., 2013, p. 19.

> pensar que o materialismo é verdadeiro. Faça-o pensar que é algo sólido, ou óbvio, ou audaz – enfim, que é uma filosofia do futuro. É com esse tipo de coisa que ele se importa".[25]

O inglês John Stott afirma que "no mundo moderno multiplicaram-se os pragmáticos, para os quais a primeira pergunta acerca de qualquer ideia não é: "É verdade?", mas sim: "Será que funciona?".[26] É possível perceber as garras dessa doutrina sendo cravadas nas políticas públicas, na economia, na educação e até mesmo nas discussões judiciais. O ideário pragmático pode ser vislumbrado quando se coloca em debate assuntos como o aborto, drogas, pesquisas de células tronco, distribuição de renda, etc. Geralmente, quando esses assuntos são discutidos, a análise gira em torno dos benefícios imediatos que tais práticas podem trazer para o ser humano, sem se levar em conta valores morais e princípios éticos.

O *hedonismo* também é sem dúvida nenhuma uma das características do nosso tempo. O hedonismo sustenta que a coisa mais importante na vida é a conquista do prazer e a fuga ao sofrimento; de modo que a primeira pergunta que se faz não é: "Isto é correto?", mas: "Trará prazer?". Como escreve Myer Pearlman "nem todo hedonista têm uma vida de vícios, mas a tendência geral do hedonista é desculpar o pecado e disfarçá-lo, qual pílula açucarada, com designações tais como esta: 'é uma fraqueza inofensiva'; 'é um pequeno desvio'; 'é mania do prazer'; 'é fogo da juventude'. Eles desculpam o pecado como estas: 'errar é humano'; 'o que é natural é belo e o que é belo é direito'".[27]

Pearlman anota que "é sobre essa teoria que se baseia o ensino moderno de "autoexpressão". Em linguagem técnica, o homem deve "libertar suas inibições", em linguagem simples "ceder à tentação porque reprimi-la é prejudicial à saúde". Naturalmente, isso muitas vezes representa um intento para justificar a imoralidade. Mas esses mesmos teóricos não concordariam em que a pessoa desse liberdade às suas inibições de ira, ódio criminoso, inveja, embriaguez ou alguma outra tendência similar". Segundo Pearlman "no fundo dessa teoria está o desejo de diminuir a gravidade do pecado, e ofuscar a linha divisória entre o bem e o mal, o certo e o errado. Representa uma variação moderna da mentira antiga: 'Certamente não morrerás'. E muitos descendentes de Adão tem engolido a amarga pílula

---

[25] LEWIS, C. S. **Cartas de um diabo a seu aprendiz.** São Paulo: Martins Fontes, 2005, p. 2.

[26] STOTT, John, 2001, p. 7.

[27] PEARLMAN, Myer. **Conhecendo as doutrinas da Bíblia.** São Paulo: Editora Vida. 1997, p. 85,

do pecado, adoçada com a suposta suavizante segurança: 'Isto não fará dano algum.' O bem é simbolizado pela alvura, e o pecado pela negrura, porém alguns querem misturá-los dando-lhes uma cor cinzenta neutra. A admoestação divina àqueles que procuram confundir as distinções morais é: 'Ai daqueles que chamam o mal bem, e o bem mal'".[28]

O *egocentrismo*, a ênfase no "eu" também é uma característica marcante da pós-modernidade. O individualismo está tão arraigado em nossa cultura que a busca por satisfação pessoal é mais importante do que a própria ideia de comunidade. Para D. A. Carson, o pós-modernismo como um todo se caracteriza pela impressionante arrogância, pelo foco no "eu", algo que desafia Deus de forma terrível. Carson diz que a arrogância tem componentes tanto histórico quanto teológico. No aspecto histórico, a maioria dos pós-modernistas são extremamente inflexíveis em relação a sua visão de mundo ser a única viável. Quanto ao componente teológico, Carson afirma que "o Iluminismo tentou transformar o ser humano na medida de tudo. O racionalismo elevou o raciocínio humano à condição de igualdade com Deus; o existencialismo menosprezou a relevância baseada no conhecimento ou na posição e a atribuiu à ação, à vontade e à decisão humanas; agora a pós-modernidade insiste que não há verdade objetiva que possa ser afirmada para nós".[29]

Sendo assim, prossegue Carson, "o 'eu', tendo-se elevado ao lugar em que Deus não é mais necessário, agora proclama que a linguagem é inadequada para falar sobre realidade objetiva, incluindo Deus. Tendo censurado a interpretação por ser manipuladora, Deus, se fosse para ele falar, torna-o arquimanipulador. O Deus amordaçado está completo. Da perspectiva cristã, isso não é apenas engano, mas tragicamente, esconde-se no cerne de tudo que é mal".[30]

Síntese e Conclusão

O meu objetivo neste capítulo foi apresentar um panorama da universidade nesses tempos pós-modernos. É bem verdadeira que a principais peculiares da pós-modernidade estão presentes em todas as esferas da sociedade, e não somente no ambiente universitário. Contudo, considerando que as ideias possuem um poder avassalador sobre a vida do indivíduo e

[28] PEARLMAN, Myer, 1997, p. 85,86.
[29] CARSON, D. A, 2013, p. 133.
[30] CARSON, D.A, 2013, p. 134.

sobre a sociedade, tais características são ainda mais potencializadas no ambiente estudantil, na medida em que embasam teorias e servem como ponto de partida para as mais variadas aplicações práticas. Sendo assim, é imprescindível que o cristão conheça tais características e esteja preparando para refutar as ideias que contrariam a fé cristã.

Capítulo 8

Pluralismo e Falsa Tolerância

Sozinha, a adoração não se justifica; ela necessita
das restrições da verdade, e essa verdade está
na pessoa e no caráter de Deus.

Ravi Zacharias

I. A História do Professor Marcos Borden

Uma das principais características do pós-modernismo, como vimos no capítulo anterior, é o pluralismo. E, na base desse pluralismo, está a tolerância. Isso porque, se todas as concepções de mundo estão em pé de igualdade, sem superioridade entre elas, nenhuma pode tentar se sobrepor às demais; restando somente a obrigatoriedade de se aceitar plena e caladamente os postulados contrários àquilo em que se crê.

Mas, o professor de espanhol e treinador do colégio East Brunswick na Filadélfia, Marcos Borden, sentiu na pele os efeitos da incoerência da tolerância do pluralismo do tempo presente. Habitualmente, Borden tinha por costume pedir a um pastor que desse ação de graças na refeição e convidava os seus jogadores a se ajoelharem no vestiário para orar antes de entrar em campo. No início de 2005, porém, os pais dos alunos alegaram que essa prática era uma espécie de intromissão da religião em uma instituição pública; o que levou a direção do colégio a publicar regras rígidas sobre o assunto: os alunos eram livres para orar, desde que não alterassem a ordem pública, e os professores estavam proibidos de participar.

Após isso, na sua prática devocional, o professor passou a fechar os olhos, inclinar a cabeça e a ajoelhar-se em silêncio no vestiário como forma de fazer valer a sua liberdade de expressão e de respeito para com os seus jogadores. Em julho de 2006, quando a questão chegou à Justiça, um juiz de primeira instância deu razão ao professor, argumentando que as regras impostas pela direção eram muito vagas. Ocorre que, no Tribunal Federal da Filadélfia, os juízes anularam a decisão e garantiram que o colégio deveria fazer respeitar o princípio de laicidade (falarei sobre esse item mais adiante), destacando na decisão que qualquer observador razoável concluiria que Borden não estava apenas manifestando o seu respeito quando abaixava a cabeça e se ajoelhava no vestiário, mas também endossando a religião. Ou seja, o professor não poderia nem mesmo inclinar a cabeça.

A história de Marcus Borden é somente uma entre milhares que atestam a evidente incongruência por trás da tolerância tal qual apregoada atualmente. Afinal, na prática o que se vê é uma tolerância unilateral e distorcida, que vale somente para os defensores da moralidade relativa — por mais absurdo que isso possa parecer. Erwin Lutzer diz que essa tolerância é uma espécie de "deus" dos tempos em que vivemos. Este novo deus, escreve ele:

> "É o nosso único absoluto, a única bandeira que é considerada merecedora de nossa honra. Este tipo de tolerância é usada como desculpa para o ceticismo perpétuo, para manter à distância qualquer compromisso com a religião (Deus); também é um entrada para ficar vulnerável a aceitar as ideias mais bizarras. A pressão para aceitar essa "tolerância acrítica" está crescendo ano após ano".[1]

Lutzer escreve ainda que essa tolerância é

> "desprovida de crítica que evita o debate enérgico na busca da verdade. Esta nova tolerância insiste que não temos direitos de discordar de uma agenda social liberal; não devemos defender nossas perspectivas de moralidade, e respeito pela vida humana. Esta tolerância respeita ideias absurdas, mas castiga qualquer um que acredite em absoluto ou que reivindique ter descoberto a verdade".[2]

Percebemos, portanto, uma das razões pelas quais a Verdade Absoluta defendida pelo cristianismo não é bem-vinda no contexto social contemporâneo. Afinal, baseados na Bíblia Sagrada os cristãos possuem posicionamentos claros e definidos acerca das principais questões que envolvem a vida do ser humano: Quem somos?; De onde viemos?; Para onde vamos?; Qual o propósito de nossa existência? E é exatamente aí que reside o problema, pois para a tropa de choque "anti-intolerância" os cristãos não abandonam facilmente suas convicções. Somos fundamentalistas demais sobre nossos valores e doutrinas.

Por esse motivo, os liberais tacham os cristãos de arrogantes, preconceituosos, indiferentes e exclusivistas. No Brasil acontece o mesmo. O jornalista André Petry é um deles. Há pouco tempo, por meio do artigo "É só preconceito" ele escreveu que "o ruim da onda evangélica que cresce no Brasil é que, por trás dela, vem uma tonelada de preconceito religioso". Mais adiante ele aduz: "Trata-se da mais abjeta intolerância religiosa — um câncer social que todos, ateus inclusive, devem combater".[3]

---

[1] LUTZER, Erwin. Cristo entre outros deuses: uma defesa da fé cristã numa era de tolerância. Rio de Janeiro: CPAD, 2002, p. 32.

[2] LUTZER, Erwin, 2002, p. 32.

[3] PETRY, ANDRÉ: **É só preconceito**. Revista Veja. Edição n.º 1929, de 02 de novembro de 2005.

Mas será que todas as pessoas são totalmente tolerantes?

Na etimologia, a palavra tolerância provém do latim *tolerare*, que significa sustentar, suportar. No dicionário, lemos que tolerar é mesmo que suportar com paciência; aguentar; permitir; conformar; consentir; transigir ou deixar que aconteça. Intolerante, dessa forma, é todo aquele que não se conforma; não consente ou não transige com os posicionamentos contrários.

Feitas essas considerações é possível perceber que não existem pessoas completamente tolerantes no sentido estrito da palavra. Afinal, quando aqueles que se dizem tolerantes manifestam-se contrários e não consentem com as declarações dos chamados "intolerantes", eles estão, em verdade, agindo como intolerantes. Isso porque, na prática, não existem tolerantes completos. No final das contas, todos somos intolerantes ante o mundo que vivemos; seja para defender uma religião, uma cosmovisão ou até mesmo um partido político. Os debates, as opiniões contrárias e os posicionamentos divergentes fazem parte da vida em sociedade.

As pessoas que se dizem tolerantes e ao mesmo tempo são contrárias à forma de pensar de determinada religião, são também intolerantes. Intolerantes que se escondem por trás da capa da liberdade de expressão. Intolerantes intelectuais que argumentam que suas posições racionais antiexclusivistas é a coisa mais sensata e inteligente que já existiu. Intolerantes que se dizem neutros, mas que na realidade pendem para determinado lado. Ou, ainda, tolerantes que se mostram intolerantes para com os denominados intolerantes.

II. Os Tipos de Tolerância

Algo deve ficar claro. A tolerância pode ser classificada de duas maneiras legítimas. Primeiro, a *tolerância legal* que é o direito que cada pessoa tem de acreditar em qualquer crença (ou em nenhuma) que se queira acreditar. E como disse Erwin Lutzer, tal tolerância é muito importante em nossa sociedade, e nós, como cristãos, devemos manter nossa convicção de que ninguém jamais deve ser coagido a crer no que cremos. Segundo, existe a *tolerância social*, o compromisso de respeitar todas as pessoas mesmo que discordemos frontalmente de sua religião e ideias. Quando nos envolvemos com outras religiões e questões morais na feira ideológica, deve ser com cortesia e bondade. Temos de viver em paz com todos os indivíduos, mesmo com os de convicções e crenças divergentes.

Portanto, tolerância no sentido de direito de professar qualquer tipo de religião ou não professar nenhuma, ou como significado de respeito às demais não deve nunca ser combatido; é a coexistência necessária e harmônica que as culturas diferentes precisam manter. Entretanto, no real significado da palavra, como relatado anteriormente, ser intolerante é algo natural. Não podemos ser coniventes com aquilo em que não acreditamos. Não podemos tapar os olhos quando vislumbramos que ideologias absurdas provocam males na sociedade. Não podemos transigir com posicionamentos que são contra a vida. Não podemos ter paciência com opiniões que contrariam a essência da natureza.

III. A Falsa Tolerância Pós-Moderna

Outro elemento que demonstra o equívoco da tolerância tal qual apregoada pela visão pós-moderna reside na forma parcial como geralmente ela é empregada, aplicando-se basicamente em contrariedade à cosmovisão cristã. Assim como o professor Marcos Borden, outro fato envolvendo o também educador americano John Freshwater[4], de Ohio, comprova isso. Freshwater foi acusado pela diretoria da escola por manter guardado na secretaria um exemplar da Bíblia Sagrada, e obrigado a remover de sua sala de aula um tapete que constava os 10 mandamentos bíblicos.

Na época, ao comentar o caso, o advogado Dave Daubenmire em entrevista ao site World Net Daily resumiu muito bem a situação. Ele disse:

> "Por favor, note que o atentado contra a liberdade de religião na América é a cristandade. Ninguém está tentando calar a liberdade religiosa dos muçulmanos ou ateus ou humanistas. Muito pelo contrário. Dizem-nos para 'compreender' os muçulmanos, para ser sensível aos ateus e de tolerar os humanistas e os seus diversos valores de 'ismos' (ambientalismo, feminismo, secularismo, socialismo, comunismo), que nos ensinam abertamente nas nossas escolas".[5]

[4] SHEFFRIN, Alexander J. Ohio Teacher Refuses to Remove Bible From Classroom. Disponível em: http://www.christianpost.com/article/20080418/32015_Ohio_Teacher_Refuses_to_Remove_Bible_From_Classroom.htm

[5] Bible-Toting teacher facing investigation. Disponível em: http://www.wnd.com/2008/04/62385/. Acesso em 2/5/2015.

Onde está a tolerância?

Perceba. Os defensores da tolerância somente a utilizam para os fins que lhes interessam. Do contrário, não passa de uma palavra sem sentido e desconexo, de modo que na prática vamos observando que desferir ataques e ofensas contra Cristo e contra os cristãos é permitido; mas, contra os demais tipos de filosofias não é aceito. Ou seja, quando os cristãos rebatem as críticas ou apresentam suas opiniões, estão querendo "impor seus dogmas e sua religiosidade". É como se os ateus, homossexuais, comunistas, budistas, feministas, etc, não quisessem impor também seus pontos de vistas e dogmas. É como se os cristãos fossem os únicos tendenciosos do planeta, e o restante, completamente neutros.

Ocorre que os cristãos não são os únicos a defender uma verdade. Como anotam Dale e Sandy Larsen, todas as pessoas que acreditam firmemente nas suas ideias querem ver essas ideias disseminadas pela sociedade. Quando chegam ao poder, não hesitam em tirar livros das estantes das bibliotecas se discordam do conteúdo. Se não detêm o poder, buscam formas de forçar os outros a agir. Apesar de todo esse discurso de tolerância na nossa sociedade, há uma guerra para ver quem há de impor os seus valores".[6]

Nem mesmo as religiões orientais, consideradas liberais, aceitam passivamente todos os pensamentos contrários a elas. Na pesquisa que resultou no livro *Em Defesa da Fé*, o jornalista Lee Strobel entrevistou uma série de especialistas renomados em teologia e filosofia, a fim de analisar as dúvidas mais comuns e persistentes sobre o cristianismo. Um dos entrevistados foi Ravi Zacharias, um indiano convertido ao cristianismo, e especialista em religiões orientais. Ao ser perguntado sobre a acusação acerca da arrogância do cristianismo, Zacharias respondeu que todas as religiões reivindicam a sua própria verdade. Segundo ele, o próprio hinduísmo é absolutamente intransigente em duas ou três questões. A afirmação de que os hindus possuem uma fé tolerante, é somente aparência, diz Ravi Zacharias.[7]

Sobre esse tema, D. A. Carson nos lembra que foi o pluralismo filosófico que alterou a concepção de tolerância. Segundo ele, "as melhores formas de tolerância, em uma sociedade livre e aberta, são as receptivas e tolerantes com as pessoas, mesmo quando há grande desacordo acerca das ideias delas". Entretanto, hoje, a tolerância, em muitas sociedades ocidentais, foca cada vez mais as ideias, não as pessoas. O resultado de adotar essa nova tendência de tolerância

---

[6] LARSEN, Dale & Sandy: **Sete mitos sobre o cristianismo**: uma resposta racional às críticas que fazem ao cristianismo. Editora Vida. São Paulo. 2000, p. 16.

[7] STROBEL, Lee. **Em defesa da fé**. São Paulo: Editora Vida, 2002, p. 205.

> "é haver menos discussão dos méritos das ideias conflitantes – e menos civilidade. Discute-se menos porque a tolerância às ideias distintas exige que evitemos criticar a opinião dos outros; além disso, quase não se discute em que ponto as ideias em questão são do tipo religioso que alegam ser válidas para todos em todo lugar: esse tipo de noção está fora da 'estrutura [moderna] de plausibilidade' (para usar o termo de Peter Berger) e tem de ser descartada. Há menos civilidade porque não há exigência inerente a essa nova prática de tolerância, ser tolerante com as pessoas, e é especialmente difícil ser tolerante com aquelas pessoas cuja percepção está tão distante das "estruturas de plausibilidade" aceitas que elas acham confusa esse tipo de tendência à tolerância".[8]

É preciso concordar com as palavras de Carson. A tolerância pós-moderna, ao focar nas ideias, e não nas pessoas, reduz o âmbito de discussão e consequentemente da liberdade de pensamento, fazendo emergir um ambiente de diálogo restrito e pouco produtivo. Consequentemente, isso enfraquece a cultura, destrói valores e pavimenta a estrada da ignorância desmedida.

Por incrível que pareça, um tolerante liberal não está nem um pouco disposto a tolerar um cristão conservador. Os defensores das minorias não estão dispostos a tolerar as maiorias. Isso tudo é ou não é muito estranho?

Rodrigo Constantino também captou toda essa incoerência:

> "Tolerar era aceitar as diferenças, não abraçá-las como nobres em si. Hoje, significa aceitar os diferentes pontos de vista como se fossem igualmente válidos, uma mudança que parece sutil, mas tem grandes consequências práticas. Agora, o 'tolerante' precisa tomar qualquer opinião como verdadeira. Em vez de aceitar a liberdade de expressão de opiniões contrárias, ele deve acatar todas essas opiniões. Essa mudança de paradigma dentro do próprio Ocidente vem pavimentando a estrada da possível destruição de seus principais valores, assim como a cultura ocidental como a conhecemos. Não precisamos apenas tolerar as ideias islâmicas, por exemplo, com o direito até mesmo de combatê-las; devemos abraçá-las como igualmente válidas, ou 'apenas diferentes' das próprias ideias que fundaram a cultura de liberdade ocidental. Thomas Sowell diz que há poucos mais dogmáticos do que aqueles que falam em diversidade o tempo todo. Com ironia, manda perguntar, da próxi-

[8] CARSON, D.A., 2013, p. 32.

> ma vez que escutar um 'progressista' enaltecendo a importância da diversidade, quantos conservadores existem no departamento de sociologia de sua faculdade.
>
> "Na verdade, os movimentos sociais de 'minorias' costumam demonstrar bastante intolerância com certos grupos, como o de liberais e conservadores, principalmente os religiosos. A tolerância dos 'tolerantes' é bem seletiva e limitada, na prática. Podem demonizar as elites, o homem branco ocidental, os ricos, os católicos, os 'neoliberais', e ainda conseguem posar de defensores da diversidade e da tolerância depois. Incoerente, não? Algumas feministas destilam verdadeiro ódio aos homens e às mulheres que se recusam a aderir ao discurso de vitimização do 'sexo oprimido'. Veganos não toleram aqueles que pensam que animais podem e devem servir de alimento ao homem. Racialistas chamam de traidores, com baba de ódio escorrendo pelo canto da boca, aqueles negros que se recusam a aplaudir a segregação da humanidade com base na 'raça'. Membros do movimento gay demandam mais tolerância, ao mesmo tempo em que repudiam com veemência aqueles que simplesmente não gostam ou não querem perto de si homossexuais. Onde está a verdadeira intolerância? Todos são obrigados a achar 'lindo' o amor entre dois homens? Se fosse para usar o conceito tradicional de tolerância, esses que não gostam ou sentem aversão (e não fobia) a gays teriam, sem dúvida, que aceitá-los e manter o devido respeito como seres humanos que são. Mas é só. Tolerar não deve ser sinônimo de gostar, aprovar, aplaudir ou mesmo conviver. Discriminar é separar, selecionar, e todos devem ser livres para escolher com quem querem compartilhar seus momentos.
>
> "Quem se coloca contra todo tipo de discriminação ou preconceito é, no fundo, hipócrita. Bastaria uma reflexão rápida e honesta para constatar que ele também discrimina e tem sua cota de preconceitos. Talvez, contra liberais que escrevem neste jornal. Talvez, contra um pastor evangélico. Talvez, contra um capitalista burguês que gosta de Miami".[9]

No campo religioso, diz Carson, isso significa que poucas pessoas se sentem ofendidas com a multiplicação das novas religiões. "Não importa quão estranha, quão frágil sejam suas credenciais intelectuais, não importa quão subjetivas e descontroladas, quão flagrantemente autocentradas, quão obviamente seus deuses tenham sido para estimular a autopromoção

[9] CONSTANTINO, Rodrigo. **A intolerância dos tolerantes**. Disponível em http://oglobo.globo.com/ opiniao/a-intolerancia-dos-tolerantes-11493018. Acesso em 2/6/2015.

do ser humano, a mídia trata-as como fascínio e até mesmo com certo grau de respeito."[10] No entanto, dentro desse emaranhado de coisas, a única ideia que não é bem-vinda é o exclusivismo.

Isso tem criado uma sociedade de intelectuais medrosos, incapazes de apontar os erros das ideologias, visões políticas e religiões que se levantam no mundo, tudo em nome dessa falsa tolerância. Até mesmo o vocabulário sofre alterações, especialmente, para acrescentar a expressão fobia no final de algumas palavras. Os críticos do homossexualismo são chamados de homofóbicos; uma pecha útil para evitar qualquer tipo de reflexão que contrarie o movimento. Essa é uma das principais estratégias do pluralismo politicamente correto.

Enquanto escrevo esse texto acompanho os desdobramentos da perseguição policial aos terroristas islâmicos que atacaram a sede da revista satírica Charles Hebdo, em Paris, no dia 7 de janeiro de 2015, ocasionando a morte de doze pessoas, dez jornalistas — na maioria cartunistas do jornal — e dois policiais. O ataque foi uma represália às charges publicadas pelo jornal com relação ao profeta Maomé. Mesmo diante desse crime bárbaro, muitos intelectuais e jornalistas, influenciados pela falsa tolerância, chegam a acusar de islamofóbicos aqueles que criticaram o terrorismo do islamismo radical.

Somente para citar alguns exemplos, o site Brasil 247 replicou vários pontos de vistas, os mais absurdos possíveis, sobre o tema. O cartunista brasileiro Carlos Latuff disse que "os islamofóbicos estão encantados com o ataque ao Charles Hebdo! Eles têm agora uma oportunidade de ouro para atacar os muçulmanos por muito tempo!".[11] Jorge Mortean asseverou que

> "o que se viu na redação da revista Charlie Hebdo foi uma gota d'água no balde xenófobo francês, em forma de retaliação sociocultural, onde uma maioria não só depende desta minoria, mas como também a oprime. São pessoas de uma mesma nacionalidade que consideram outras, pertencentes a um grupo religioso minoritário, como cidadãos de 'segunda classe' – atitude perigosa já vista outrora em uma Alemanha nazista. Uma humilhação social descabida".[12]

[10] CARSON, D.A, 2013, p. 32.

[11] Disponível em http://www.brasil247.com/pt/247/mundo/165841/Latuff-%E2%80%98atiradores-contribu%C3%ADram-com-a-islamofobia-na-Europa%E2%80%99.htm. Acesso em 8 de janeiro de 2015.

[12] Disponível em http://www.brasil247.com/pt/247/artigos/165966/Charlie-Hebdo-Ataque-terrorista-ou-xenofobia-%C3%A0-flor-da-pele.htm. Acesso em 8 de janeiro de 2015.

Segundo essa linha de raciocínio, os problemas são a islamofobia e a xenofobia, e não o terrorismo. É difícil acreditar que algumas "mentes brilhantes" pensem de forma tão equivocada. Mas é isso mesmo. A falsa tolerância é tão nociva que tem tirado o discernimento mínimo dos indivíduos. E isso é terrível!

IV. Privatização da Fé: Entre a Laicidade e o Laicismo

Em geral, essa visão equivocada parte de uma ideia distorcida do sentido original da palavra tolerância na esfera pública, assim como sobre a concepção da laicidade e o ideal da separação entre Estado e Igreja.

No período do surgimento do Estado Moderno, Jónatas Machado afirma que "a religião surge como uma realidade da sociedade civil publicamente relevante, embora distinta do Estado".[13] A partir da ideia de John Locke, a liberdade religiosa é vista como uma questão privada, relativamente à qual o Magistrado deve se abster de decidir. Neste período, "a laicização do Estado significa a democratização política e religiosa através de uma participação igualitária de todos os indivíduos na formação da vontade política e da doutrina religiosa".[14] A religião, portanto, pode ocupar o seu espaço púbico, porém, não de forma impositiva das autoridades políticas e religiosas, mas por meio da autonomia individual e o autogoverno democrático das comunidades.

No pensamento lockeano, não cabe ao magistrado civil cuidar das almas, nem muito menos qualquer outro homem, visto que tal poder não fora delegado por Deus para induzir coercitivamente o outro para aceitar a sua religião, e por isso "o poder civil não deve prescrever artigos de fé, ou doutrinas, ou formas de cultuar Deus, pela lei civil", pois se não houver penalidade contra o seu descumprimento, a lei perde a sua força, e havendo sanções, "obviamente são fúteis e inadequadas para convencer o espírito", afinal elas não são capazes de produzir a crença verdadeira.[15] De igual modo, a autoridade eclesiástica deve conformar-se aos limites da própria igreja, não podendo abarcar assuntos civis. "Quem mistura o céu e a terra, coisas tão remotas e opostas, confunde essas duas sociedades, as quais em sua origem, objetivo e substancialmente são completamente diversas".[16]

[13] MACHADO, Jónatas, 2013, p. 21.

[14] MACHADO, Jónatas, 2013, p. 22.

[15] LOCKE, John. Carta acerca da tolerância. *In*: LOCKE, John. Os pensadores. São Paulo: Abril Cultura, 1973, p. 12.

[16] LOCKE, John, 1973, p. 16.

Esse é o perfil do Estado Moderno, que surge com a ebulição das ideias do Renascimento e modifica o pensamento até então teocêntrico do poder (a vontade vem de Deus) para uma visão antropocêntrica (o poder vem dos Homens)[17], promovendo nítida separação entre igreja e Estado, isto é, cada qual exercendo o seu papel dentro da sociedade.

Todavia, a tolerância propugnada por Locke, que serviu de principio basilar de separação entre igreja e Estado, é um postulado de respeito mútuo e ativo[18] entre o religioso e o secular, entre o sagrado e o profano, e não uma justificativa para o afastamento dos religiosos aos limites da privacidade.

Com efeito, o Estado Moderno funda-se na soberania, na laicidade ou secularização do poder, bem como na unidade que pode ser chamada de nação, assentada em dois elementos estruturantes: a autonomia de autoridade — sem a necessidade de interferência dos deuses ou do papa, e a distinção entre Estado e Sociedade civil, entre o público e o privado.[19]

Todavia, nesse contexto, tal separação não significa o completo afastamento da religião da esfera pública. A secularidade, como fundamento deontológico, ontológico e normativo do Estado não busca excluir a contribuição religiosa, nem pretende que as religiões estejam alheias à conformação de tais fundamentos, mas sim que, ante o advento do pluralismo, a definição desses fundamentos não depende exclusivamente da esfera religiosa.[20]

De acordo com Jónatas Machado, "a laicização do Estado significa a democratização política e religiosa através de uma participação igualitária de todos os indivíduos na formação da vontade política e da doutrina religiosa".[21] Assegurava-se, pois, a liberdade religiosa e a livre exposição de ideias independentemente da confissão professada, traduzindo a ideia de que a religião pode legitimamente ocupar um lugar no espaço público, desde que não seja o resultado da imposição das autoridades, mas de uma atitude autônoma e refletida.

---

[17] SCALQUETTE, Rodrigo. **História do Direito**: Perspectivas histórico-constitucionais da relação entre Estado e Religião. São Paulo: Atlas, 2013, p. 52.

[18] "O respeito ativo não é só suportar estoicamente que outros pensem de forma diferente, tenham ideais de vida feliz diferentes dos meus, mas no interesse positivo em compreender seus projetos, em ajudá-los e lavá-los adiante, desde que representem um ponto de vista moral respeitável". CORTINA, Adela. Cidadãos do mundo: para uma teoria da cidadania. São Paulo: Edições Loyola, 2005, p. 189.

[19] SCALQUETTE, Rodrigo, 2013, p. 53.

[20] HUACO, Marco. **A Laicidade como princípio constitucional do Estado de Direito**. *In* LOREA, Roberto Arriada (org). **Em defesa das liberdades laicas**. Porto Alegre: Livraria do Advogado, 2008, p. 43.

[21] MACHADO, Jónatas. **Estado constitucional** e neutralidade religiosa: entre o teísmo e o neoateismo, p. 22.

Mas hoje, influenciado pela perspectiva francesa, a laicidade tem se travestido em laicismo. Enquanto a laicidade se mostra como um regime de convivência social, estabelecendo regras de "gestão com tolerância de uma realidade igualmente diversa, de uma crescente pluralidade religiosa e de uma demanda crescente de liberdade religiosas ligadas ao direitos humanos ou à diversidade e particularidades culturais"[22], o laicismo, por outro lado, representa uma postura de anticlericalismo decimonônico, que "propõe a hostilidade ou a indiferença perante o fenômeno religioso coletivo que pode acabar radicalizando a laicidade".[23]

Segundo Antônio Matos Ferreira, "a laicidade corresponde, no interior do processo de secularização, ao reconhecimento e afirmação de um paradigma de pluralidade", que pretende, em respeito às diferenças, "limitar as formas de dominação que impeçam o desenvolvimento e o exercício da liberdade individual, não por se tratar de um fim em si".[24] Já o laicismo, "surge como o conglomerado de tendências que, por diversas vias e de forma voluntarista, pretendem estimular o retraimento ou desaparecimento da religião enquanto tal"[25], como uma espécie de expressão totalitária. Tal perspectiva está associada, segundo o autor, "ao esforço de se contrariar as marcas religiosas e a presença das instituições religiosas na sociedade, despendendo intensos graus de agressividade"[26] e confronto público.

Em outras palavras, o laicismo tenta transformar o Estado laico em Estado ateu. O descarte apriorístico da opinião religiosa no mercado das ideias, longe de ser uma postura de tolerância e respeito às diversidades, revela-se preconceituosa e excludente, como método de privilégio epistêmico e distanciamento social de um determinado grupo: os religiosos.

Síntese e Conclusão

Vivendo em um ambiente hostil como esse, o cristianismo precisa justificar o óbvio ululante, explicando porque é exclusivista. Como vimos, os cristãos não são os únicos a defender uma verdade; todas as pessoas que acreditam firmemente nas suas ideias querem vê-las disseminadas pela so-

---

[22] BLANCARTE, Roberto *apud*: HUACO, Marco. A Laicidade como princípio constitucional do Estado de Direito. In LOREA, Roberto Arriada (org). **Em defesa das liberdades laicas**. Porto Alegre: Livraria do Advogado, 2008, p. 47.

[23] HUACO, Marco, 2008, p. 47.

[24] MATOS FERREIRA, Antônio. **Laicismo ideológico e laicidade**: entre a ideia de tolerância e a tentação totalitária. Lisboa: Revista Theologica, 2.ª Série, 39, 2, 2004, p. 318.

[25] MATOS FERREIRA, Antônio, 2004, p. 318.

[26] MATOS FERREIRA, Antônio, 2004, p. 320.

ciedade. No final das contas, a tolerância advogada pelos liberais pluralistas é seletiva, pois não é capaz de tolerar a perspectiva cristã. Portanto, não há como os cristãos transigirem com doutrinas absurdas que provocam a morte de milhares de pessoas. Não há como ser tolerantes com isso. O apóstolo Paulo deixa evidente a necessidade de, como cristãos, termos uma postura de inconformidade para com os padrões negativos do mundo: "E não vos conformeis com este mundo, mas transformai-vos pela renovação do vosso entendimento; para que experimenteis qual seja a boa, perfeita e agradável vontade de Deus" (Rm 12.2). Noutras palavras, o apóstolo dos gentios aconselha-nos a sermos intolerantes para com as cosmovisões e ideias nefastas que surgem no meio social. Somos conclamados a não entrarmos na "forma" deste mundo, mas que experimentemos a boa, perfeita e agradável vontade de Deus.

Capítulo

9

Cristianismo e Pós-Modernidade: Vivendo na Cultura do Tempo Presente

"Há uma coisa que um professor pode estar absolutamente certo: quase todo aluno que ingressa na universidade acredita, ou diz que acredita, que a verdade é relativa. Quando essa convicção é posta à prova, pode-se contar com a reação dos alunos; não vão compreender. O fato de alguém considerar essa proposição não autoevidente o deixa perplexo, como se questionasse que 2 + 2 = 4. Isso são coisas de que não se fala".

Allan Bloom

A partir do cenário traçado nos capítulos sete e oito, não é difícil entrever o desafio do cristianismo dentro dos *campi* universitário, exatamente porque, ao contrário da pós-modernidade, a cosmovisão cristã é alicerçada em uma verdade absoluta, revelada por Deus por meio das Escrituras Sagradas. A verdade é o fundamento do pensamento cristão; a viga mestra das suas doutrinas. Logo, quando a verdade desaparece, como escreveu David Limbaugh, a autoridade do evangelho diminui, porque o evangelho diz tudo sobre a verdade. Para os cristãos, Jesus Cristo é o caminho, a verdade e a vida, e ninguém vai ao Pai senão por Ele (Jo 14.6).

Douglas Groothuis destacou muito bem que o pós-modernismo representa um grande desafio à missão da apologética cristã, em especial, por causa de suas visões em relação à verdade, à racionalidade e à linguagem.[1] Groothuis diz ainda que na pós-modernidade "a verdade é apenas uma questão de perspectiva; é algo que indivíduos e comunidades edificam primariamente por meio da linguagem". Sendo assim, se essa visão é aceita, joga-se pela janela a verdade objetiva.

Allan Bloom descreveu esse cenário da seguinte forma:

> "Há uma coisa que um professor pode estar absolutamente certo: quase todo aluno que ingressa na universidade acredita, ou diz que acredita, que a verdade é relativa. Quando essa convicção é posta à prova, pode-se contar com a reação dos alunos; não vão compreender. O fato de alguém considerar essa proposição não autoevidente o deixa perplexo, como se questionasse que 2 + 2 = 4. Isso são coisas de que não se fala. Os contextos e experiências sociais dos alunos são os mais variados que os Estados Unidos podem oferecer. Uns são religiosos, uns ateus, uns são de esquerda, outros, de direita; uns pretendem ser cientistas, outros, humanistas ou profissionais, ou ainda homens de negócios, alguns são pobres, outros ricos. São uniformes apenas no relativismo e na fidelidade à igualdade. E ambos se relacionam com a intenção moral. A relatividade da verdade não é uma reflexão teórica, mas um postulado moral, a condição de uma sociedade livre, ou assim a enxergam. Todos eles foram equipados bem cedo com essa estrutura, que é o substituto moderno para os direitos naturais inalienáveis que eram a base norte-americana tradicional para uma sociedade livre. Que isso é uma questão moral para os estudantes revela-se pelo caráter da resposta deles quando

[1] GROOTUIS, Douglas. Apologética no cotidiano. *In:* BECKWITH, Francis *(et. al.)* **Ensaios apologéticos**: um estudo para uma cosmovisão cristã. São Paulo: Hagnos, 2006, p. 282.

> desafiados: uma combinação de descrença e indignação: 'Vocês são absolutistas?' – a única alternativa que eles conhecem, pronunciada no mesmo tom que 'Vocês são monarquistas' ou 'Vocês acreditam em bruxas?' [...] O relativismo é necessário para abertura; e isso é uma virtude, a única virtude, a que toda educação primária dedicou-se a inculcar por mais de cinquenta anos [...] O crente verdadeiro é o perigo real. O estudo da história e da cultura ensina que todo mundo estava louco no passado; os homens sempre pensaram que estavam certos, e isso levou a guerras, perseguições, escravidão, xenofobia, racismo, e chauvinismo. A questão não é corrigir os erros e ser realmente certo. Pelo contrário, é não pensar de modo nenhum que se está certo. Os alunos, naturalmente, não podem defender a opinião deles. É algo em que foram doutrinados. O melhor que se consegue fazer é indicar todas as opiniões e culturas que existiram e existem. Que direito, perguntam, tenho eu ou qualquer outro de dizer que um indivíduo é melhor que o outro [...] O propósito da formação escolar deles não é torná-los letrados, mas muni-los de uma virtude moral – a abertura".[2]

Dentro desse contexto, a religião em geral e o cristianismo em particular se vê como um intruso em território hostil. A ideia de que Deus está morto — preconizado por Nietzsche — tem influenciado grande parte do pensamento universitário-acadêmico, colocando os teístas em situação de inferioridade e desconforto. Embora a ciência tenha iniciado em bases teístas, a ciência atual assume como verdade absoluta que Deus não existe, e que o evolucionismo é a única explicação possível para o universo e origem da vida humana.

Francis Schaeffer chamou isso de ciência moderna moderna. Ou seja, a ciência moderna nasceu do conceito cristão de uniformidade criada por Deus. A ciência moderna moderna, por outro lado, estendeu a ideia de uniformidade das causas naturais, porém, dentro de um sistema fechado. E isso mudou tudo, pois colocou todas as coisas dentro da máquina. Isso significa, segundo Schaeffer, que, até então, a ciência tratava de Física, Química e Astronomia e outras disciplinas, mas depois, quando se acrescentou a Psicologia e, em seguida, as Ciências Sociais, o próprio ser humano se viu dentro da máquina. E assim, quando se coloca tudo dentro da máquina, não sobra, obviamente, espaço para Deus. Também não sobra espaço para o homem

---

[2] BLOOM, Alan *apud* GEISLER, Norman; BOCCHINO, Peter. **Fundamentos inabaláveis**. São Paulo: Editora Vida, 2003, p. 25.

e seu significado, nem para a moralidade e o amor. Tudo está morto.[3] Mas, para ser franco, é preciso relembrar que o naturalismo não é produto do pós-modernismo, mas do modernismo. Segundo D. A. Carson, talvez a única coisa que o pós-modernismo tenha herdado do modernismo foi a suposição do naturalismo.[4]

Seja como for, todas essas ideias pós-modernistas têm livre curso no ambiente universitário e são tidas como "verdade" pela grande maioria dos teóricos e professores da atualidade. Tais ideias têm repercussões marcantes e irradiam para todas as áreas de conhecimento, principalmente nas ciências sociais e humanas. A educação universitária, com efeito, está imersa em um discurso pluralista, relativista e politicamente correto, que despreza a moral judaico-cristã. Era exatamente isso que Francis Schaeffer chamava de uma sociedade pós-cristã.

Nesse contexto, resgatar a máxima cristã da existência de uma verdade objetiva é algo premente. Considere a afirmação de Blamires: "Uma das tarefas cruciais para a reconstituição da mente cristã é a de restabelecer o *status* da verdade objetiva como distinta de opiniões pessoais; reabilitar conhecimento e sabedoria em contraposição a predileção e capricho".[5] Em outras palavras, significa dizer que diante de uma ambiente de relativismo, que pulveriza todas as metanarrativas e visões de mundo globalizantes, manter o pressuposto elementar de que existe uma verdade objetiva — que independente de gostos e opiniões pessoais — é o ponto de partida para a defesa da fé cristã no *campus*.

Assumir um pensamento contrário equivale a desfazer a essência do pensamento cristão, o qual se assenta em uma Verdade Absoluta personificada em Cristo (Jo 14.6). Adicionalmente, entender que a verdade é relativa equivale também a assumir um pensamento contraditório, ao estabelecer *a priori* um argumento também absoluto: *a verdade é relativa*. Por isso, como teremos a oportunidade de ver no capítulo 12, a ideia da verdade relativa contradiz o princípio lógico da lei da não contradição.

I. Alguns Pontos Positivos da Pós-Modernidade

Isso não significa, necessariamente, que não existam aspectos dentro da perspectiva pós-moderna que possam ser usados para auxiliar a defesa

[3] SCHAEFFER, Francis. **A igreja no século XXI**. São Paulo: Cultura Cristã, 2010, p. 18.
[4] CARSON, D.A., 2013, p. 135.
[5] BLAMIRES, Harry, 2006, p. 47.

e apresentação da fé cristã nesse tempo atual. Nem tudo é descartável! Por exemplo, James Sire lembra que a crítica que a pós-modernidade faz em relação ao otimismo naturalismo do modernismo é correta. Os cristãos também concordam que a razão humana não é a última palavra para a definição da verdade. Tanto o cristão quanto o pós-moderno rejeitam a arrogância do Iluminismo.

> "[...] a crítica pós-moderna à modernidade apresenta-se como um lembrete necessário de que a nossa humanidade não consiste somente na dimensão cognitiva [...] É preciso reconhecer que a reflexão intelectual e a empresa científica, tão-somente, não nos podem colocar em contato com toda a dimensão da realidade ou conduzir-nos à descoberta de todos os aspectos da verdade divina".[6]

Em abono a essa afirmação, D. A. Carson diz que embora deploremos determinadas apresentações da pós-modernidade, ela é vital para reconhecer várias forças, especialmente por enfatizar a finitude humana: "Nenhum de nós é infinito; nenhum de nós revela o atributo da onisciência. Nossas crenças são modeladas em parte por nossa cultura, língua, herança e comunidade". Em seu livro *Igreja Emergente,* D. A. Carson cita outros pontos fortes da pós-modernidade. Além de ser eficaz em expor os pontos fracos da modernidade, a pós-modernidade tem encorajado a pensar com mais cuidado sobre a forma como a experiência pessoal molda nosso julgamento, a influência da cultura e nossa forma de pensar, e a maneira como esses fatores interagem em si. Além disso, ela incentiva uma postura mais respeitosa e humilde em relação à cultura do outro.[7]

Geralmente, quando criticamos esse período histórico, esquecemo-nos de elencar tais pontos positivos, fazendo muitas vezes entrever certo anseio pelo retorno ao passado, mesmo para a época anterior à nossa: o modernismo. Essa é uma postura no mínimo irônica, pois quando voltamos ao modernismo, observamos que tal época também apresentou seus desafios próprios à fé cristã, especialmente a tentativa de rejeitar as explicações religiosas à luz do novo cientificismo daquele contexto. Isso nos leva compreender que ao encarar a pós-modernidade precisamos ter em mente que em os todos os períodos da história o cristianismo tem sido desafiado, seja de um modo ou de outro. Tanto um quanto outro

[6] CARSON, D.A., 2013, p. 96-97.

[7] CARSON, D. A. **Igreja Emergente:** o movimento e suas implicações. São Paulo: Vida Nova, 2010.

período histórico apresentaram desafios diferenciados à fé cristã. Acho que foi Schaeffer quem disse que os cristãos devem combater o mal na forma como se apresenta em sua própria cultura. Por isso, é papel dos cristãos identificarem quais características do tempo presente são hostis à fé cristã e encontrar meios de defender a cosmovisão contra os ataques da atualidade, comunicando o evangelho de forma efetiva e relevante. Em outras palavras, é necessário desenvolver uma apologética em consonância com os sobressaltos da atualidade.

Tanto o radicalismo liberal da igreja emergente pós-moderna quanto o conservadorismo eclesiástico modernista, que rejeita por completo os aspectos culturais do nosso tempo, erram no seu enfoque. Ambos acabam padecendo do mesmo vício reducionista, criando estereótipos dos períodos históricos sem considerar suas características que coadunam com a cosmovisão cristã, ou que no mínimo não lhe contraria.

II. O Evangelho e a Cultura do nosso Tempo

Diante desse quadro, o cristão deve interpretar a cultura do seu tempo à luz das Escrituras, e não somente a partir da tradição. Embora a Tradição seja um importante elemento interpretativo da Teologia Cristã, para aferir o correto relacionamento entre cristianismo e cultura, ela não é o único elemento, afinal a tradição não é o próprio evangelho.

Nesse ponto, Roger Olson sustenta que, embora a Bíblia seja a fonte primária da teologia cristã, historicamente o cristianismo tem se valido de três fontes e normas secundárias para definir a interpretação correta das Escrituras: a *tradição*, a *razão*, e a *experiência*.[8]

A *tradição* é o *consenso cristão* durante aproximadamente os primeiros nove séculos de cristianismo, com a formação do cânon, regras de interpretação e doutrinas elementares, aquilo que C. S. Lewis denomina "Cristianismo Puro e Simples". Alguns pensadores cristãos chegam a exaltar a tradição como fonte e norma máxima, abaixo somente de Deus. É Tradição com "T" maiúsculo. A Igreja Católica Romana, por exemplo, declarou com bastante clareza em alguns de seus concílios (e.g. Trento, Vaticano I e Vaticano II) a impossibilidade de separação entre a Escritura e a tradição;

[8] O chamado quadrilátero wesleyano era composto de quatro fontes e normas especificas principais: Escritura, tradição, razão e experiência. A maioria dos pensadores cristãos da igreja, do século II até o século XX, fez uso desses quatro poços profundos e mecanismos de orientação para estabelecer a sã doutrina (OLSON, Roger. **História das controvérsias na teologia cristã**: 2000 mil anos de unidade e diversidade. São Paulo: Editora Vida, 2004, p. 79).

sendo a tradição concebida "como o processo do Espírito Santo falando à igreja e dentro dela — primeiro por meio dos apóstolos e depois pelos seus sucessores, os bispos, pelos concílios da igreja, pela Escritura e pelo povo fiel a Deus em oração, adoração e testemunho".[9] Os protestantes, por outro lado, embora ressaltem a Escritura acima da tradição e de qualquer outra fonte e norma teológica, não a invalidam por completo (a tradição). Os reformadores mais radicais, os anabatistas, respeitaram e citaram com frequência os pais da igreja antiga, embora seu resgate e consideração pelos concílios e credos da igreja antiga fossem mais moderados. Olson escreve:

> "Os cristãos precisam de tradição interpretativa e de comunidades que a valorizem como secundária em relação à Escritura para definir a crença 'cristã autêntica'. Embora sempre haja discordância, até mesmo entre os estudiosos, acerca do conteúdo dessa grande tradição, é evidente que a maioria dos teólogos cristãos dos principais ramos do cristianismo – incluindo-se protestantes evangélicos de vários contextos denominacionais – concorda que ela abrange as premissas e declarações básicas sustentadas pela maioria, se não por todos, os pais da igreja dos séculos II a IV (e talvez até o séc. V, encerrando com a Definição de Calcedônia referente à pessoa de Cristo)".[10]

Por *razão*, entende-se a lógica — especialmente a regra de não contradição que proíbe a afirmação igual de proposições contrárias, a fim de alcançar coerência e inteligibilidade. Martinho Lutero afirmava que existiam duas formas de usar a razão: uso magistral, quando a razão está acima do evangelho; uso ministerial, quando a razão se submete ao evangelho.

Roger Olson explica que, por experiência, a maioria dos pensadores cristãos não entende a experiência privada, pessoal, mas a experiência humana e especialmente a experiência religiosa do povo de Deus na comunidade da fé. "No século XX, movimentos cristãos ortodoxos tão diferentes quanto o pentecostalismo e a neo-ortodoxia acentuaram a experiência à sua maneira. Para todos esses movimentos cristãos, a experiência não é o fator confirmador que proporciona orientação e discernimento, mas um meio de instrução doutrinária. Para eles, como para Pascal, 'o coração tem razões que a razão desconhece'".[11]

---

[9] OLSON, Roger, 2004, p. 89.

[10] OLSON, Roger, 2004, p. 51.

[11] OLSON, Roger, 2004, p 93.

Após sua exposição, Olson conclui apresentando uma perspectiva unificadora sobre as fontes e normas da teologia. Segundo ele, apesar da pluralidade de entendimento histórico do cristianismo, o *sola Scriptura* é o princípio ideal que capta e expressa corretamente a convicção de que a Bíblia é a regra normativa (*norma normans*) e a fonte mais importante para determinar a correção em todos os assuntos da fé e vida cristãs. A Escritura é a autoridade máxima para a fé e prática cristãs por ser inspirada por Deus e porque é o texto constitutivo da identidade cristã em termos de fé. Não obstante, a Escritura precisa ser interpretada e, por isso é objeto de contínua reflexão na história do cristianismo. Esse processo de interpretação é realizado com os olhos voltados para a tradição e por meio da razão (princípios lógicos). Além disso, a experiência entra em cena não como fonte ou norma reguladora da fé, mas como guia a ser considerado, em conjunto com a tradição e com a razão.

Olson escreve:

> "A fé cristã desenvolve-se e é regulamentada no contexto do diálogo comunitário contínuo das igrejas, e esse diálogo recorre principalmente à Escritura (compreendida como testemunho sobre Jesus Cristo) e secundariamente na era patrística e na Reforma do séc. XVI), e faz uso das leis fundamentais da razão (principalmente a lei da não contradição) e a experiência cristã compartilhada para orientar e dirigir o diálogo, sem controlá-lo. A fé cristã, portanto, emerge das Escrituras e aponta para Jesus Cristo. Ela é geralmente coerente com a tradição consensual do pensamento cristão, e logicamente coerente com outras convicções, iluminando a experiência comum dos cristãos. Contudo, sempre precisamos estar abertos para a possibilidade de uma nova elucidação do sentido da Escritura pode exigir uma reforma (revisão) de alguma parte da tradição. É possível que aspectos da grande tradição do pensamento cristão antigo e a fé Reforma estejam errados, mas é altamente improvável que toda a grande tradição esteja equivocada, como alguns restauracionistas ou primitivistas parecem afirmar".[12]

Esses elementos trazidos por Olson são importantes para compreendermos o papel da teologia na cultura atual, oferecendo diretrizes para a compreensão e interpretação da fé cristã no tempo presente. É significativo observar que Olson destaca o papel do diálogo na reflexão teológica, sem ofuscar a *ortodoxia* e o princípio da *sola Scriptura*. É exatamente nesse

[12] OLSON, Roger, 2004, p. 95-96.

ponto que se apresenta à fé cristã em geral e ao teólogo em particular o desafio de interpretar as Escrituras Sagradas no tempo atual, com linguagem, dinâmica e relevância contextualizada, observando, contudo, os limites da ortodoxia da grande tradição.

III. Ortodoxia e a Origem da Heresia: Quem Veio Primeiro?

O cumprimento desse mister inicia-se com a convicção de uma ortodoxia cristã. Esse é um ponto basilar para a correta compreensão do relacionamento entre o cristão e a cultura, principalmente, porque nos últimos anos reacendeu a afirmação de que no início do cristianismo não existia uma ortodoxia cristã (unidade doutrinária), mas somente a diversidade de interpretações doutrinárias. Essa perspectiva defende que a ortodoxia seria a mãe da heresia. Eis a razão pela qual as heresias despertam a atenção e seduz as pessoas, com o *slogan* da diversidade e inclusivismo. Will Herbert escreveu: "Hoje, as pessoas se vangloriam avidamente de serem hereges, esperando com isso se mostrarem interessantes; pois o que significa ser herege, senão ter mente original, ser um homem que pensa por si mesmo e rejeita credos e dogmas?".[13]

Logo, como anotam Andreas Kostenberger e Michael Kruger em *A heresia da ortodoxia*, o que costumava ser considerado heresia é hoje a nova ortodoxia, e a única heresia que resta é a própria ortodoxia, cujo "evangelho" da diversidade desafia abertamente a asserção de que Jesus e os cristãos primitivos ensinavam uma mensagem unificada que consideravam absolutamente verdadeira, bem como consideravam falsas quaisquer negações dessa mensagem.[14]

O principal proponente dessa visão foi Walter Bauer, nascido em Konigsberg, Prússia Oriental, em 1877, lexicógrafo e estudioso alemão da Igreja Primitiva. Em sua tese, Bauer argumentou que a diversidade contemporânea é boa e que o cristianismo histórico é excessivamente estreito em sua visão, mas também que o próprio conceito de ortodoxia é uma invenção posterior ao cristianismo primitivo, que não corresponde às convicções de Jesus nem dos primeiros cristãos.

---

[13] MCGRATH, Alister. **Heresia:** uma história em defesa da verdade. São Paulo: Hagnos, 2014, p. 8.
[14] KOSTENBERGER, Andreas J; KRUGER, Michael. **A heresia da ortodoxia.** São Paulo: Vida Nova, 2014, 320 p. 18.

Segundo Kostenberger e Kruger antes do lançamento do livro de Walter Bauer, *Orthodoxyand Heresy in the Earliest Christianity* [Ortodoxia e Heresia no Início do Cristianismo], em 1965, havia ampla aceitação no pensamento teológico cristão que as raízes do cristianismo se encontravam na pregação unificada dos apóstolos de Jesus e que só posteriormente essa ortodoxia (crença correta) foi corrompida por várias formas de heresia (ou heterodoxia). Desse modo, a ortodoxia precede a heresia. Contudo, em sua obra, Bauer inverte os fatores e afirma que a heresia (pluralidade de crenças, heterodoxia) veio antes da ortodoxia, como um conjunto normativo de crenças doutrinárias cristãs.

> "De acordo com Bauer, a ortodoxia que acabou se consolidando com o passar do tempo representava apenas a visão consensual da hierarquia eclesiástica dotada de poder para impor seu ponto de vista sobre o restante da cristandade. Por conseguinte, essa hierarquia, mantendo seu ponto de vista e erradicando todo vestígio da diversidade que existia no início. Logo, aquilo que mais tarde se tornou conhecido como ortodoxia não flui de modo orgânico dos ensinamentos de Jesus e dos apóstolos, mas reflete o ponto de vista predominante da igreja romana quando esta alcançou plena maturidade, entre o sexto século d.C".[15]

A metodologia empregada por Bauer, segundo afirma, foi fazer uma investigação nos quatro centros geográficos do cristianismo primitivo: Ásia Menor, Egito, Edessa e Roma, chegando à conclusão que Roma, já em 95 d.C., tentou impor sua versão de ensino cristão ortodoxo ao resto da cristandade, consolidando sua autoridade eclesiástica, reescrevendo a história, removendo dela registros de formas divergentes de crenças. Coube à Bart Ehrman popularizar a tese de Bauer, a qual ganhou novo fôlego com o surgimento do pós-modernismo e a ideia de que a verdade é inerentemente subjetiva e uma questão de poder.

> "O pós-modernismo, por si só, argumenta que o único absoluto é a diversidade, ou seja, a ideia de que existem muitas verdades, dependendo de determinado ponto de vista, contexto, experiência e preferência de cada indivíduo. Nesse clima intelectual, qualquer um que adote determinada crença doutrinária e afirme que asserções concorrentes da verdade são erradas é considerado intolerante, dogmático ou coisa pior.

[15] KOSTENBERGER, Andreas J., 2014, p. 207.

> Não é de admirar que, a essa cultura, as ideias de Bauer sejam recebidas de braços abertos. A tese de Bauer, propagada por porta-vozes como Bart Ehrman, Elaine Pagel e os membros do *Jesus Seminar*, confirma a asserção predominante da diversidade ao mostrar que ela existe desde o cristianismo primitivo".[16]

Em crítica à tese de Bauer, Alister McGrath enfatiza que, embora houvesse uma diversidade das comunidades cristãs no início do cristianismo, especialmente em virtude das diferenças geográficas, havia um fio unificador fundamental da fé cristã. De acordo com McGrath, "a diversidade sociológica do cristianismo primitivo não era comparada a nada que se aproximasse, mesmo remotamente, de uma anarquia teológica".[17] No início da era cristã, a Igreja Primitiva era fragmentada socialmente, e não havia nenhuma autoridade centralizada para "impor" as suas doutrinas essenciais, visto que a igreja não tinha poder político e muito menos militar. Aliás, ao contrário disso, o Estado Romano era hostil ao cristianismo, vendo-o muitas vezes como subvertendo as visões religiosas tradicionais. Com efeito, McGrath recorda que a convocação do Concílio de Niceia, por Constantino, em 325, pode ser interpretada como o primeiro passo na tentativa de criação de uma igreja imperial, uniforme. Até então, o cristianismo era frágil sob o ponto de vista político. Por essa razão, McGrath rejeita a afirmação de Bauer, dizendo que ele projetou para o passado a influência de Roma sobre as igrejas, o que até então não existia.

O fato é que, segundo McGrath, a heresia possui uma gênese. Em meados do século III, uma narrativa de origem da heresia foi estabelecida dentro da igreja. Suas principais características segundo McGrath podem assim ser resumidas:

> 1. A igreja fundamentada pelos apóstolos era "pura e imaculada", mantendo-se firme nos ensinamentos de Jesus Cristo de Nazaré e das tradições dos apóstolos.
>
> 2. A ortodoxia precedia temporalmente a heresia. Esse argumento é desenvolvido com particular vigor por Tertuliano, que insistia em afirmar que o primum é o verum. Quanto mais antigo um ensinamento, mais autêntico ele é. Assim, a heresia é considerada inovação.

[16] KOSTENBERGER, Andreas J., 2014, p. 49.

[17] MCGRATH, Alister. **Heresia:** uma história em defesa da verdade. São Paulo: Hagnos, 2014, p. 60.

3. Desse modo, a heresia será vista como um desvio deliberado de uma ortodoxia já existente. A ortodoxia veio primeiro a decisão de rejeitá-la (ou alterá-la) veio depois.

4. A heresia representa o cumprimento de profecias do NT sobre deserção e desvio dentro da igreja, e pode ser vista como um meio providencial pelo qual a fé dos crentes pode ser testada e confirmada.

5. A heresia surge por meio do gosto pelo novo, ou ciúme e inveja por parte dos hereges como frustrados e ambiciosos, e relaciona as suas visões a um ressentimento por não terem alcançado o reconhecimento do alto comando eclesiástico.

6. Vista de modo geral, a heresia é internamente incompatível, faltando-lhe a coerência da ortodoxia.

7. As heresias individuais são geográficas e cronologicamente restritas, enquanto a ortodoxia encontra-se espalhada pelo mundo.

8. A heresia é o resultado da diluição da ortodoxia como filosofia pagã. Mais uma vez, Tertuliano é um defensor ferrenho dessa posição, argumentando que as ideias de Valetino derivavam do platonismo e do estoicismo de Marcião. Ele pergunta: o que Atenas tem a ver com Jerusalém.[18]

Essa "visão aceita" sobre a origem da heresia foi amplamente admitida dentro do cristianismo até o início do século XIX.

A análise cronológica de Kostenberger e Kruger também pode nos ajudar a compreender que a heresia veio depois da ortodoxia:

33 d.C.: Jesus morre e ressuscita.

40 a 60 d.C.: Paulo escreve cartas para várias igrejas; a ortodoxia é amplamente difundida e aceita; igrejas são organizadas em torno de uma mensagem central; heresias rudimentares começam a surgir.

60 a 90 d.C.: os Evangelhos e o restante do Novo Testamento são escritos e continuam a propagar a ortodoxia que os precedeu; a ortodoxia ainda é amplamente difundida e aceita; as heresias continuam rudimentares.

[18] MCGRATH, Alister, 2014, p. 83.

> **90 a 130 d.C.**: os autores do Novo Testamento saem de cena; surgem os pais apostólicos que continuam a propagar a ortodoxia que os precedeu; a ortodoxia continua a ser amplamente difundida e aceita; as heresias começam a se organizar, mas permanecem relativamente rudimentares.
>
> **130 a 200 d.C.**: os pais apostólicos saem de cena; escritores cristãos subsequentes continuam a propagar a ortodoxia que os precedeu; a ortodoxia ainda é amplamente difundida e aceita; mas há várias formas de heresia; contudo, essas heresias permanecem secundárias em relação à ortodoxia e bastante variegadas.
>
> **200 a 300 d.C.**: a ortodoxia está consolidada nos credos, mas várias formas de heresias continuam surgindo; contudo a ortodoxia ainda é amplamente difundida e aceita.[19]

Por outro prisma, Roger Olson escreve:

> "Os pais da igreja antiga, seguindo o exemplo apostólico, tiveram de reconhecer as afirmações da verdade legitimamente cristãs das que não eram, e, para fazê-lo não podiam repetir simplesmente as palavras dos apóstolos, tiveram de reconhecer as afirmações da verdade legitimamente cristãs das que não eram, e para fazê-lo não podiam repetir simplesmente as palavras dos apóstolos que circulavam nos evangelhos e à suposta tradição secreta, não-escrita, de ensinamentos adicionais passados a eles pelos apóstolos. Diante desse pluralismo de afirmações de verdades conflitantes e mensagens sobre o cristianismo autêntico, os líderes eclesiásticos e os pensadores cristãos dos séculos II e III simplesmente tiveram de esclarecer as doutrinas. Esse foi o começo do que denomino, de diversas formas, grande tradição, a tradição consensual e a uniformidade interpretativa do cristianismo".[20]

Desse modo, é incorreta a afirmação de que a heresia precedeu a ortodoxia. Mas, como desenvolver uma fé cristã ortodoxa em uma época pluralista como a nossa? Como realizar o relacionamento adequado entre cristianismo e cultura?

---

[19] KOSTENBERGER, Andreas J.; KRUGER, Michael, 2014, p. 87-88.

[20] OLSON, Roger. **História das controvérsias na teologia cristã**: 2 mil anos de unidade e diversidade, p. 43.

IV. Cristo e Cultura

Uma das abordagens mais completas acerca desta temática foi feita por H. Richard Niebuhr no clássico *Cristo e Cultura*[21], escrito em 1951 e considerado um dos livros cristãos de maior influência do século passado e que ainda continua produzindo impacto no ambiente da teologia. Prova disso é que os estudos de autores recentes utilizam-se do livro de Niebuhr como ponto de partida, a exemplo de *Cristo & Cultura: uma releitura* (D. A. Carson), *O cristão e a cultura* (Michael Horton) e *A igreja na cultura emergente* (organizado por Leonard Sweet).

Cristo & Cultura, como afirmara o próprio Niebuhr, é, na verdade, um ensaio sobre "a constante luta que a Igreja enfrenta, em dois planos — com o seu Senhor e com a sociedade cultural (com que vive essencialmente associada)", como parte do resultado de muitos anos de estudo, reflexão e magistério, que tem o propósito de apresentar respostas cristãs típicas ao problema e assim contribuir para a compreensão mútua dos vários do conflito. Neste extenso e profundo ensaio, então, ele aborda a relação entre cristianismo e civilização, apresentando a sua estrutura tipológica composta de cinco modelos explicativos, não sem antes relembrar que esse problema não era novo, visto que a perplexidade cristã tem sido perene e que o problema tem atravessado os séculos. Ele também recorda que as repetidas lutas dos cristãos com esse assunto não produziram uma resposta cristã única, exclusiva, mas apenas uma série de respostas típicas que, em seu conjunto, para a fé, representam fases da estratégia da Igreja militante no mundo.

Baseado na sua análise histórica, Niebuhr apresenta os possíveis tipos de relacionamento que os cristãos podem ter com a cultura[22]:

> **Cristo contra a cultura.** Modelo exclusivista e eminentemente contracultural, em que se traça uma nítida separação entre a fraternidade dos filhos de Deus e o mundo, isto é, a sociedade fora da igreja.

---

[21] NIEBUHR, Richard H. **Cristo e cultura.** Rio de Janeiro: Editora Civilização Brasileira, 1967.

[22] De acordo com Niebuhr, cultura é, em primeiro lugar, o "ambiente artificial e secundário" que o homem sobrepõe ao natural. Ela abrange a linguagem, hábitos, ideias, crenças, costumes, organização social, artefatos herdados, processos técnicos e valores. Essa "herança social", diz Niebuhr, essa "realidade *sui generis*", que os escritores do Novo Testamento tinham sempre em mente quando falavam do "mundo", que é representada em muitas formas, e a que os Cristãos como os demais homens estão inevitavelmente sujeitos, é o que queremos significar quando falamos de cultura.

> **Cristo da cultura.** Em oposição ao primeiro modelo o Cristo da cultura advoga a acomodação e aceitação pelos cristãos ao ambiente cultural vigente. Aqui, busca-se a harmonização entre Cristo e a cultura, de modo que "não há tensão entre Igreja e mundo, entre as leis sociais e o evangelho, entre as operações da divina graça e o esforço humano, entre a ética da salvação e a ética da preservação ou progresso".
>
> **Cristo acima da cultura.** Esta categoria rejeita as posições extremas anteriores e busca uma situação de centralidade (a Igreja do centro, como afirma Niebuhr), que seria a majoritária na história da igreja. É do tipo sintetizador, que busca uma solução "tanto isso quanto aquilo", não sendo possível dizer "Cristo ou a cultura", pois em ambos os casos estamos tratando com Deus", diz Niebuhr.
>
> **Cristo e a cultura em paradoxo.** Essa posição afirma a "dupla cidadania". Para os dualistas, a questão fundamental não é a linha que deve ser traçada para estabelecer separação entre os cristãos e o mundo pagão ou secular, mas entre Deus e toda a humanidade. Nesse caso, nenhuma esfera deverá reger a outra, e nem atacar a outra. São somente esferas distintas de atuação, com propósitos diferentes
>
> **Cristo, o transformador da cultura.** Temos aqui a categoria do tipo conversionista, em que a cultura deve ser levada cativa ao senhorio de Cristo. Niebuhr diz que "o efeito da teoria de cultura do conversionista sobre o seu pensamento acerca da criação é considerável. Ele descobre lugar para uma resposta ordenada e afirmativa da parte do homem criado à obra criativa e ordenadora de Deus, muito embora a criatura possa fazer de má vontade a sua obra, na medida em que carpa o solo, cultiva a sua mente e organiza a sua sociedade, e muito embora possa administrar perversamente a ordem que lhe foi dada com sua existência".[23]

Embora a obra de Niebuhr seja um dos livros cristãos de maior influência do século passado e apesar de ainda continuar sendo usado como referência na atualidade, várias críticas têm sido direcionadas à sua abordagem. Michael Horton[24] diz que ela tende ao reducionismo, colocando

[23] NIEBUHR, Richard H. **Cristo e cultura**, p. 225.

[24] HORTON, Michael, 2006, p. 46.

vários movimentos ou indivíduos em categorias nitidamente demarcadas, em uma espécie de manipulação da própria tipologia. De igual modo, D. A. Carson[25], apesar de reconhecer alguns pontos fortes no livro, critica o fato de Niebuhr eliminar seletivamente da sua tipologia alguns movimentos religiosos que considera inaceitáveis ou sectários (por exemplo arianos e mórmons), ao tempo em que não elimina nenhum ramo do gnosticismo "cristão" ou até mesmo do liberalismo teológico. Além disso, Carson diz que o modo como Niebuhr utiliza as Escrituras é insatisfatório e acrescenta que alguns dos seus personagens exemplificativos não condizem com as categorias nas quais foram alocadas. Por seu turno, Leornard Sweet[26] sustenta que Niebuhr desenvolveu seu estudo em um momento histórico em que a igreja tinha um lugar de muito mais honra na mesa, muito diferente do atual contexto de secularização, pós-religiosidade e pós-cristandade.

Seja como for, a tipologia de Niebuhr possui uma finalidade didática, fornecendo uma visão abrangente sobre as possíveis formas do relacionamento entre cristianismo e cultura. Ainda que não concordemos com os enfoques de Niebuhr, a sua tipologia serve para demonstrar que a posição contracultural, por exemplo, levada ao extremo, pode promover o afastamento dos cristãos dos influxos culturais e da própria sociedade. A igreja cristã deve manter uma posição contrária à cultura quando essa cultura expressa um sistema de ideias que desrespeite as crenças cristãs básicas (Rm 12.2; 1 Jo 2.15) nesse sentido é que as Escrituras mencionam o "mundo" como a atual condição da humanidade em oposição a Deus (Jo 7.7; 8.23; 14.30; 1 Co 2.12; Gl 4.3; 6.14; Cl 2.8). Por outro lado, devemos amar esse mesmo mundo como criação de Deus (Jo 3.16; 1 Tm 4.4).

A tipologia de Niebuhr também nos ajuda a estar alertas com o modelo do Cristo da cultura que advoga a completa acomodação e aceitação dos padrões culturais vigentes, sem qualquer ressalva, desfigurando assim a própria identidade cristã. Ainda, a par dos modelos de Niebuhr, as Escrituras parecem evidenciar a necessidade de misturar dois tipos de paradigmas: "Cristo e cultura em paradoxo" e "Cristo, o transformador da cultura", a partir da compreensão bíblica de Reino de Deus. Por meio das páginas dos evangelhos sobressaia ênfase que o Senhor Jesus deu à chegada e ao anúncio do Reino, chamando o evangelho de "o evangelho do Reino" (Mt 4.23). Ao mesmo tempo em que afirmou a implantação do Reino, o Mestre ensinou que esse haveria ainda de ser consumado. De certo modo, o apóstolo João sintetizou essa tensão entre o Reino presente e o Reino futu-

[25] CARSON, D.A. **Cristo e cultura:** uma releitura. São Paulo. Vida Nova, 2012.

[26] SWEET, Leonard (ed.). **A Igreja na Cultura Emergente:** cinco pontos de vista. 1 ed. São Paulo: Editora Vida, 2009.

ro ao afirmar que "agora somos filhos de Deus, e ainda não é manifestado o que havemos de ser. Mas sabemos que, quando ele se manifestar, seremos semelhantes a ele; porque assim como é o veremos" (1 Jo 3.2).

O teólogo britânico John Stott chamava essa dupla realidade do Reino de "Já" (Reino presente) e o "Ainda não" (Reino futuro). Jesus realçou em seu ministério a chegada do Reino (Mt 4.17; 12.28), dando a entender que Ele próprio estava realizando a sua implantação aqui na terra entre os homens (Mc 1.15; Lc 18.16,17). Este é o Reino inaugurado. Não se trata, contudo, de um reinado institucional ou político, e sim espiritual, pelo qual Deus passa a atuar eficazmente no coração daqueles que se tornam súditos desse reino, submetendo-se consequentemente à vontade do Altíssimo (1 Co 4.20). Quanto ao Reino futuro, refere-se ao aspecto escatológico do Reino. O Reino consumado. A manifestação futura da glória de Deus e do seu poder e Reino ocorrerá quando Jesus voltar para julgar o mundo (Mt 24.30; Lc 21.27; Ap 19.11-20; 20.1-6).

Desse modo, o cristão vive nesta terra uma verdadeira tensão. Ao mesmo tempo em que as Escrituras afirmam que a nossa cidade está nos céus (Fl 3.20; Hb 13,14), asseguram também que somos peregrinos neste mundo (1 Pe 2.11). Não há qualquer contradição nessas verdades bíblicas, pois elas simplesmente enfatizam o desafio do servo de Deus em viver de forma transitória na esfera terrenal. Ao interceder pelos seus discípulos Jesus pediu ao Pai: "Não peço que os tires do mundo, mas que os livres do mal" (Jo 17.15). Portanto, temos duas cidadanias: celestial e terrena. Uma conquistada por herança, outra por local de nascimento. Isso significa que os crentes não podem estar alienados da sociedade e das questões sociais, políticas e econômicas. Como cidadãos deste planeta e embasados em uma visão de mundo eminentemente bíblica, devemos respeitar as leis e participar das discussões do cenário político, influindo nos temas da sociedade e do governo.

V. Resgatando os Princípios Bíblicos da Criação, Queda e Redenção

Além desses aspectos, a interpretação das Escrituras em relação à cultura do nosso tempo deve considerar três vetores da cosmovisão cristã: Criação, Queda e Redenção. Essa tríade contraria o pensamento dualista (secular-sagrado) e fornece os elementos necessários para a construção da perspectiva cristã, além de servir de base para avaliar outras cosmovisões.

Criação. Partindo do pressuposto bíblico de que tudo o que existe foi criado por Deus (Gn 1.1), devemos ter todas as coisas como o resultado do poder criativo do Pai, de quem a natureza reflete a sua magnitude e perfeição. Pelo seu olhar, então, o mundo não é o resultado do acaso, governado por forças imateriais e entregue à própria sorte. Na verdade, esse universo possui as digitais do seu Criador; os céus manifestam a sua glória e o firmamento anuncia a obra das suas mãos (Sl 19.1), e todas as coisas estão sob o seu controle. Por esse princípio, entendemos que toda a criação é boa (1 Tm 4.4).

Aos olhos de Cristo, escreveu Dallas Willard, este é um mundo imbuído de Deus e impregnado de Deus. É um mundo pleno de uma realidade gloriosa, onde cada elemento está dentro da alçada do conhecimento e do controle diretos de Deus — embora Ele permita que algumas coisas, por bons motivos, sejam por enquanto diferentes daquilo que Ele deseja. "É um mundo inconcebivelmente belo e bom por causa de Deus e porque Deus está sempre nele. É um mundo em que Deus age continuamente e no qual Ele continuamente se compraz. Enquanto o nosso entendimento não perceber que cada coisa visível e cada acontecimento está cheio da glória da presença de Deus, a palavra de Jesus não terá nos conquistado totalmente".[27] Por esse motivo, Willard afirma que a Boa-Nova sobre o Reino só será uma diretriz segura para a nossa vida se enxergarmos o mundo em que vivemos como Ele o enxerga.

A ideia da criação e da soberania divina sobre todas as coisas está na base da lente de Jesus. Ver e compreender todas as coisas pelo foco da criação não é algo puramente teórico, mas tem consequências práticas e magníficas para a vida pessoal e para a história humana, atingindo questões éticas, culturais e jurídicas. Uma vez que as implicações dos valores e princípios da criação, como a soberania divina, o propósito da vida, a dignidade humana e a igualdade entre as pessoas conferem padrão absoluto à verdade e valor intrínseco à vida, fundamentando assim um padrão adequado de existência em sociedade.

Queda. Esse elemento da cosmovisão cristã explica o que houve de errado com o homem e porque há tantas mazelas no mundo. O livro de Genesis registra que, embora tenham sido criados por Deus como seres perfeitos, com livre arbítrio, inocência e pureza, o primeiro casal, Adão e Eva, resolveram quebrar o pacto e desobedecer ao mandamento divino (Gn 2.15-17; 3.6), ao comerem do fruto da árvore do conhecimento do

[27] WILLARD, Dallas, 2001, p. 81.

bem e do mal. Eles ultrapassaram o limite moral estabelecido por Deus, provocando aquilo que a teologia chama de Queda, a condição decaída do homem em relação ao Criador, decorrente de um ato espontâneo de desobediência e rebelião.

A narrativa bíblica apresenta os efeitos catastróficos da rebeldia dos primeiros humanos. A Queda trouxe, em primeiro lugar, separação de Deus. Depois de ter pecado, Adão sentiu medo e tentou esconder-se dEle (Gn. 3.10), em virtude do sentimento de culpa — o alerta da consciência de ter transgredido a lei. É nesse sentido que John Stott afirma: "O pecado não somente separa; ele escraviza. Além de nos afastar de Deus, ele também nos mantém cativos"[28], do medo, da ansiedade, da depressão, das angústias. Segundo, a Queda provocou o afastamento do primeiro casal. Adão colocou a culpa do pecado em Eva, que por sua vez apontou para a serpente (v. 12,13). Terceiro, a Queda afetou toda a natureza, injetando desordem no Universo; o trabalho passou a ser realizado com maior dificuldade, pois a terra passou a produzir espinhos e cardos (v.18). Sendo assim, o "trabalho que originalmente era criativo e satisfatório, se tornaria uma questão de fatigante labuta e trabalho pesado".[29] Em outras palavras, toda a criação foi atingida pelos efeitos do pecado. Na carta aos Romanos 8.20-22, Paulo explica: "Porque a criação ficou sujeita à vaidade, não por sua vontade, mas por causa do que a sujeitou, na esperança de que também a mesma criatura será libertada da servidão da corrupção, para a liberdade da glória dos filhos de Deus. Porque sabemos que toda a criação geme e está juntamente com dores de parto até agora".

A consequência mais grave da Queda, no entanto, foi o decreto da morte do ser humano, tanto física quanto espiritual. Deus já havia dito que se comessem do fruto da árvore da ciência do bem e do mal, certamente morreriam (Gn 2.17). Em outras palavras, a morte é o resultado do juízo divino sobre a desobediência. Pela morte física, o homem voltou à condição de pó da terra (Gn 3.19). Paulo diz que "Pelo que, como por um homem entrou o pecado no mundo, e pelo pecado, a morte, assim também a morte passou a todos os homens, por isso que todos pecaram" (Rm 5.12). Ainda no livro de Gênesis 4.8 temos o relato do primeiro assassinato, Caim mata Abel. Quanto à morte espiritual, o pecado pôs uma barreira de separação entre Deus e o homem, tanto que Adão e Eva foram lançados para fora do Jardim do Éden, e Deus colocou querubins e uma

[28] STOTT, John. **Cristiano básico**. Viçosa: Ultimato, 2007, p. 98.
[29] COLSON, Charles; PEARCEY, Nancy, 2000, p. 240.

espada inflamada para guardar o caminho da árvore da vida (Gn 3.24). A ira de Deus foi lançada e por isso a humanidade está morta espiritualmente em ofensas e pecados (Ef 2.1).

Alguém pode objetar: se a Queda foi provocada originalmente pela desobediência do primeiro casal, por que toda a humanidade é considerada culpada?. É aqui que entra o conceito teológico de pecado original (*peccatun originale*); isto é, por uma só ofensa (pecado) adveio o juízo sobre todos os homens para condenação (Rm 5.18). Em virtude da Queda o homem tornou-se propenso ao pecado, à corrupção e ao mal. Paulo expressa da seguinte maneira: "Não há um justo, nem um sequer" (Rm 3.10). "Todos pecaram e destituídos estão da glória de Deus" (Rm 3.23). O apóstolo João também corrobora: "Se dissermos que não temos cometido pecado, somos mentirosos".

A teologia cristã chama de depravação total a inabilidade do homem de, por si só, fazer aquilo que é bom. Em seu estado pecaminoso e caído, escreveu o teólogo holandês Jacob Armínio, o homem não é capaz, de e por si mesmo, quer seja pensar, querer ou fazer o que é, de fato, bom; mas é necessário que seja regenerado e renovado em seu intelecto, afeições ou vontade e em todas as suas atribuições, por Deus em Cristo por intermédio do Espírito Santo, para que seja capaz de corretamente compreender, estimular, considerar, desejar e realizar o que seja verdadeiramente bom.[30]

Redenção. Embora a Queda tenha trazido caos, desordem e corrupção ao mundo, e principalmente separação entre Deus e o homem, o cristianismo afirma que há esperança e possibilidade de mudança por meio da redenção. Esse elemento completa a tríade da cosmovisão bíblica. Na perspectiva cristã, a redenção somente ocorre por meio de Jesus Cristo, cuja morte e sangue proporcionou a religação do homem a Deus (Rm 3.24; Ef 1.14). A palavra vem de redimir, que significa o pagamento de uma dívida, a fim de obter libertação. Paulo escreve: "Em quem temos a redenção pelo seu sangue, a saber, a remissão dos pecados" (Cl 1.14). O escritor da carta aos Hebreus expressa da seguinte forma: "Nem por sangue de bodes e bezerros, mas por seu próprio sangue, entrou uma vez no santuário, havendo efetuado uma eterna redenção" (Hb 9.12).

A ideia essencial da redenção é que, enquanto a Queda afastou o homem de Deus, Cristo nos reconciliou (2 Co 5.18-21) com Ele, pagando o preço de morte, por meio de seu sangue precioso, de forma substitutiva. Enquanto a Queda trouxe condenação, Cristo trouxe perdão dos pecados

[30] OLSON, Roger E., 2013, p. 185.

e justificação pela graça (Rm 5.18). Enquanto a Queda trouxe morte espiritual, Cristo trouxe vida eterna (Ap 5.9-10). Enquanto a Queda trouxe maldição, a redenção proporcionou liberdade do opróbrio do pecado (Gl 3.13). Além disso, a redenção proporciona adoção à família de Deus (Gl 4.5), libertação da escravidão do pecado (Tt 2.14; 1 Pe 1.14-18), paz com Deus (Cl 1.18-20) e a habitação do Espírito Santo na vida do cristão (1 Co 6.19-20).

Além do aspecto salvífico, a redenção atinge a vida humana como um todo. Isso porque a obra redentora de Cristo não é essencial e exclusivamente um "evangelho de administração do pecado" — termo empregado por Dallas Willard em seu livro *A Conspiração Divina*. De acordo com Willard, esse "evangelho de administração do pecado" se polariza em duas alas: ala da direita e ala da esquerda. Na ala da direita o foco da fé cristã é o perdão dos pecados; na esquerda, a eliminação dos males sociais ou estruturais causados pelo pecado. Dallas Willard procura mostrar então os perigos (ou a incompletude) dessas duas visões radicais acerca do Reino; uma que aponta somente para os efeitos espirituais da redenção e seus benefícios futuros, enquanto a outra foca em demasia o plano terreno, transformando o evangelho em uma boa nova social e romântica, em que o amor sempre vence. O que Dallas Willard está dizendo aqui é que a obra redentora atinge toda a essência do ser humano, conduz à obediência, santifica espírito, alma e corpo (1 Ts 5.23). Por isso, o evangelho é esplendoroso, e os seus efeitos estão além do registro do perdão divino no céu e da administração do pecado na terra. O evangelho, ao fazer nascer uma nova criatura, salva a alma, mas também proporciona mudanças notáveis no individuo; transforma sua mente, modifica seu caráter e conduz seus passos de acordo com as diretrizes do Reino, sob a tutela do Espírito Santo. Quando isso ocorre, família, amigos, trabalho, sociedade e tudo o mais é afetado pela luz do cristão.

É sobre isso que Jesus estava dizendo ao falar sobre os seus discípulos: Vós sois o sal da terra e a luz do mundo (Mt 5.13,14).

Síntese e Conclusão

No relacionamento entre o cristão e a cultura atual, devemos considerar que o *Sola Scriptura* é o princípio ideal que capta e expressa corretamente a convicção de que a Bíblia é a regra normativa de fé, servindo como paradigma para o relacionamento com a sociedade atual. Com efeito, o cristão deve manter uma posição contrária à cultura quando essa cultura expressa um sistema de ideias que desrespeite as crenças cristãs básicas (Rm 12.2; 1 Jo 2.15). Por outro lado, devemos amar esse mesmo mundo como criação de Deus (Jo 3.16; 1 Tm 4.4). Além disso, as Escrituras parecem evidenciar a necessidade de misturar dois tipos de paradigmas: "Cristo e cultura em paradoxo" e "Cristo, o transformador da cultura", a partir da compreensão bíblica de Reino de Deus. Vivendo a tensão do Reino de Deus, Reino presente e o Reino futuro, devemos atuar para transformar a atual cultura ante a Soberania de Cristo. Para isso, é necessário compreender as doutrinas bíblicas da Criação, Queda e Redenção, aplicando-as a todas as esferas da sociedade.

PARTE 4

Defesa da Fé no Ambiente Acadêmico

Capítulo 10

Apologética Cristã: Fundamentos e Propósitos

A defesa da fé não é algo opcional;
é um treinamento básico para todo crente.

Hank Hanegraaf

Ela [a apologética] tenta ajudar os não-crentes a atravessar a jornada até a fé em Cristo — ir além do abismo cultural e encarar o abismo da cruz, a fim de que possam ouvir a mensagem clara do evangelho.

Peter Grant

A apologética é um ato de combate espiritual.

Rick Nañez

Como temos percebido até aqui, a universidade é um local que cedo ou tarde a fé do cristão será posta à prova. Inevitavelmente, colegas de classe e até mesmo professores farão ataques frontais ao cristianismo e às doutrinas centrais da sua crença. Por essa razão, o cristão deve estar preparado para fazer uma defesa consistente daquilo que acredita. Em outras palavras, ele precisa saber utilizar a apologética.

Mas, afinal, o que é apologética?

Antes de responder a essa pergunta, é preciso dizer o que não é apologética.

I. O que a Apologética não É

A apologética não é (pelo menos não deve ser) uma ferramenta usada simplesmente com o fim de ganhar debates filosóficos e teológicos. Embora algumas pessoas a usem com esse intento, a defesa da fé cristã não se presta a discussões inúteis para demonstração de superioridade intelectual e subjugação do seu oponente.

Isso não significa, evidentemente, que os cristãos tenham que fugir dos debates intelectuais. O debate pressupõe que existem verdades e convicções a serem defendidas. E nos dias atuais, mais do que em qualquer outro período da história, os cristãos têm sido chamados a debater publicamente sobre aquilo em que creem e defender o cristianismo contra as acusações raivosas dos neoateístas e secularistas. Essa é uma tarefa que não pode ser desconsiderada, sobretudo para desfazer preconceitos contra o pensamento cristão, desmascarar vãs filosofias e destruir os conselhos e toda altivez que se levanta contra o conhecimento de Deus (2 Co 10.5).

Nesse aspecto, acho relevante a realização de debates públicos nos quais cristãos capacitados possam participam com o objetivo de demonstrar as credenciais intelectuais do pensamento cristão, especialmente nos *campi* universitários. Nos últimos tempos, o teólogo e filósofo cristão Willian Lane Craig é um dos que tem se ocupado dessa tarefa com grande habilidade. A respeito disso ele escreve:

> "Também vejo os efeitos positivos da apologética quando participo de debates nos *campi* universitários. Tipicamente sou convidado aos *campi* para debater com algum professor que tem a reputação de ser especialmente abusivo para com estudantes cristãos em suas aulas. Temos um debate público sobre, digamos, a existência de Deus, ou cristianismo *versus* huma-

> nismo, ou sobre algum tema. Repetidas vezes tenho visto que embora a maioria desses homens seja ótima em destruir intelectualmente um jovem de 18 anos em uma de suas aulas, eles não conseguem nem ficar em pé quando a disputa é cara a cara com um de seus pares. John Stackhouse me disse certa vez que esses debates são de fato uma versão ocidentalizada do que os missiólogos chamam de "encontro de poderes". Creio que essa é uma análise perceptiva bem adequada. Os estudantes cristãos saem desses encontros com confiança renovada na sua fé, de cabeça erguida, orgulhosos de serem cristãos e mais ousados em defender a causa de Cristo nos seus *campi*".[1]

Realmente, esses debates públicos dão encorajamento e motivação aos jovens cristãos e ferramentas intelectuais para que exercitem a apologética evangélica. Os vídeos dessas disputas intelectuais disseminados na internet ajudam cristãos do mundo todo a falarem com mais intrepidez e ousadia a respeito da razão e da esperança que possuem em Cristo Jesus.

Recorrendo às Escrituras, vemos nas páginas do Novo Testamento a forma como o apóstolo Paulo disputava publicamente em defesa do evangelho (At 9.29; 17.2; 17.17; 18.4; 19.8). A propósito, foi Peter Grant quem disse que quando o Espírito Santo encheu os cristãos primitivos, não agiu apenas para ensinar-lhes a Palavra de Deus e realizar milagres (At 19.10,11), mas também para que se entregassem corajosamente ao trabalho com os não crentes "disputando e persuadindo-os acerca do Reino de Deus".[2]

Por outro lado, dentro do objetivo da apologética cristã, o debate perde a sua legitimidade e propósito quando utilizado com orgulho e arrogância, com o único fim de demonstração de conhecimento e capacidade de argumentação. Para Deus, esse tipo de apologética não tem valor algum, e não passa de filosofia barata com nome de cristã, que se presta somente a enaltecer aqueles que a usam. Além de não servir como meio de evangelização, esse tipo de discussão pode criar ainda mais resistência no descrente para ouvir o evangelho.

Particularmente, tive essa experiência quando cursava o segundo ano da faculdade. Lembro-me de ter travado, por cartas, uma longa discussão com um colega que dizia ter abandonado a fé cristã. Na ânsia de derrotá-lo com argumentos lógicos, passei a ver a disputa como uma batalha intelectual e

---

[1] CRAIG, Willian Lane, 2012, p. 21.

[2] GRANT, Peter. **A prioridade da apologética na igreja** *In:*ZACHARIAS, Ravi; GEISLER, Norman. 2007, p. 54.

não espiritual, e por isso o propósito de comunicação do evangelho foi deixado de lado, dando lugar ao interesse eminentemente pessoal. Depois de perceber meu equívoco pedi perdão a Deus e passei a encarar a apologética como uma forma de cumprir o *Ide* do Senhor Jesus.

Considere essas palavras de Peter Kreeft e Ronald Tacelli:

> "[...] um argumento apologético, quando aplicado em um diálogo, torna-se uma extensão de quem o utiliza. Nosso tom de voz, nossa sinceridade, nosso cuidado, nossa preocupação, nossa atenção e nossas atitudes respeitosas importam tanto quanto a lógica que empregamos – ou talvez até mais. O mundo foi ganho para Cristo não através de argumentos, mas através da santidade: "O que você é soa tão alto que mal posso ouvir o que você diz".[3]

É preciso recordar a exortação de Paulo: "Porque não temos que lutar contra a carne e o sangue, mas, sim, contra os principados, contra as potestades, contra os príncipes das trevas deste século, contra as hostes espirituais da maldade, nos *lugares* celestiais" (Ef 6.12). Antes de tudo, a apologética é usada dentro do contexto de uma batalha espiritual, que ocorre no ambiente da mente das pessoas. "A apologética é um ato de combate espiritual", resumiu Rick Nañez.

A intenção do Inimigo é cegar o entendimento dos descrentes, a fim de que não lhes resplandeça a verdade do evangelho. O papel da apologética cristã é retirar as barreiras e abrir trincheiras para que a pregação tenha livre curso. Como vaticinou Peter Grant: "Ela [apologética] tenta ajudar os não crentes a atravessar a jornada até a fé em Cristo — ir além do abismo cultural e encarar o abismo da cruz, a fim de que possam ouvir a mensagem clara do evangelho".

Talvez isso já seja o suficiente para entendermos que a boa apologética cristã não encara o descrente como um mero objeto de debate, mas como uma pessoa que carece de amor e compaixão; ela é valiosa aos olhos de Deus e precisa ouvir a verdade do evangelho. O fundamento da defesa da fé não é o discurso, e sim o amor.

Também, como disse Francis Schaeffer, apologética não significa "viver fechado em um castelo com ponte levadiça e, de quando em quando, atirar uma pedra por sobre o muro". Ela não deve fundar-se em uma mentalidade de fortaleza, do tipo: "Você não pode me atingir aqui"; e também não

[3] KREEFT, Peter; TACELLI, Ronald K., 2008, p. 30.

deve ser meramente acadêmica. Tal postura reduz o evangelho a um arcabouço teórico e frio, sem ligação com a vida e os anseios das pessoas. Ao contrário disso, a apologética cristã, conforme Schaeffer deve ser entendida e praticada de maneira coerente com os sobressaltos e o contato vivo com a geração presente. Assim, diz ele, "o cristão não deve preocupar-se em somente apresentar um sistema perfeitamente harmônico consigo mesmo, como algum sistema metafísico grego, mas antes alguma coisa que tem contato constante com a realidade — a realidade das questões que estão sendo feitas em sua própria geração, bem como nas gerações vindouras"[4].

O legado de Francis Schaeffer, aliás, foi exatamente o de apresentar o evangelho como uma visão de mundo coerente e plausível, capaz de resistir aos ataques e de responder a todos os questionamentos formulados, porém, em sintonia com os aspectos cotidianos da vida e da história humana. Schaeffer (1912-1984) foi um dos principais defensores da fé cristã do século XX. Juntamente com sua esposa, Edith, fundou o ministério do L'Abri [O Abrigo] incrustado nos Alpes da Suíça, para onde acorriam estudantes e profissionais de todas as partes do mundo em busca de ensinamentos e de repostas para as suas dúvidas existenciais. Ali, Schaeffer demonstrava as razões pelas quais o cristianismo é a verdade absoluta, ao mesmo tempo em que respondia as dúvidas inquietantes de seus alunos.

II. Apologética Cristã: Conceito e Funções

A palavra apologética deriva do termo grego *apologia*, um termo legal relativo à defesa de alguém no tribunal, um discurso de justificação (At 22.1; 26.1). Sempre que, como cristãos, somos confrontados a apresentar os fundamentos da nossa fé e desafiados a argumentar sobre a existência de Deus, sobre a divindade de Cristo ou ainda acerca da veracidade das Sagradas Escrituras, por exemplo, precisamos apresentar respostas satisfatórias em defesa do cristianismo.

A apologética, portanto, parte de um discurso de apologia. Não obstante, ela é muito mais do que um discurso. Ela é uma disciplina autônoma, um ramo de estudo específico da teologia cristã que busca prover fundamentos racionais para as reivindicações de verdade do cristianismo, recorrendo a várias áreas do conhecimento humano, como filosofia, história, ciência, medicina, etc. Essa disciplina, segundo Willian Craig, con-

[4] SCHAEFFER, Francis, 2009, p. 213.

tém elementos ofensivos, defensivos e apresenta, de um lado, argumentos positivos para as verdades cristãs e, de outro, refuta as objeções suscitadas contra essas mesmas verdades.[5]

O texto áureo dessa defesa da fé encontra-se em 1 Pedro 3.15: "Antes, santificai a Cristo, como Senhor, em vosso coração; e estai sempre preparados para responder com mansidão e temor a qualquer que vos pedir a razão da esperança que há em vós". Nessa passagem, Pedro nos fornece as bases da defesa da fé cristã. Em relação à pessoa de Cristo é necessário "santificá-lo em nossos corações"; em relação a nós mesmos é preciso "estarmos preparados"; e em relação aos nossos oponentes é mister "responder com mansidão e temor".

A apologética possui pelo menos três importantes funções.

Primeiro, *ela fortalece a fé dos cristãos.* Na medida em que se aprofunda nas razões da fé cristã, o crente alicerça ainda mais as suas convicções, servindo a apologética para dar consistência teológica aos cristãos em geral, afastando consequentemente a imaturidade e a superficialidade espiritual tão comuns nos nossos dias. O treinamento em apologética cristã, desse modo, é uma necessidade premente da igreja, notavelmente para capacitar aqueles que pretendem ingressar na universidade.

Mark Mittelberg[6] não poderia ter sido mais assertivo ao dizer da apologética, quanto a esse aspecto:

- Ajuda-nos a entender mais nossas crenças, à medida que nos inteiramos da evidência, da Bíblia e de outros sistemas de crença no esforço de ajudar nossos amigos a aproximarem-se de Cristo.
- Dá-nos clareza sobre o que cremos, tanto quanto uma prova final na escola nos ajuda a reunir tudo o que aprendemos ou deveríamos ter aprendido durante o trimestre.
- Dá-nos confiança acerca da razão de crermos no que cremos, quando nossa fé fica exposta ao escrutínio e desafios que surgem.
- Dá-nos estabilidade espiritual, evitando que "sejamos [...] levados em roda por todo vento de doutrina" (Ef 4.14).
- Amadurece-nos na fé e ajuda a nos moldar para a liderança na igreja, "para que [sejamos poderosos], tanto para admoestar com a sã doutrina como para convencer os contradizentes" (Tt 1.9).
- Amplia nossa capacidade de "[amar] Deus [...] com toda a [nossa] mente" (Mt 22.37, NTLH).

---

[5] CRAIG, Willian Lane: **Fé, razão e a necessidade da apologética** *In:* BECKWITH, Francis *(et. al.)*, 2006, p. 21.

[6] MITTELBERG, Mark: **Uma apologética para a apologética** *apud* GEISLER, Norman; MEISTERM, Chad: **Razões para crer:** apresentando argumentos a favor da fé cristã. Rio de Janeiro: CPAD, 2013, p. 20.

Logo, embora muitos cristãos pensem que a apologética seja de uso restrito aos pastores e intelectuais, ela deve ser utilizada por todo cristão. Hanegraaf também argumenta que "um número demasiadamente grande de pessoas acredita que a apologética é do domínio exclusivo dos eruditos e teólogos. Não é verdade! A defesa da fé não é algo opcional; é um treinamento básico para todo crente"[7].

Segundo, a apologética remove os obstáculos intelectuais e cria um ambiente favorável para a comunicação eficaz das Boas-Novas. Ela abre caminhos, a fim de que a mensagem do evangelho tenha livre curso. Gosto particularmente da palavra empregada por Alister McGrath: *apreciação*. Segundo o professor de Oxford, o apologeta possibilita que a verdade e a aplicabilidade do evangelho sejam apreciadas pelo público. "(...) O apologeta se empenhara para que o brilho e a beleza plena da fé cristã sejam compreendidos e apreciados".[8]

Embora estejam ligadas, vemos desde logo que apologética e evangelização são coisas distintas. Enquanto a apologética apresenta os argumentos do cristianismo, os fundamentos consistentes e a plausibilidade da fé cristã, a evangelização consiste na oblação — em si — do evangelho, para que a pessoa venha ao arrependimento. McGrath explica que enquanto a apologética limpa o terreno para a fé em Cristo, a evangelização convida as pessoas a responderem ao evangelho; enquanto a apologética tem como alvo assegurar o *consentimento*, a evangelização quer assegurar o *compromisso*.[9]

Considere as palavras do teólogo J. Gresham Machem já citadas no capítulo dois:

> "Falsas ideias são o maior obstáculo à recepção do evangelho. Podemos pregar com todo o fervor de um reformador e, mesmo assim, sermos bem sucedidos apenas em ganhar algumas poucas pessoas perdidas por aqui e por ali; e isso só tem acontecido porque permitimos que o pensamento coletivo da nação, ou do mundo, seja controlado por ideias que, pela força irresistível da lógica, impedem o cristianismo de ser reconhecido como algo mais do que uma mera ilusão inofensiva. Sob tais circunstâncias, o que Deus deseja de nós é que destruamos o obstáculo em sua raiz".[10]

---

[7] HANEGRAAF, Hank. **Cristianismo em Crise.** CPAD: Rio de Janeiro, 1996, p. 15.

[8] MCGRATH, Alister. **Apologética pura e simples:** como levar os que buscam e os que duvidam a encontram a fé. São Paulo: Vida Nova, 2013, p. 17.

[9] MCGRATH, Alister, 2013, p. 20.

[10] *Apud* CRAIG, William L., 2010, p. 16.

A apologética funciona como a introdução à pregação do evangelho, preparando o ambiente intelectual para a correta compreensão da mensagem do Reino. A apologética é pré-evangelística. Ela esclarece conceitos, afasta equívocos, apresenta evidências, destrói falácias, desmascara ideologias, desfaz preconceitos e responde indagações. E a evangelização é aquela mensagem gloriosa; o poder de Deus para a salvação de todo aquele que crê (Rm 1.16).

Tenha em mente a situação na qual você tenta iniciar um diálogo evangelístico com um colega de sala de aula, afirmando a salvação proporcionada por Cristo Jesus. Agora imagine que esse colega apresente a seguinte objeção: — Não posso crer no que você está dizendo, pois não acredito na veracidade da bíblia. A menos que remova essa objeção intelectual, você não estará em condições de prosseguir na explanação do plano redentivo para o seu colega de sala de aula. As portas para a comunicação efetiva do evangelho estarão trancadas. E o que a apologética faz? Ela remove esse empecilho explicitando porque as Escrituras são confiáveis.

Observe que a remoção do obstáculo intelectual não é o evangelho em si. Mas é um importante componente da evangelização. É uma condição *sem a qual* o evangelho não pode ser ouvido com clareza e em todo o seu esplendor.

Terceiro, a *apologética possui uma função de tradução*. Isto é, ela ajuda a apresentar o evangelho e as doutrinas cristãs de forma compreensível ao público não crente. Essa função está ligada a anterior; contudo, enquanto aquela se refere à remoção dos obstáculos, esta diz respeito à forma como a apologética contribui para explicação do evangelho por meio de imagens, termos ou histórias comuns ou acessíveis.[11] Alister McGrath escreveu: O que está em questão é em que medida transmitimos com fidelidade e eficácia a fé cristã a uma cultura que, talvez, não vá compreender os termos e conceitos tradicionais do cristianismo. Temos de ser capazes de expor e explicar o profundo fascínio do evangelho cristão para a cultura do nosso tempo, usando para isso linguagem e imagens que lhes sejam acessíveis.[12]

Nos dias atuais, não se concebe mais uma apologética fria e racional que ofereça somente respostas lógicas para a mente sem se importar com os anseios existenciais dos indivíduos. Nesse sentido, afirma-se que a apologética clássica, que pretende defender a existência de Deus a partir de argumentos da teologia natural, não consegue — sozinha — atender as demandas da contemporaneidade.

---

[11] MCGRATH, Alister, 2013, p. 18.

[12] MCGRATH, Alister, 2013, p. 18.

Em seu livro "*Apologética Cristã no Século XXI*", Alister McGrath sustenta que embora a apologética tradicional tenha deixado um grande legado no cristianismo, com um histórico honrado, hoje ela parece muitas vezes "radicada em um mundo moribundo, um mundo em que as reivindicações de verdade do cristianismo eram testadas sobretudo nas salas de seminários das velhas universidades, onde a racionalidade era vista como critério máximo de justificação"[13]. McGrath afirma que hoje a situação mudou, inclusive o foco das discussões, porque elas não ocorrem no âmbito das universidades e dos livros-textos, mas no mercado das ideias, onde então o cristianismo deve pelejar, no estúdio da televisão, na imprensa nacional, na lanchonete das universidades e nos *shopping centers*, "os novos palcos de debates nos quais as declarações de verdade por parte do cristianismo são julgadas e testadas". Igualmente, McGrath critica a apologética pressuposicionalista por causa de sua falta de pontos de contato com os descrentes e ineficiência em proporcionar diálogo com o mundo.

Dentro desse cenário, McGrath propõe a revitalização criativa e eficaz da apologética para o fim de remodelar a defesa da fé adaptando-a as novas necessidades e oportunidades do mundo atual, daí o subtítulo do seu livro: *ciência e arte com integridade*. Em outras palavras, o que McGrath sugere é a revisão da apologética tradicional com o propósito de incorporar os contornos da visão abrangente da sociedade e do ser humano — proporcionada pela cosmovisão cristã[14] — para construir um sistema de defesa da fé dialógico e com pontos de contato que interliguem o evangelho, os indivíduos e as comunidades do mundo[15], mas sem renunciar às verdades centrais do cristianismo. Tais pontos de contato fundamentam-se nas doutrinas bíblicas da criação e redenção e podem enfocar, segundo o autor, a sensação de desejo não satisfeito, racionalidade e moralidade humana, assim como a angústia existencial, a consciência de finitude e de mortalidade e o ordenamento do mundo.

Na parte prática, McGrath diz que um dos pontos importantes da defesa da fé é o apelo à cultura:

> "No que se refere ao apologista, 'cultura' designa tudo aquilo que o público gosta de ler, assistir ou ouvir, independentemente se isso pode ser considerado como 'culto' no sentido estrito da palavra. As palavras de uma música popular; algumas

[13] MCGRATH, Alister. **Apologética cristã no século XXI**: ciência e arte com integridade. Tradução: Emirson Justino e Antivan Guimarães. São Paulo: Editora Vida, 2008a, p. 10.

[14] McGrath, aliás, diz que a apologética fundamenta-se nas doutrinas da criação e da redenção, as mesmas que servem de alicerce para a cosmovisão bíblica.

[15] MCGRATH, Alister, 2008a, p. 19.

> linhas de um bom romance contemporâneo muito lido; uma cena marcante de um filme famoso; alguns versos de uma música de sucesso nas rádios, tudo isso tem potencial nas mãos de um apologista sensível e inteligente.
>
> O apologista, porém, deve conhecer a cultura na qual o evangelho deve ser defendido e elogiado. É pouco provável que a mais eficiente defesa de comunicação do evangelho venha dos lábios de alguém estranho à cultura na qual o evangelho deve ser proclamado. O apologista local familiarizado com sua própria situação está em melhor posição para identificar e investigar as pistas fornecidas por esse ambiente sociocultural. É muito fácil fazer o evangelho parecer estranho a uma cultura; o apologista deve garantir que ele seja visto como um amigo, entrelaçando-o com as ideias e valores daquela cultura sempre que possível. Antes de o evangelho poder transformar uma cultura, ele precisa primeiramente firmar raízes nela".[16]

A toda evidência, dificilmente o cristianismo conquistará audiência se insistir em defender as suas doutrinas usando argumentos abstratos e eminentemente racionais, ainda que coerentes, longe do cotidiano das pessoas. Os argumentos teístas da existência de Deus, ontológico, cosmológico, *kalam*, desígnio teórico-informativo e outros, por exemplo, apresentados sozinhos e sem a devida contextualização — soam aos ouvidos da maioria esmagadora dos descrentes — principalmente jovens e adolescentes — como uma resenha inútil, chata e cansativa. Embora tais argumentos tenham a sua validade e importância (e por isso devem ser usados para a defesa da plausibilidade da cosmovisão cristã), não possuem por outro lado grande serventia para o diálogo do dia a dia, quando usados sem pontos de contato com a realidade dos ouvintes.

O escritor norte-americano Josh McDowell, um dos mais renomados apologistas cristãos das décadas de 80 e 90, que usava uma metodologia tradicional (evidencialista) para a defesa da fé cristã, percebeu a necessidade de uma nova abordagem apologética. Em *Razões para Crer*, depois de apresentar dados estatísticos sobre o panorama do pensamento da juventude da atualidade, ele escreve que "os jovens cristãos de hoje precisam mais do que uma postura estritamente modernista, que apele para o intelecto. Precisam muito mais do que o ponto de vista pós-moderno, que rejeita

[16] MCGRATH, Alister, 2008a, p. 349, 350.

a verdade e exalta a experiência pessoal"[17]; eles precisam de algo que dê sentido relacional para a vida. Portanto, escreve McDowell, nosso papel é

> "apresentar a fé cristã para os jovens cristãos de modo a demonstrar que crer é um exercício inteligente de saber o que é objetivamente verdadeiro e experimentá-lo de modo relacional. Quando assim fizermos, os jovens cristãos começarão a desenvolver o tipo de convicção profunda que os tornará fortes, mesmo em face dos desafios de hoje".[18]

A união da apologética tradicional com a perspectiva da cosmovisão cristã forma uma *Apologética Responsiva*, isto é, que reage e responde de forma adequada aos questionamentos do tempo presente, evidenciando, além da racionalidade da fé cristã, as suas contribuições para a sociedade, a coerência de suas doutrinas fundamentais e o sentido que proporciona à vida humana. Mas além de responsiva, essa apologética deve ser redentora, apontando sempre para a obra da Cruz de Cristo.

A compreensão do cristianismo como uma visão de mundo abrangente possibilita à apologética interagir com as pessoas e responder às questões sociais postas em discussão, seja sobre casamento homossexual, liberação das drogas, liberdade de expressão, maioridade penal, questões indígenas, moralidade na esfera pública, relacionamento entre estado e igreja, etc.

Essa mudança de foco é necessária porque as demandas da atualidade, dentro de um contexto pós-moderno e pragmático, que supervaloriza os resultados, vão além daquelas objeções ao pensamento cristão de poucas décadas atrás, a exigir do apologista cristão sensibilidade para entender seus oponentes e conhecimento que vá além da teologia. Com efeito, essa apologética responsiva deve ser racional, sem ser racionalista; sensível às individualidades, sem ser subjetivista; relevante, sem ser pragmática; dialógica, mas não pluralista.

Síntese e Conclusão

A apologética possui importância vital para o estudante cristão. Ela ajuda a fortalecer a fé, remover objeções intelectuais e apresentar o evangelho

[17] MCDOWELL, Josh *apud* GEISLER, Norman L. (org.); MEISTER, Chad V (org.). **Razões para crer**: apresentando argumentos a favor da fé crista. Rio de Janeiro: CPAD, 2011, p. 33.

[18] MCDOWELL, Josh *apud* GEISLER, Norman L. (org.); MEISTER, Chad V (org.), 2011, p. 33.

de forma compreensível no tempo em que vivemos. Para que seja eficiente, porém, a apologética cristã contemporânea precisa necessariamente fazer sentido para a experiência prática das pessoas, oferecendo significado relacional e respostas articuladas e inteligentes para as indagações dos incrédulos. Entretanto, não se pode confundir a defesa da fé com o debate inútil. A apologética deve ser feita com amor, para a glorificação de Cristo.

Capítulo 11

Fatores Imprescindíveis para a Preparação Apologética

Nunca pensamos isoladamente: pensamos em sociedade, em colaboração imensa; trabalhamos com os trabalhadores do passado e do presente. Graças à leitura, pode comparar-se o mundo intelectual a uma sala de redação ou repartição de negócios, onde cada qual encontra no vizinho a sugestão, o auxílio, a crítica, a informação, o ânimo de que carece. Portanto, saber ler e utilizar as leituras é necessidade primordial que o homem de estudo não deve esquecer.

A. D. Sertillanges

Se, como vimos no capítulo anterior, a apologética é importante, quais seriam os fatores imprescindíveis para uma boa preparação apologética? Em outras palavras, quais são os hábitos que devem ser desenvolvidos para que o cristão possa realizar uma defesa consistente do evangelho dentro do mundo universitário?

É exatamente sobre isso que vamos nos ocupar no presente capítulo.

I. Estudo das Escrituras Sagradas

O ponto de partida para uma apologética sadia é o estudo sistemático das Escrituras. De pouco adianta dominar técnicas de argumentação e de raciocínio lógico se você não tiver conhecimento bíblico suficiente para embasar as suas crenças básicas. Infelizmente, muitos que se dizem defensores do evangelho acabam invertendo esses fatores, colocando a técnica na frente do conhecimento bíblico e a argumentação em primeiro lugar, o que resulta em uma apologética espiritualmente deficiente, narcisista e absolutamente racionalista.

Apologética sem Bíblia é o mesmo que cristianismo sem Cristo. Rende boas discussões, mas não acrescenta nada ao Reino de Deus. Aqueles que se enveredam por esse caminho perdem o foco principal do que seja batalhar pela fé que uma vez foi dada aos santos (Jd v. 3) e com isso partem para ataques pessoais e discussões inócuas.

A Bíblia é o manual por excelência da apologética cristã. Nela estão arraigados os fundamentos da nossa crença e os motivos da esperança que temos em Cristo Jesus. Uma resposta contundente do Cristianismo tem início no estudo continuo da Palavra do Senhor, afinal "toda escritura é divinamente inspirada, é proveitosa para ensinar, para redarguir, para corrigir, para instruir em justiça; para que o homem de Deus seja perfeito, e perfeitamente instruído para toda a boa obra (2 Tm 3.16, 17). Jesus asseverou: "Errais, não conhecendo as Escrituras, nem o poder de Deus" (Mt 22.29). Por isso a necessidade do desenvolvimento de uma vida de constante leitura e investigação da Palavra.

A leitura das Escrituras Sagradas não é uma leitura qualquer, por *hobbie* ou para passar o tempo. James Sire lembra, como diziam os medievais, que a leitura da Palavra é uma *lectio divina*; uma leitura sagrada. Sire diz que a *lectio divina* não é uma técnica, mas uma atmosfera ou uma ambiência dentro do quais ações específicas acontecem. Conforme Michael Casey:

"Ler as Escrituras é o oposto de uma leitura autoprogramada ou qualquer espécie de lavagem cerebral. Estamos pedindo que Deus fale aos nossos corações e consciências".[1]

Vejo uma boa quantidade de cristãos afirmando que leem a Bíblia. Mas, quando se lhes pede a compreensão do Texto Sagrado, poucos conseguem explicá-lo com clareza. Isso geralmente ocorre por causa do modo equivocado como leem as Escrituras, de forma apressada e esporádica.

O salmista deixou registrado que bem-aventurado é o homem que tem o seu prazer na lei do Senhor, e na sua lei medita de dia e de noite. (Sl 1.1, 2). Meditar nas Escrituras não é uma prática exotérica, que busca dentro de si uma resposta. Meditar, de acordo como padrão bíblico, é buscar a revelação e iluminação divina para compreender o Texto Sagrado. Jean Leclercq escreveu:

> "Para os antigos, meditar é ler um texto e aprendê-lo "pelo coração" no sentido mais completo desta expressão, que é como o ser integral de uma pessoa: com o corpo, uma vez que a boca o pronuncia, com a memória que a fixa, com a inteligência que entende o seu significado, e com a vontade que deseja colocá-lo em prática."[2]

Dentro dessa perspectiva, elabore um cronograma de leitura diária das Escrituras e coloque-o em prática. Escolha um horário adequado e local reservado para o seu estudo bíblico. Não tenha pressa em ler grandes partes da Bíblia. Leia com calma e medite no conteúdo, sempre acompanhado de oração. Faça do estudo bíblico uma prática diária.

II. Desenvolvendo o Hábito da Leitura de Boa Literatura

As pessoas que desejam ter uma fé sólida e aprender a defender consistentemente as doutrinas do cristianismo precisam desenvolver o hábito da leitura. Embora as Escrituras Sagradas sejam, como já disse, a fonte primária da defesa da fé cristã, os livros — de bons autores — servem como guias e nos ensinam a entender melhor alguns pontos da fé cristã, lançando luz sobre questões bíblicas complexas e, por via de consequência, contribuindo para uma boa formação apologética.

[1] CASEY, Michael. **Sacred Reading:** The Ancient Art of *Lectio Divina* (Ligouri, MO.: Triumph, 1996), pp. 9-10. *apud* SIRE, James. **Hábitos da mente:** a vida intelectual como uma chamado cristão, [Tradução Paulo Zacarias], São Paulo: Editora Hagnos. 2005, p.181.

[2] LECLERCQ, Jean *apud* SIRE, James. 2005, p.180.

Infelizmente, o brasileiro lê pouco (em média, 1,8 livro/ano). Um estudo realizado em 2005 pelo Instituto Paulo Montenegro apontou que 74% da população brasileira - entre 16 e 64 anos de idades - não sabem ler ou possuem muita dificuldade em entender o que leem. Em 2011, o Instituto Pró-Livro apontou que, em 2007, 55% da população era considerada leitora (havia lido pelo menos um livro, inteiro ou em partes, nos três meses anteriores à pesquisa). Já em 2011, o índice diminuiu para 50% da população.

Sobre o ambiente religioso, Altair Germano também adverte em seu livro *O cristão e o hábito da leitura* que "o líder cristão ainda não reconhece no ato de ler o seu valor para o desenvolvimento intelectual, adequação de comportamentos à nova realidade cultural e social, sem falar da possibilidade de conduzir a igreja, o ministério ou grupo que lidera a um processo de desenvolvimento e entendimento a realidade." O que, segundo o autor, produziria uma igreja mais atuante, conhecedora dos grandes desafios deste século e capaz de adequar suas práticas ao novo contexto.[3]

Não podemos generalizar. Muitos líderes cristãos compreendem o valor e a importância do ato de ler para o crescimento intelectual e espiritual da igreja, porém poucos incentivam ou idealizam algum programa em suas congregações com o objetivo de disseminar esse hábito. A criação de pequenas bibliotecas no ambiente da igreja seria uma importante ação eclesiástica, que certamente beneficiaria a vida de muitos crentes, inclusive jovens.

É preciso reacender em nossas igrejas o apreço pela leitura. Afinal, ela é ingrediente vital no processo de tomada de consciência e até mesmo fervor espiritual. Em seu livro, Altair Germano demonstra como a leitura foi importante no Antigo e Novo Testamento, entre os pais da igreja, na Reforma Protestante, nos períodos de reavivamento e das missões modernas.

Altair Germano escreve:

> "Os benefícios da leitura, uma vez revelados, poderão influenciar positivamente na tomada de consciência sobre a necessidade de ler. O interesse pela leitura tende a crescer quando se sabe que, além da emancipação crítica e da autonomia como indivíduo, o hábito de leitura proporciona o desenvolvimento intelectual, o enriquecimento do vocabulário, a fluência verbal, a apropriação dos bens culturais, a informação e o conhecimento, a saúde emocional e psíquica, o estímulo e saúde mental e comunhão com as grandes mentes".[4]

[3] GERMANO, Altair, 2011, p. 12.
[4] GERMANO, Altair, 2011, p. 86.

No clássico *A vida intelectual*, A. D. Sertillanges propõe que a leitura é o meio universal para o aprendizado, e é a preparação próxima e remota para a produção. Ele escreveu:

> "Nunca pensamos isoladamente: pensamos em sociedade, em colaboração imensa; trabalhamos com os trabalhadores do passado e do presente. Graças à leitura, pode comparar-se o mundo intelectual a uma sala de redação ou repartição de negócios, onde cada qual encontra no vizinho a sugestão, o auxílio, a critica, a informação, o ânimo de que carece. Portanto, saber ler e utilizar as leituras é necessidade primordial que o homem de estudo não deve esquecer".[5]

Quando lemos, nos beneficiamos da pesquisa e do conhecimento de pensadores do presente e do passado. Eles abrem nossas mentes, instrui nosso pensamento e nos fornecem informações valiosas. Nesse sentido, Sertillanges vai dizer que o contato com escritores geniais nos faz granjear vantagens imediatas de elevar-nos a um plano alto; somente pela sua superioridade eles conferem um benefício sobre nós mesmos antes que nos ensinem alguma coisa.[6]

Evidentemente que todo e qualquer livro, independentemente de quem seja o autor, precisa ser lido criticamente, assim como faziam os bereanos, conferindo tudo com as Escrituras (At 17.11). Leia, portanto, com discernimento e com espírito de criticidade, sempre pedindo a orientação e proteção de Deus, para que Ele nos ajude a absorver o que for do seu agrado e rejeitar tudo que lhe desagradar. Bons livros, quando escritos por autores tementes a Deus, nos ajudam a compreender melhor as verdades centrais da fé cristã e fortalecem nossa espiritualidade.

Particularmente, um dos livros que me ajudou em minha caminhada cristã foi a obra *E agora, como viveremos?*, de Charles Colson e Nancy Pearcey, publicado no Brasil pela CPAD. Li pela primeira vez esse trabalho ainda nos primeiros passos da minha caminhada cristã, coincidentemente com o meu ingresso no mundo universitário. Naquela época, via repetidas vezes os fundamentos da fé cristã serem relegados e a cruz de Cristo achacada. A mente intelectual e envaidecida de alguns professores e alunos, entupidas que eram pela filosofia humanista e pela sociologia da autonomia e independência, descambavam para a defesa de um pós-modernismo

[5] SERTILLANGES, A.D. **A vida intelectual**. Cópia disponível na internet. p. 48.
[6] SIRE, James, 2005, p.203.

sem precedentes, onde Deus era mais um simples coadjuvante, e as coisas espirituais não passavam de invenção humana.

Nesse cenário acadêmico, e apesar de estar no fogo do primeiro amor, cujo desejo ardente de apregoar a mensagem do evangelho era mais intenso que em qualquer outro momento da vivência cristã, minha fé foi posta em prova. Até então, acostumado com os ensinos doutrinários da igreja, focados em temas espirituais e estudos bíblicos, vislumbrei um enorme hiato entre aquilo que eu aprendia, contraposto ao que acontecia além das portas da igreja em que era membro. Minha visão espiritual, até aquele ponto circunscrita aos limites de João 3.16, deu de "cara" com um mundo onde o evangelho apresentava-se como um mero compromisso de final de semana.

Em simples palavras, passou pela minha cabeça que a religião que professava estava distante muitos anos luz da realidade. Aparentemente, minha fé pessoal não possuía todas as repostas possíveis para as questões sociais. Minha espiritualidade fazia parte de um mundo paralelo, fictício, cujos dogmas diziam respeito unicamente à vida espiritual, adoração a Deus, salvação, céu e inferno. E que, portanto, tais dogmas estavam aquém e/ou além da ciência, da sociedade ou do cotidiano. Por um curto período de tempo pontos de interrogação pairavam sobre a minha cabeça, onde o embate entre fé *versus* mundo era constante.

O que mais despertou meu interesse no livro foi uma das declarações na contracapa: "O verdadeiro cristianismo vai além de João 3.16". Uma sentença aparentemente herética, afinal o versículo-chave da bíblia sagrada — porque Deus amou o mundo de tal maneira que deu seu Filho Unigênito para que todo aquele que nele crê não pereça, mas tenha vida eterna – era, para mim, a síntese do cristianismo, a própria razão de ser da minha conversão. Ali, estava demonstrado o imenso e infinito amor do Criador. De forma que o cristianismo não era mais nem menos que o verso de João 3.16.

Porém, estava equivocado. Compreendi pouco depois que os autores não estavam com tal declaração anulando o amor de Deus em nossa vida. Ao contrário, a verdade era — e é — que o amor de Deus pela humanidade era mais amplo do que aquilo que estava acostumado a ouvir e aprender, e que o cristianismo estava além da rotina igrejista dos finais de semana. Inversamente, o cristianismo é mais do que uma crença particular, mais do que salvação pessoal; é um sistema de vida compreensível que responde às perguntas mais antigas da humanidade: De onde vim? Por que estou aqui? Para onde estou indo? A vida tem algum significado e propósito?

A obra deu-me naquela oportunidade, combustível suficiente para continuar minha caminhada como cristão e recursos para a defesa da fé, fazendo-me compreender que o Reino de Deus é muito mais do que eu acreditava ser, passando a entender que os princípios cristãos devem nortear não somente nossa forma de adoração a Deus, nosso relacionamento eclesiástico ou a maneira como realizamos campanhas evangelísticas, mais do que isso os valores cristãos devem dirigir nossas condutas ante todas as questões sociais contemporâneas, seja relacionado à política, à cultura, à família, à educação, à ciência e até mesmo ao direito. Pois que, deve ser encarado como uma forma de ver o mundo [cosmovisão], que se traduz em uma "lente fictícia" onde a realidade é a partir dela interpretada.

Portanto, bons livros nos ajudam a ter uma melhor compreensão do cristianismo. Entretanto, como lembra Douglas Groothuis "a questão fundamental para a apologética não é quantos apologistas alguém leu ou que método apologético alguém utiliza". A questão essencial é se a pessoa tem ou não amor pela transformadora verdade de Deus, a qual é racionalmente buscada e corajosamente comunicada, e paixão pelos perdidos, por causa do amor de Deus residente e ativo na vida dessa pessoa.[7]

Quanto à forma de leitura, cabe aqui dois conselhos: um de Sertillanges e outro de C. S. Lewis.

Sertillanges dizia que embora a leitura seja importante, ela deve ser feita na quantidade adequada. Por isso, ele diz: "Leia pouco!". Esse conselho parece paradoxal, já que estamos falando da importância e da necessidade de leitura. Mas o que Sertillanges tem em mente é a qualidade da leitura, e nem tanto a quantidade. Ele diz que a leitura deve ser feita com inteligência, pois

> "(...) a leitura desordenada não alimenta, entorpece o espírito, torna-o incapaz de reflexão e concentração e, por conseguinte, de produção; exterioriza-o no seu interior, se assim se pode dizer, e escraviza-o às imagens mentais, ao fluxo e refluxo das ideias que ele se limita a contemplar na atitude de simples espectador. É embriaguez que desafina a inteligência e permite seguir a passo os pensamentos alheios e deixar-se levar por palavras, por comentários, por capítulos, por tomos. A série de excitações assim provocadas arruína as energias, como a constante vibração estraga o aço. Não esperemos trabalho

[7] GROOTHUIS, Douglas. **Manifesto a favor da apologética cristã:** Dezenove teses para sacudir o mundo com a Verdade *apud* GEISLER, Norman L. (org.); MEISTER, Chad V (org.), 2013, p. 428.

verdadeiro de quem cansou os olhos e as meninges a devorar livros; esse se encontra, espiritualmente, em estado de cefalalgia, ao passo que o trabalhador, senhor de si, lê com calma e suavidade somente o que quer reter, só retém o que deve servir, organiza o cérebro e não o maltrata com indigestões absurdas".[8]

Por seu turno, o conselho de Lewis é o seguinte: Leia livros antigos. Ele dizia que, depois de ler um livro novo, "nunca se permitir outro novo até que se leia um antigo entre os dois. Se isso for demais para você, então leia um velho pelo menos a cada três novos". Lewis não está menosprezando os livros novos. Ele diz que devemos contrabalancear nossas leituras com livros novos e livros antigos — os clássicos da literatura. Nañez captou essa mesma ideia ao afirmar que, somente depois de apreciar os mestres da prosa e poesia do passado, consegue-se meditar a qualidade de obras mais recentes. Ele nos incentiva a deleitarmos em Cícero, Calvino, Dickens, Dillard, Dostoievski; partir o pão com Buechner, Burroughs, experimentar Tolstói ou Newman, Carnell ou Merton, O'Connor ou Chesterton. Poderia acrescentar Jacob Armínio, Agostinho, Tomás de Aquino, John Bunyan e muitos outros. Não levará muito tempo e então perceberemos, diz Nañez, a profundidade marcante de autores e reconheceremos o abismo significativo que separa a literatura cristã popular de hoje, do concentrado de informações espirituais e cognitivas das penas de antigamente.[9]

Diante de tudo o que foi dito, para início dessa incursão literária, recomendo a leitura das obras de autores como C. S. Lewis, Francis Schaeffer, John Stott, Norman Geisler, Charles Colson, Nancy Pearcey, Alister McGrath, Josh McDowell, Willian Lane Craig e outros.

Adquira dicionários, Bíblias de Estudo e referências bíblicas para ajudar em suas leituras. Você encontrará uma boa lista de leituras a partir da bibliografia desta obra.

III. Pensando através da Escrita

Ao lado da leitura, a escrita é outro hábito indispensável no processo de aprendizado. Quando escrevemos somos forçados naturalmente a esclarecer conceitos, organizar ideias, relacionar informações e sistematizar nosso

[8] SERTILLANGES, A.D. **A vida intelectual**. Cópia disponível na internet. p. 48.
[9] NÃNEZ, Rick, 2007, p. 342.

raciocínio. Tudo isso contribui para uma preparação apologética adequada e relevante. Na medida em que produzimos um texto, as ideias se acendem em nossas mentes.

Howard Hendricks afirmou que as habilidades básicas de um aluno devem envolver: ler, escrever, ouvir e falar. Hendricks disse que certa vez, durante uma aula para uma turma do seminário, afirmou o seguinte: "o problema da maioria dos formandos de nossas universidades é que eles não sabem ler, não sabem escrever e não sabem pensar. E quando não se sabe ler, nem escrever, nem pensar, o que é que se pode fazer?".

E alguém respondeu: "Assistir à televisão".

O professor Hendricks, então, aduziu:

> "E é verdade. A televisão está anulando a nossa capacidade mental. Se você leciona na igreja, e principalmente se é pai, precisa conscientizar-se de que nossos jovens estão viciados nessa droga eletrônica. Uma das melhores bênçãos que podemos dar-lhes é ajudá-los a se desligarem dela. A tevê destrói não apenas sua capacidade de ler, mas também de pensar e criar, que são justamente as habilidades que nós, professores, desejamos cultivar neles".[10]

Isso é uma verdade irrefutável. Acrescente-se a isso que a internet, embora seja um importante meio para disseminação de conhecimento e fonte de pesquisa, tem roubado o tempo e a atenção de muitas pessoas, inclusive crentes. Há cristãos que passam grande parte do dia e da noite na frente da tela de um computador, *laptop*, *tablet* ou celular jogando tempo ao vento. Horas e mais horas navegando na internet e acessando as redes sociais. Isso tem criado uma geração alienada e mentalmente preguiçosa, que tem pavor à leitura e à produção literária. O máximo que conseguem produzir em termos de escrita são *posts* com no máximo 140 caracteres, o limite imposto pelo *twitter*, por exemplo. E mesmo assim, com erros.

Aproveitar o tempo é imprescindível. Não deixe que a internet ou o aparelho de TV sejam os senhores de sua vida, e retire o seu senso de discernimento e capacidade produtiva. Use essas coisas com sabedoria e invista seu tempo em atividades proveitosas que estimulem a mente, traga benefícios para o seu desenvolvimento espiritual e pessoal.

---

[10] HENDRICKS, Howard. **Ensinando para transformar vidas**. Belo Horizonte: Editora Betânia, 1991, p. 46.

A escrita é importante e vantajosa porque nos ajuda a pensar e a organizar as ideias. É preciso dizer o óbvio ululante: Ninguém nasce sabendo escrever. Os grandes escritores praticaram muito para chegar onde estão. Talvez você não tenha essa habilidade, ainda. Então pratique. Escreva pequenos artigos e esboços de estudos bíblicos. Faça síntese de livros. Anote as principais ideias de um determinado autor. Escreva e escreva. Escreva para você, mas também escreva para outras pessoas. Submeta seus textos para avaliação e possível publicação. Não tenha medo de seus artigos serem rejeitados.

IV. Teologia, Deus e as Doutrinas Cristãs

Um bom treinamento em apologética requer estudo teológico. É realmente incrível como muitos cristãos não se importem com a Teologia. Ela nada mais é do que o estudo sobre Deus. No contexto cristão, a Teologia envolve a investigação sobre Deus e seus atributos, assim como as doutrinas fundamentais do cristianismo. Esse estudo nos faz refletir sobre nossas crenças básicas e nos mostra a riqueza da fé depositada em Cristo. Ela aprofunda nosso conhecimento sobre o Senhor e instiga-nos a colocá-lo em prática.

Engana-se quem pensa que a teologia nos torna frios espiritualmente e nos afaste de Deus. Isso certamente ocorre com a teologia de baixa qualidade, liberal e autocentrada no homem. A boa teologia não é um amontoado de informações inúteis, ao contrário ela fortalece a nossa espiritualidade e nossa comunhão com o Senhor. Colocar uma barreira entre teologia e espiritualidade é como pedir que duas pessoas apaixonadas se relacionem friamente.[11] Quando menciono a importância do estudo teológico não tenho em mente, necessariamente, um curso de nível superior. Equivale a dizer que não estou sugerindo que você tenha forçosamente que fazer uma graduação em teologia. Ainda que o curso seja importante, há outras formas de aprofundar no estudo teológico sem que tenha de matricular-se em uma faculdade ou seminário bíblico especificamente para fazer esse curso. Isso depende da sua disponibilidade.

Você pode desenvolver o seu próprio programa de estudo. Separe livros de boa qualidade e dedique-se a estudá-los. Para isso, julgo fundamental que busque ajuda em pessoas que possam nortear as suas leituras; um mentor, o seu pastor.

---

[11] MCGRATH, Alister. **Teologia para amadores**. São Paulo: Mundo Cristão, 2008b, p. 60.

Participe de cursos básicos e eventos específicos de treinamento em apologética cristã. Muitos cursos de boa qualidade, inclusive, são oferecidos em *sites* e em *blogs* especializados na Internet.

Mas, há outra forma simples e eficaz para o estudo teológico continuado: a Escola Bíblica Dominical. Essa tem sido uma das instituições educacionais mais importantes da história humana. Como lembrou Ruth Doris Lemos, Robert Raikes, o fundador da EBD no século XVIII, nunca imaginou que as simples aulas que ele começou entre crianças pobres e analfabetas, da sua cidade, no interior da Inglaterra, iriam crescer para ser um grande movimento mundial. Hoje, a Escola Dominical conta com mais de 60 milhões de alunos matriculados, em mais de 500 mil igrejas protestantes no mundo. É a minúscula semente de mostarda plantada e regada, que cresceu para ser uma grande árvore cujos galhos estendem-se ao redor do globo.[12]

Apesar da sua característica moderna, tal qual a conhecemos hoje em dia, o fundamento da Escola Dominical é o ensino bíblico sistematizado exigido pelas Escrituras, tanto no Antigo quanto no Novo Testamento, para que o homem de Deus seja perfeito e perfeitamente instruído (2 Tm 3.17), afinal, como segundo o pastor Antônio Gilberto: "A Escola Dominical é a fase presente da instrução bíblica milenar que sempre caracterizou o povo de Deus".

A Escola Dominical oferece estudo bíblico continuado e sistematizado para todas as faixas etárias. Tomemos como exemplo de qualidade o currículo[13] da Casa Publicadora das Assembleias de Deus (CPAD), que abrange o público infanto-juvenil, jovens, adultos, novos convertidos e até mesmo descrentes.

A Escola Dominical ajuda-nos a compreender as doutrinas básicas da fé cristã e nos instiga a darmos o testemunho de Cristo no mundo em que vivemos. É a faculdade oficial do cristão. A respeito dela, César Moisés escreveu:

> "Não menosprezando nossas faculdades, seminários e institutos bíblicos, que tanto tem contribuído para o aperfeiçoamento dos santos, afirmamos ser a Escola Dominical a maior agência de educação cristã que a Igreja possui.
> Nela, os cristãos são preparados para interagir com o meio onde vivem, com as situações do dia a dia, usando sua criati-

[12] LEMOS, Ruth Doris. **A minúscula semente de mostarda que se transformou numa grande árvore.** Disponível em http://licoesbiblicas.com.br/index.php/sobre-ed/historia. Acesso em 13 de janeiro de 2015.

[13] Veja em http://licoesbiblicas.com.br

> vidade, discernimento e compromisso com os princípios bíblicos, que são em sua totalidade o maior código de eticidade e moralidade do ser humano. A ética cristã ensinada na Escola Dominical é um conjunto de princípios que formam e dão sentido ao viver cristão, ela fundamenta-se na ética bíblica que é exarada das Escrituras Sagradas, que por sua vez é a ética absoluta, pois quem estabeleceu suas regras foi o próprio Deus, e nEle 'não há mudança, nem sombra de variação' (Tg 1.17)".[14]

O modelo de ensino da Escola Dominical é tão importante que até mesmo os ateus passaram a tê-la como modelo. Em 2009, a revista Time[15] publicou uma matéria intitulada "*Sunday School for Atheist*" [Escola Dominical Ateísta], destacando uma prática relativamente recente entre ateus norte-americanos, que é a Escola Dominical para os filhos de não crentes. O programa pioneiro ocorreu em Palo Alto, Califórnia, com expectativas de abertura de novos trabalhos em Phoenix, Albuquerque, Portland e outras localidades dos Estados Unidos. Segundo a revista, o movimento crescente de instituições para crianças de famílias de ateus também incluia acampamentos de verão em cinco estados mais Ontario, e a Academia Carl Sagan, na Flórida, a primeira escola pública Humanista do país que abriu com 55 crianças no outono de 2005.

Ainda que nos cause perplexidade, a utilização do modelo de ensino cristão por parte dos ateus revela algo positivo: a importância da Escola Dominical. A sua existência histórica tem se mostrado tão válida e necessária que até mesmo os ateus copiaram o padrão educacional cristão, a fim de instruírem seus próprios filhos. Esse fato, por si só, é um excelente ponto de análise para aqueles que sempre olharam a Escola Dominical com desconfiança ou a tem como desnecessária. A sua importância, vale dizer, não é somente histórica, mas, sobretudo, prática. Ken Hemphil, no livro *Redescobrindo a alegria das manhãs de domingos*, lembra que "a Escola Dominical não é um dinossauro[16], o que existe é uma compreensão equivocada sobre a forma como ela deve ser mantida, de modo que nossa intenção não deve ser preservá-la por simples nostalgia; temos de descobrir ferramentas e organizações que nos capacitem a cumprir a Grande Comissão da maneira mais eficiente possível".

---

[14] Carvalho, César Moisés. **Marketing para a Escola Dominical**: como atrair, conquistar e manter alunos na Escola Dominical. 3ed. Rio de Janeiro: CPAD, 2007, 76-77.

[15] JENINNE LEE-ST, John. **Sunday School for Atheist**. Time. Disponível em http: //www.time.com/ time/magazine/article/0,9171,1686828,00.html. Acesso em 6/10/2009.

[16] HEMPHILL, Ken. **Redescobrindo a alegria das manhãs de domingo**. São Paulo: Eclesia, 1997, p.10.

Em outros termos, a Escola Dominical deve ser mantida não somente por se tratar de algo histórico e que vem sendo utilizado ao longo dos anos; mas sim em razão da enorme e crescente necessidade de genuíno e sadio alimento espiritual que só pode ser obtido pelo estudo claro, metódico, continuado e progressivo da Palavra de Deus.

Síntese e Conclusão

A preparação apologética envolve um conjunto de hábitos que exigem dedicação e empenho por parte do cristão. Estudar as Escrituras, dedicar-se à leitura e à escrita e aprofundar-se no estudo da teologia cristã são fatores essenciais para afiar as ferramentas da defesa da fé. Cultivar hábitos saudáveis que estimulam a mente e aguçam nosso raciocínio e conhecimento, são vitais para saber articular com inteligência os artigos da fé cristã.

Capítulo 12

Apologética no Diálogo

"Cristãos que conseguem reunir essas qualidades: mente brilhante, preparação intelectual abrangente para a proclamação e defesa da fé, a mais profunda devoção a Cristo e imitação dEle e um inabalável compromisso com a Grande Comissão são instrumentos de grande poder nas mãos do Espírito Santo, para a promoção do Reino de Deus. Deveria ser nosso objetivo suscitar apologistas como esses, pois estou convencido de que, mesmo em pequeno número, eles fomentarão uma revolução espiritual em um mundo tão sedento por conhecer a verdade".

Craig J. Hazen

A defesa consistente da fé cristã, além dos elementos anteriormente apresentados, depende de certa habilidade para o debate e para a argumentação convincente. O presente capítulo não tem qualquer pretensão de esgotar o assunto, evidentemente. É somente um esboço do roteiro que pode ser percorrido para a utilização da apologética no diálogo, em conversas casuais e informais com colegas de sala, professores e incrédulos que ofereçam oposição ou ataquem a veracidade da fé cristã no ambiente universitário.

A maioria dos livros sobre apologética enfoca na sua historicidade, importância e argumentos, mas poucos explicam como colocá-las em prática. Acredito que as melhores sugestões nesse sentido venham de Alister McGrath em seu livro *Apologética cristã para o século XXI*, no qual ele fornece uma espécie de manual para a defesa da fé para os dias atuais.

Com efeito, o roteiro aqui proposto seguirá a linha mestra recomendada por McGrath, mas também contemplará as valiosas contribuições de Norman Geisler, Gregory Koukl e outros apologistas cristãos.

Eis o esboço do nosso roteiro apologético: 1) Conheça o seu público; 2) Antes de responder, faça perguntas!; 3) Crie pontos de contato; 4) Use os princípios da lógica; 5) Responda às objeções; 6) Sobretudo, dependa do Espírito Santo.

I. Conheça o seu Público

A apologética — já foi dito, mas não custa repetir — não é um sistema fechado e enrijecido. Ela refere-se à forma como nos comunicamos com as outras pessoas, a fim de remover as objeções intelectuais contra o cristianismo. No dia a dia, não conversamos com colegas de classe e amigos como se estivéssemos em um tribunal defendendo dada alegação, com direito a réplica e tréplica. Agimos e dialogamos naturalmente, considerando os sobressaltos da vida, a dinâmica dos relacionamentos e o espírito emocional dos outros. Assim também deve ser a apologética no diálogo. Ela precisa ser natural, dialógica e sobretudo contextual.

Nada obstante, conhecer o modo como as pessoas pensam e reagem, e desenvolver estratégias adequadas para responder eficazmente a cada público é algo necessário. Paulo escreveu: "Fiz-me como fraco para os fracos, para ganhar os fracos. Fiz-me tudo para todos, para por todos os meios chegar a salvar alguns" (1 Co 9.22). Paulo usou estratégias específicas para gentios e judeus, afinal a forma de pensar e os modelos mentais de cada um desses grupos eram absolutamente diferentes. Paulo não mudou a mensagem. Mas, alterou o método!

O apologista — escreveu Alister McGrath — é:

> "como um médico sensível, preparado para conversar com as pessoas e ouvi-las com o objetivo de determinar quais são os verdadeiros problemas, de modo que os aspectos apropriados de sua fonte de recursos apologéticos possam ser usados naquela situação. Parte essencial de sua tarefa é obter a confiança de seu parceiro de diálogo".[1]

Nesse sentido é que McGrath afirma que a apologética se destina a públicos específicos, daí porque é necessário conhecer o mundo experiencial de cada público, em vez de esquematizar antecipadamente como deveria ser esse mundo.[2] Idêntica recomendação é dada por C. S. Lewis, citado McGrath:

> "Temos de aprender a linguagem do nosso público. Desde o início, é preciso que fique claro que de nada vale formular *a priori* o que o 'homem comum entende ou não entende. É preciso descobrir isso pela experiência [...]. Devemos traduzir toda porção mínima que seja de teologia em linguagem corriqueira. Isso não é fácil [...], mas é indispensável. É também o maior serviço que se pode prestar ao nosso próprio pensamento'. Cheguei à conclusão de que, se não for possível traduzir nossos pensamentos em linguagem não técnico, isso significa que eles são confusos. A possibilidade de traduzir é o teste por meio do qual saberemos se fomos capazes de entender o significado daquilo que dissemos".[3]

Desse modo, a forma como defendemos a fé contra os ataques de um ateu é diferente do modo como fazemos em relação a um espiritualista pós-moderno, que acredita que todas as religiões conduzem a Deus. Até mesmo entre aqueles que não acreditam na existência de um Deus existem diferentes abordagens e perspectivas. Nem todos que se afirmam ateus de fato o são. Talvez seja melhor empregar o termo de Ravi Zacarias (*antiteístas*) para classificar aqueles que rejeitam a existência de uma divindade, incluindo-se aí os ateus, agnósticos e céticos. A diferença entre esses grupos

---

[1] MCGRATH, Alister, 2008a, p. 329.
[2] MCGRATH, Alister, 2008a, p. 59.
[3] MCGRATH, Alister, 2008a, p. 60.

é que enquanto o cético diz: "Eu duvido que Deus exista" e o agnóstico afirma "Eu não sei (ou não posso saber) se Deus existe" o ateu afirma peremptoriamente que Deus não existe.

II. Antes de Responder, Faça Perguntas!

Antes de apresentar os argumentos daquilo em que você acredita, questione o seu oponente sobre a versão defendida por ele. Como lembra Norman Geisler, há muitas boas razões para fazer perguntas sinceras em um diálogo. Uma delas é que a pergunta sincera permite ao outro perceber que estamos genuinamente interessados na opinião da pessoa. Geisler diz que "apenas vomitar respostas ou desafiar antipaticamente as pessoas com a fé cristã não vai ajudar a construir nenhum relacionamento com aqueles que precisam conhecer a Deus. Portanto, é essencial reconhecer que uma pergunta devidamente colocada, feita em atitude de amor e preocupação, pode ser muito mais eficaz do que apenas tentar provar um ponto e vencer uma discussão".[4]

A utilização das perguntas é a essência da maiêutica socrática, em que o interlocutor é interrogado sobre aquilo que diz acreditar, levando a uma conclusão do seu próprio raciocínio, às vezes contraditório. Essa técnica tinha o objetivo de conduzir o aluno ao um "parto mental" em busca da verdade, por meio de perguntas. Gregory Koukl chama essa técnica de a Tática de Columbo, em referência a um detetive da série de TV americana que costumava fazer a seguinte indagação: "Você se importa se eu lhe fizer uma pergunta?". De acordo com Koukl, essa tática é "permanecer na ofensiva durante a conversação e, de quando em quando, derruba o ponto de vista da outra pessoa com perguntas cuidadosamente selecionadas, com as quais desenvolve o diálogo de uma forma interativa".[5]

Para aplicar a Tática de Columbo, Koukl[6] diz:

> Para saber mais sobre o que a pessoa acredita, pergunte: O que você quer dizer com isso?

---

[4] GEISLER, Norman; BOCCHINO, Peter. **Fundamentos inabaláveis**. São Paulo: Editora Vida. 2003, p. 60.

[5] KOUKL, Gregory. A apologética na vida cotidiana. In: BECKWITH, Francis *(et. al.)*. **Ensaios Apolo géticos**. São Paulo: Hagnos, 2006, p. 57.

[6] KOUKL, Gregory. **A Tática de Columbo.** Disponível em: http://mauevivian.blogspot.com.br /2010/ 03/tatica-columbo-greg-koukl.html.

- Esclarece as afirmações que a pessoa está fazendo.
- Nos diz o que a pessoa pensa.
- Fornece uma boa partida para conversa.
- Para fazê-los defender os seus próprios pontos de vista pergunte: Como você chegou a essa conclusão?
- Esclarece as razões para as ideias da pessoa.
- Nos diz como a pessoa pensa.
- Faz com que a outra pessoa tenha o "ónus da prova" para suas próprias reivindicações.
- Para descobrir uma falha no pensamento, começa a sua pergunta com: Você pode esclarecer isso para mim?
- Use essa opção quando as razões não suportam adequadamente a alegação da pessoa.
- Desafia uma fraqueza ou contradição em sua opinião.
- Descobre a falha com uma pergunta ao invés de uma declaração, e os incentiva a pensar no que eles acreditam.
- Também use a tática Columbo para sair do banco "*quente*".
- Mude o modo de argumentação para o modo de busca dos fatos.
- Tire a pressão, usando as duas primeiras questões Columbo.
- Finalize com "deixe-me pensar sobre isso" e faça uma pesquisa sobre o assunto no seu tempo livre, antes de continuar a conversa.

Como diz Koukl, a tática de Columbo é muito boa para ser utilizada em uma sala de aula contra professores. É uma tolice confrontar diretamente o seu ponto de vista, afinal ele tem uma vantagem estratégica, que é o comando da sala. Por isso, quando ele apresentar um pensamento que contraria a cosmovisão cristã faça perguntas no estilo: "Professor, o que você quer dizer com isso? Como chegou a essa conclusão? Faça-o arcar com a responsabilidade da prova, pois ele é o professor.

Mas é importante tomar cuidado. Koukl observa que o professor pode devolver a pergunta para você. Ele pode dizer: "Ah! Você deve ser um daqueles fundamentalistas que pensa que a Bíblia é inspirada por Deus. Está bem, eu sou um homem justo. Por que você não utiliza alguns minutos e prova isso para o resto da classe?[7] Não caia na armadilha. Ao invés de tentar provar algo inicialmente, lembre ao professor que foi ele quem fez a afirmação: "Professor, eu não disse nada sobre o meu ponto de vista, portanto, você não o conhece. Além disso, ele é irrelevante. Não importa em que eu creio. Seu ponto de vista é o assunto, e não o meu. Eu sou apenas um estudante. Você fez uma afirmação forte. Eu quero apenas esclarecimentos e razões".

[7] KOUKL, Gregory. A apologética na vida cotidiana. In: BECKWITH, Francis *(et. al.)*. **Ensaios Apolo géticos**. São Paulo: Hagnos, 2006, p. 61.

Então, se ele lhe der uma resposta, agradeça-o pela explicação e faça outra pergunta, ou simplesmente termine a conversa, por enquanto, até ter outra oportunidade.

Koukl ressalta o seguinte:

> "Cristãos não precisam ser peritos em tudo. Se você mantiver o ônus da prova sobre os ombros do oponente quando ele fizer a afirmação, não precisa ter todas as respostas. De fato, mesmo quando sabemos pouco, podemos ser eficazes se fizermos as perguntas certas. Quando alguém diz a você: 'A bíblia tem sido alterada inúmeras vezes', ou ninguém pode saber a verdade sobre a religião', ou 'Todas as religiões são basicamente as mesmas', não fique em silêncio. Antes, levante as sobrancelhas e diga: 'O que você quer dizer com isso?', e: 'Como chegou a essa conclusão'. Em uma discussão, todos têm um ponto de vista. Não há motivos para deixar que o outro lado tenha uma pista limpa pela frente. Não permita que o forcem a uma postura defensiva quando os outros estão afirmando algo. Lembre-se de que sobre eles repousa o ônus da prova. Por que permitir que ignorem essa responsabilidade?".[8]

E, depois que você perceber que o seu oponente não consegue apresentar uma resposta satisfatória ou coerente, você está em condições de apresentar a perspectiva cristã sobre qualquer assunto, caso se sinta seguro.

III. Crie Pontos de Contato

Naturalmente, existe um abismo que separa a forma de pensar entre crentes e descrentes. Para aproximar os dois raciocínios antagônicos, a fim de que a comunicação e defesa do evangelho sejam eficazes, é necessário criar pontos de contato, isto é, insights e ideias que formem pontos de interseção que sejam comuns a ambos os lados, criando um clima de receptividade ao teísmo. De acordo com McGrath, o ponto de contato é um ponto de apoio dado por Deus para a autorrevelação divina; "é a percepção ou a consciência da presença passada por Deus e a atual debilidade dessa presença, suficiente para nos comover a ponto de nos sentirmos desejos de recobrá-la em sua totalidade, por meio da graça divina".[9] Ele diz que

[8] KOUKL, Gregory. A apologética na vida cotidiana. In: BECKWITH, Francis *(et. al.)*. **Ensaios Apologéticos**. São Paulo: Hagnos, 2006, p. 61-62.

[9] MCGRATH, Alister, 2008a, p. 24.

é como uma alavanca, um estímulo, um aperitivo daquilo que está por vir, revelando-nos também a insuficiência e a pobreza daquilo que agora possuímos. Nas palavras de Agostinho: ponto de contato é uma lembrança latente de Deus.

Não pretendo adentrar aqui no histórico debate existente entre as "escolas" da apologética pressuposicionalista, clássica e evidencialista sobre a natureza e a possibilidade dos pontos de contato para levar o descrente ao conhecimento de Deus. A título de nota, pode ser dito que todo método apologético traz embutido uma perspectiva epistemológica, que tenta explicar o modo como podemos conhecer alguma coisa, especialmente conhecer ao Deus Criador, colocando no centro da discussão as revelações gerais e especiais.

A apologética pressuposicionalista, de tradição calvinista e capitaneada por Cornélius Van Til (1895-1978), alega que o homem, diante dos efeitos noéticos do pecado, não pode chegar a conhecer a Deus pela razão, pois o pecado corrompeu a mente humana a tal ponto que é impossível ao homem caído entender a revelação de Deus adequadamente nem que raciocine corretamente. Logo, o modo como o apologeta pressuposicionalista compreende os pontos de contato é completamente diferente daquela defendida pelos apologetas clássicos e evidencialistas. Os clássicos utilizam argumentos da teologia natural sobre a existência de Deus, enquanto os evidencialistas apresentam provas (evidências) racionais, históricas, científicas, arqueológicas, etc, para apoiar as afirmações das verdades cristãs.[10]

O método pressuposicionalista é geralmente criticado exatamente por minimizar a importância dos pontos de contato com o descrente, pois não está disposto a abandonar certas pressuposições do cristianismo nem mesmo para fins de tentativa de convencimento do descrente. O ponto de contato entre cristãos e incrédulos, nessa perspectiva, no que tange ao método para adquirir conhecimento, tem "a natureza de uma colisão frontal". O apologeta reconhece a sua condição como criatura de Deus e que o único método para a aquisição real do conhecimento é o que busca "pensar os pensamentos de Deus após ele".[11] É difícil imaginar como um descrente poderá pensar com os "pensamentos de Deus". Essa é a razão pela qual Alister McGrath afirma que esse método apologético é excep-

[10] GEISLER, Norman.**Enciclopédia de apologética:** respostas aos críticos da fé cristã. São Paulo: Editora Vida, 2002, p. 62.

[11] VAN TIL, Cornelius. **Apologética cristã**. Trad. Davi Charles Gomes. São Paulo: Cultura Cristã, 2010. Resenha de: PIACENTE JÚNIOR, José Carlos. **Apologética cristã**. FIDES REFORMATA XVII, Nº 1 (2012): 105-109. Disponível em http://mackenzie.br/fileadmin/Mantenedora/CPAJ/Fide_Reformata /17/ 17_1resenhas1.pdf

cionalmente vulnerável e suas implicações são custosas e desastrosas, pois não há diálogo com o mundo.

Nesse sentido, seguindo a perspectiva de McGrath, acreditamos que a revelação geral oferece o ponto de contato para a revelação especial, sendo esta última o conhecimento salvífico de Deus.[12] A ordem da criação, a beleza do universo e a sua sintonia fina, são algumas placas indicativas que apontam na direção de um Criador. Ao escrever aos Romanos, Paulo é enfático ao dizer:

> "Porquanto o que de Deus se pode conhecer neles se manifesta, porque Deus lho manifestou. Porque as suas coisas invisíveis, desde a criação do mundo, tanto o seu eterno poder, como a sua divindade, se entendem, e claramente se vêem pelas coisas que estão criadas, para que eles fiquem inescusáveis; porquanto, tendo conhecido a Deus, não o glorificaram como Deus, nem lhe deram graças, antes em seus discursos se desvaneceram, e o seu coração insensato se obscureceu." (Rm 1.19-21)

Assim, McGrath propõe alguns pontos de contato com os descrentes:

Uma sensação de desejo não satisfeito. Tendo sido criado por Deus, o homem aspira naturalmente o seu Criador. A sua alma o anela. Temos uma disposição interna, uma necessidade inata, de nos relacionarmos com Deus. O transitório e o temporal não conseguem satisfazer essa sensação. Essa é a razão pela qual o ser humano busca o propósito e sentido da sua existência. Se a vida tem propósito, qual seria ele? As Escrituras deixam transparecer que o sentido da vida não está em coisas passageiras e idealizadas pelo próprio homem. Ao lermos o livro de Eclesiastes, percebemos que o sábio Salomão chegou à conclusão de que o significado existencial não estava nas coisas fúteis e temporais, como riqueza, trabalho, prazer e poder. No final do livro, depois de observar o que se passava "debaixo do sol", ele coloca as coisas na perspectiva apropriada: "De tudo o que tem ouvido, o fim é: Teme a Deus e guarda os seus mandamentos; porque este é o dever de todo homem" (Ec 12.13).

C. S. Lewis é quem melhor explica o sentido da vida a partir do ponto de vista bíblico. Ele afirma que a razão da nossa existência neste planeta é estabelecer um relacionamento com a Pessoa que nos colocou aqui. Por

[12] MCGRATH, Alister, 2008ap. 42.

isso enquanto esse relacionamento não for estabelecido, todas as nossas tentativas de conquistar a felicidade — nossa luta por reconhecimento, por dinheiro, pelo poder, pelo casamento perfeito ou pela amizade ideal, tudo que buscamos por toda a nossa vida — jamais serão suficientes, nunca podendo satisfazer inteiramente o desejo, preencher o vazio, acalmar a ansiedade, ou nos fazer felizes. No sermão "Peso de Glória", proferido na Universidade de Oxford, Lewis fala desse desejo inerente ao homem, cuja alma anela por algo superior e sublime; "um desejo que nenhuma felicidade natural pode satisfazer". Ele escreve:

> "A fome física de um homem não prova que ele encontrará pão; ele pode morrer de fome numa jangada em pleno Atlântico. Mas, com certeza, a fome de um homem prova que ele pertence a uma espécie que restaura o corpo por meio de comida e habitam num mundo onde existem substâncias comestíveis. Da mesma maneira, embora eu não creia (quem me dera!) que meu anseio pelo paraíso prove que eu vá usufruir dele, penso ser um sinal bastante seguro de que existe algo parecido e de que alguns homens vão encontrá-lo. Um homem pode apaixonar-se por uma mulher sem conquistá-la; mas seria muito estranho se o fenômeno de ficar apaixonado ocorresse num mundo assexuado".[13]

Em *Cristianismo Puro e Simples* Lewis escreve:

> "Deus nos criou como um homem inventa uma máquina. Um carro é feito para ser movido a gasolina. Deus concebeu a máquina humana para ser movida por Ele mesmo. O próprio Deus é o combustível que nosso espírito deve queimar, ou o alimento do qual deve se alimentar. Não existe outro combustível, outro alimento. Esse é o motivo pelo qual não podemos pedir que Deus nos faça felizes e ao mesmo tempo não dar a mínima para a religião. Deus não pode nos dar uma paz e uma felicidade distintas dEle mesmo, porque fora dEle elas não se encontram. Tal coisa não existe".[14]

Isso significa que o ser humano somente compreende a razão do seu viver quando se volta para o seu Criador, quando compreende seu propósito: glorificar a Deus e ser amado por Ele (Jo 3.16). Naturalmente todos pos-

[13] LEWIS. C. S. **Peso de glória**. 2. ed. São Paulo: Vida Nova, 1993, p. 11

[14] LEWIS, C. S. **Cristianismo puro e simples**, São Paulo: Martins Fontes, 2009, p. 66.

suem esse senso de propósito. O salmista disse: "Como o cervo brama pelas correntes das águas, assim suspira a minha alma por ti, ó Deus!". (Sl 42.1)

Racionalidade humana. O ser humano é um ser racional, o que nos leva, segundo Alister McGrath, a fazer perguntas sobre o mundo. E parece também haver algo no mundo que permite responder às indagações do ser humano. Mas de onde vem a nossa racionalidade? Poderia a consciência ter evoluído da matéria e de processos aleatórios? A matéria pode pensar?

A inteligência e capacidade de raciocínio do ser humano o distingue de qualquer ser vivente, e apontam para a necessária diferença que existe entre o corpo e a mente. Enquanto o materialismo afirma que a única coisa existente é a matéria, a perspectiva teísta afiança que além do corpo o ser humano contém também um componente não físico chamado alma/espírito. Segundo McGrath, o mesmo Deus que criou o mundo também criou a mente humana, estabelecendo assim uma analogia de origem divina e uma congruência entre essas duas criações dEle e a própria natureza divina. Ele cita Lewis:

> "O que está por trás do Universo assemelha-se mais a uma mente do que qualquer coisa que conhecemos. Isso significa que se trata de algo consciente, que tem propósitos e preferências [...]. O universo é obra sua, criado para fins que não conhecemos totalmente; porém, em parte, sabemos que foi feito para que produzisse criaturas à sua semelhança [...] a ponto de serem dotadas de mente".[15]

Conforme afirmei no capítulo dez, dificilmente o cristianismo conquistará audiência se insistir em defender as suas doutrinas usando argumentos abstratos e eminentemente racionais, ainda que coerentes, longe do cotidiano experiencial das pessoas. Isso não significa que tais argumentos não possam ser usados na apologética. Ao contrário, eles devem! Contudo, o uso do raciocínio lógico em apologética, principalmente no dia a dia, nas conversas informais com colegas de classe, deve conduzir para a aplicação prática, criando pontos de contato para a compreensão do evangelho. Afinal, a racionalidade humana pressupõe a existência de uma racionalidade suprema, apontando, pois, para a existência de Deus, não havendo por isso qualquer contradição entre fé e razão, entre espiritualidade e racionalidade.

---

[15] MCGRATH, Alister, 2008a, 78.

Isso significa dizer que o cristianismo não é um salto no escuro ou uma religião intelectualmente deficiente. A religião cristã esta alicerçada em premissas razoáveis e coerentes, cujo enredo e conteúdo doutrinal podem ser plausivelmente compreendido pela mente humana, a partir de credenciais inteligíveis e convincentes. Assumir a importância da racionalidade para os fins da apologética cristã não significa cair em um racionalismo frio que, ao negligenciar a dimensão sobrenatural e o elemento místico da fé, assim como a revelação de Deus aos homens, sua transcendência e imanência, transforma o cristianismo em um mero conjunto de discursos argumentativos filosóficos.[16] Aqui, entende-se a racionalidade como uma faculdade mental inerente ao ser humano para compreender, discernir e tomar decisões refletidas. Ao menos em duas ocasiões, as Escrituras utilizam a palavra "racional" (Rm 12.1; 1 Pe 2.2), gr. *logikos*, referindo-se a uma atitude pensada, reflexionada, e não como força do hábito ou da mera repetição. Por isso, como cristãos, sustentamos que o cristianismo é verdadeiro, não simplesmente porque funciona e atende as necessidades e anseios humanos, mas porque está arraigado na realidade, no testemunho da história e corroborado pela ciência e pela filosofia, tendo à sua disposição um arsenal de evidências da sua veracidade.

Para compreendermos o papel desempenhado pela racionalidade na defesa da fé cristã, precisamos restaurar, como afirmam Peter Kreeft e Ronald Tacelli, a noção mais antiga de razão, que significa essencialmente duas coisas: primeiro, ver os processos subjetivos do raciocínio humano como parte integrante de uma ordem racional objetiva e um reflexo dela, um *logos*, uma Razão com "R" maiúsculo; segundo, enxergar a razão não como que confinado ao raciocínio lógico e calculista puramente, mas no sentido de apreensão, intuição intelectual, compreensão, discernimento e contemplação.[17]

Igualmente imprescindível é termos em mente a diferença marcante entre fé e crença. Embora geralmente esses termos sejam usados de forma intercambiável, a distinção entre eles, ou entre fé e doutrina, deve ser considerada no âmbito da teologia cristã. Podemos explicar ao descrente sobre a inteligibilidade do cristianismo, mas não podemos fazê-lo confiar em Deus. Podemos até mesmo levá-lo a assentir intelectualmente com a validade da narrativa cristã e todas as suas doutrinas elementares, mas não podemos fazer brotar em seu coração a fé para um relacionamento verdadeiro

---

[16] Sugere-se a leitura do capítulo 12 "Educação Cristã como labor teológico". **Uma pedagogia para a Educação Cristã**, 2015, p. 126.

[17] KREEFT, Peter; TACELLI, Ronald, 2008, p. 17.

com Cristo. Isso porque, enquanto a fé o firme fundamento das coisas que se esperam, e a certeza daquelas que não se veem (Hb 11.1), possuindo, portanto, natureza relacional, que expressa compromisso e confiança íntima em Deus; a *crença*, por outro lado, é um conjunto de formulações e explicações dessa fé de forma sistematizada, produzidas ao longo da história do cristianismo. Nesse sentido é que Alister McGrath afirma que a "teologia representa a tentativa humana de colocar ordem nas ideias das Escrituras, organizando-as e ordenando-as para que a relação mútua entre elas possa ser melhor entendida".[18] Logo, não podemos cair no erro de confundir fé (relacional) com crença (epistemológica), pois como observou Justo Gonzáles isso pode levar ao entendimento equivocado de que a crença em certas doutrinas pode proporcionar salvação.[19]

No livro já citado — *Uma pedagogia cristã para a educação cristã* —, mais especificamente no capítulo 12, César Moisés faz questão de assinalar o cuidado que devemos ter no labor teológico no que tange aos perigos do racionalismo. Ele observa que, ainda que o Antigo e o Novo Testamento vinculem a fé ao conhecimento e ao entendimento, tal "conhecimento implica uma relação pessoal entre sujeito e objeto (Êx 29,46; Dt 29,5; 1 Rs 8,43.60; Jr 31,34 e outros)". Assim, "a racionalidade envolvida no processo de se entender a mensagem, ou a inteligibilidade da revelação, não pode ser confundida com o ato de crer nessa mesma revelação".[20] Com relação a fé:

> "Essa fé não é obra da razão, tampouco o objeto da fé pode ser reduzido à razão. Para que uma teologia científica seja possível sob essas condições, sua cientificidade se inicia posteriormente, no interior da fé. Por isso, para Tomás [de Aquino], a teologia só pode ser considerada uma ciência num sentido restrito. Ela não pode ser concebida como pura ciência racional, mas como ciência secundária (*scientiasubalterna*), subordinada à ciência primária (*protaetheologia*), à "ciência de Deus e dos bem-aventurados". Da revelação divina, ela adota na fé seus princípios e axiomas, os chamados artigos da fé, a partir dos quais se extrai um conhecimento argumentativo, intersubjetivo e reproduzível por meio da razão. Portanto, a teologia cristã só pode ser concebida como *scientia* num sentido limitado".[21]

---

[18] MCGRATH, Alister, p. 32.
[19] GONZÁLES, Justo. 2008a, p. 16.
[20] CARVALHO, César Moisés. 2015, p. 284.
[21] BOTTIGHEIMER, C. *Apud* CARVALHO, César Moisés. 2015, p. 284.

Com efeito, o cristianismo ensina que a razão encontra seus limites ao apontar a existência do domínio superior de Deus. Ela não pode sozinha, investigar ou compreender esse domínio.[22] Sendo assim, o racionalismo, ao afirmar que tudo que conhecemos pela fé também pode ser compreendido, descoberto ou provado pela razão, é um erro, na medida em que coloca a fé como um elemento, uma subdivisão da razão.[23],O extremo oposto, o fideísmo, também é igualmente equivocado. "Enquanto o racionalismo nega a existência de qualquer verdade de fé que não possa ser provada pela razão, o fideísmo, por sua vez, nega a existência de qualquer verdade que não possa ser alcançada pela razão sem o auxílio da fé".[24] Norman Geisler diz que o fideísmo é uma contradição em si mesma, usando a razão para dizer que não devemos usar a razão em questões de religião[25]. Isso claramente contradiz o que escreveu o apóstolo Pedro quando afirma que devemos estar preparados para responder a todos aqueles que nos pedirem a razão da nossa esperança (1 Pe 3.15). Conquanto a razão não produza a fé, ela apresenta bons argumentos em direção a uma visão de mundo verdadeira e tem o poder de veto contra a falsidade. Peter Kreeft e Ronald Tacelli escreveram:

> "Não é possível crer naquilo que sabemos ser falso; e não podemos amar o que acreditamos ser irreal. Argumentos lógicos podem não produzir a fé, mas podem certamente manter-nos longe dela. Portanto, devemos entrar na batalha dos argumentos. [...] Os argumentos podem produzir a fé no mesmo sentido que um carro pode levar-nos até o mar. O carro não pode nadar; teremos de mergulhar no oceano para nadar. Entretanto, não podemos dar esse salto a milhares de quilômetros de distância da praia. Primeiro, precisamos de um veículo que nos leve até o local, de onde poderemos dar um salto de fé para dentro do mar. A fé é como um salto, porém um salto dado na luz, e não na escuridão".[26]

Ao usarmos a racionalidade para a defesa da fé (crença) cristã devemos fazer para a glória de Deus, à luz da sua revelação. Willian Craig afirma que a tarefa de demonstrar que o cristianismo é verdadeiro inclui a apre-

---

[22] D'SOUZA, Dinesh, 2008, p. 204.
[23] KREEFT, Peter; TACELLI, Ronald, 2008, p. 48.
[24] KREEFT, Peter; TACELLI, Ronald, 2008, p. 48.
[25] GEISLER, Norman. 2002, p. 349.
[26] KREEFT, Peter; TACELLI, Ronald, 2008, p. 27.

sentação de argumentos lógicos e convincentes em favor da veracidade alegada pelo cristianismo. Segundo Craig, os argumentos mais convincentes, indutivos ou dedutivos, "serão aqueles que estiverem fundamentados em premissas que desfrutam de apoio de evidências amplamente aceitas ou parecem intuitivamente verdadeiras".[27] Em caso de discordância, prossegue Craig, precisamos inquirir o descrente sobre os motivos pelos quais ele não concorda com as premissas apresentadas, afinal ele também pode ter as suas justificativas. Mas, quando "o interlocutor não tem uma boa razão para rejeitar a nossa premissa ou que sua rejeição está baseada em uma informação equivocada, ou na ignorância de evidências, ou em uma objeção falaciosa. Nesse caso, podemos persuadi-lo dando-lhe informações ou evidências melhores ou corrigindo amavelmente o seu erro".[28]

Nesse sentido, os argumentos da existência de Deus são valiosos recursos para a defesa da fé cristã dentro da universidade. Atualmente, os argumentos teístas podem ser sintetizados da seguinte forma, conforme propõe Willian Lane Craig:

Argumento Ontológico de Alvin Plantinga:

1. É possível que exista um ente de grandeza máxima.
2. Se é possível que exista um ente de grandeza máxima, então esse ente existe em algum mundo possível.
3. Se existe um ente de grandeza máxima em algum mundo possível, então ele existe em todo mundo possível.
4. Se existe um ente de grandeza máxima em todo mundo possível, então ele existe no mundo real.
5. Se existe um ente de grande máxima no mundo real, então existe um ente de grandeza máxima.
6. Logo, existe um ente de grandeza máxima (Deus).

Argumento Cosmológico:

1. Tudo o que começa a existir tem uma causa.
2. O universo começou a existir.
3. Logo, o universo tem uma causa.

---

[27] CRAIG, Willian Lane, 2012, p. 51.
[28] CRAIG, Willian Lane, 2012, p. 51.

Argumento Teleológico do Design:

1. O ajuste preciso do universo se deve a uma necessidade física, ou a um acaso ou a um *design*.
2. Ele não se deve à necessidade física ou ao acaso.
3. Logo, ele se deve a um *design*.

Argumento Moral:

1. Se Deus não existe, não existem valores e deveres morais objetivos.
2. Valores e deveremos morais de fato existem.
3. Logo, Deus existe.

Se o estudante cristão compreender bem esses argumentos, suas premissas e conclusões, juntos, eles formam um conteúdo eficiente para desarmar as acusações antiteístas contra o cristianismo. Contudo, impende destacar que tais argumentos não "provam" a existência de Deus. Como escreveu Willian Craig, é melhor dizer que "há bons argumentos a favor da existência de Deus", ou à luz da evidência, "é mais provável que Deus exista do que não", de maneira mais modesta: "Crer na existência de Deus se torna algo racional pela argumentação".[29] Willian Craig ainda escreve:

> "Se o descrente nos pergunta se estamos dizendo que o ateísmo ou o agnosticismo é irracional, devemos dizer a ele: 'Não estou interessado em fazer avaliações pessoais em relação ao que os nãos teístas creem, se aquilo em que acreditam é racional ou não. Estou dizendo apenas que há bons argumentos a favor da existência de Deus'. As cosmovisões, como tais, não são racionais e nem irracionais. Pelo contrário, as pessoas é que são racionais ou não em relação às cosmovisões que defendem. Uma pessoa pode ser racional ao acreditar que algo é falso, contanto que acredite ter bons argumentos para isso. Portanto, a mesma cosmovisão pode ser racional quando defendida por algumas pessoas e irracional quando defendida por outras. Assim, não vem ao caso se o ateísmo é racional ou não para algumas pessoas. A questão é se o ateísmo é verdadeiro. O que queremos mostrar é que o ateísmo é falso, e que é irracional que alguém o defenda. Fazemos isso apresentando bons argumentos a favor do teísmo. Lembre-se: as pessoas são

[29] CRAIG, Willian Lane, 2012, p. 183.

> racionais; os argumentos são sólidos. Estamos interessados na existência, ou não, de argumentos sólidos a favor da existência de Deus baseados em premissas que sejam mais plausíveis que sua negação. Não é preciso fazer julgamentos pessoais no tocante à racionalidade, ou não, dos não teístas. Esse tipo de estratégia tem a vantagem de não ofender a pessoa a quem estamos tentando convencer. Estamos simplesmente dizendo a ela: 'Aqui estão alguns bons argumentos a favor da existência de Deus que, na minha opinião, são muito bons. O que você acha?'".[30]

Ainda se tratando de racionalidade na defesa da fé, o uso dos primeiros princípios da lógica também são interessantes para apontar erros de raciocínio. Geralmente, quando defendemos o evangelho dos ataques dos descrentes, temos o ímpeto de irmos direto à resposta, sem analisarmos a estrutura da própria pergunta. Isso é um equívoco, pois na grande maioria das vezes, o próprio ataque/questionamento carrega incongruências internas. Mortimer Adler dizia que não podemos focar, primeiramente, na conclusão de um argumento, e sim no começo; devemos focalizar os "pontos de partida" empregados pelos filósofos, professores, autores e céticos para ver se existe algum erro fundamental em seus fundamentos, isto é: em suas pressuposições básicas.[31] Para detectarmos essas incoerências, precisamos recorrer à lógica.

Os primeiros princípios da lógica ajudam a demonstrar a incoerência do pensamento anticristão. Os primeiros princípios são a base do conhecimento; eles são incontestáveis e evidentes. Esses primeiros princípios remontam a Aristóteles, expostos em uma série de ensaios chamado "Lógica" ou "Organon". Ele estabeleceu a diferença entre as formas e inválidas de raciocínio humano, usando os primeiros princípios para apontar os erros nas premissas básicas. Norman Geisler escreveu:

> "Se Aristóteles estava certo quando disse que os primeiros princípios formam os fundamentos de todo conhecimento (disciplinas acadêmicas), é essencial que aprendamos a identificá-los e usá-los para dar suporte à fé em Cristo. Esse não é o único método que pode ser empregado para defender e comunicar o Cristianismo, mas o consideramos um dos me-

[30] CRAIG, Willian Lane, 2012, p. 183, 184.

[31] GEISLER, Norman; BOCCHINO, Peter, 2003, p. 16.

> lhores meios de construir pontes da verdade para alcançar os que rejeitam nossas convicções. Se quisermos entender bem os primeiros princípios, estaremos a caminho de estabelecer a base comum com aqueles que se opõem ao teísmo cristão. Se esses primeiros princípios de pensamento de fato refletem a natureza do Deus da bíblia, como argumentaremos, os questionadores e os ouvintes opositores naufragarão se os rejeitarem. Isto é, eles devem ou negar a validade dos primeiros princípios sobre os quais as disciplinas acadêmicas estão baseadas – minando assim todo o conhecimento –, ou concordar com a credibilidade intelectual desses primeiros princípios e com ela a solidez intelectual do teísmo".[32]

Norman Geisler cita 12 primeiros princípios: Princípio da Existência; Princípio da Identidade; Princípio da Não Contradição; Princípio do Terceiro-Excluído; Princípio da Causalidade; Princípio da Contingência (ou Dependência); Princípio da Necessidade; Princípio Negativo da Modalidade; Princípio da Causalidade Existencial; Principio da Necessidade Existencial; Princípio da Contingência Existencial e Princípio da Analogia. Em nosso caso, deteremo-nos somente à Lei da Não Contradição. Por esse princípio "a existência não pode ser inexistência, pois são opostos diretos. E opostos não podem ser iguais. Pois quem afirma que 'os opostos podem ambos ser verdadeiros' não acredita que o oposto dessa afirmação é verdadeiro".

Geisler e Turek chamam o LNC de a tática do Papa-léguas, aquele personagem do desenho animado que sempre conseguia escapar das armadilhas do Coiote. Embora o Coiote tentasse capturá-lo de todas as formas, o Papa-léguas sempre era mais ágil e esperto, fazendo com que o seu perseguidor, vez ou outra, caísse de um precipício e se estatelasse no chão, pois não podia sustentar o seu próprio corpo no ar.

Os autores explicam:

> "A tática do Papa-léguas é especialmente necessária aos estudantes universitários de hoje. Por quê? Porque muitos de nossos professores universitários vão dizer que não existe verdade. O que nos surpreende é que os pais ao redor do mundo estão literalmente pagando muito dinheiro em educação universitária para que seus filhos aprendam que a 'verdade' é que não existe verdade, isso sem falar de outras afirmações pós-modernas falsas em si mesmas".[...] "Naturalmente esses mantras são

[32] GEISLER, Norman; BOCCHINO, Peter. 2003, p. 16.

> mentirosos porque são afirmações falsas em si mesmas. Mas temos algumas perguntas para aqueles que ainda acreditam cegamente neles: se não existe verdade, então por que tentar aprender alguma coisa? Por que um aluno deveria dar ouvidos a um professor? Afinal, o professor não tem a verdade. Qual é o objetivo de ir à escola, quanto mais de pagar por ela? Qual é o objetivo de obedecer às proibições morais de um professor quanto a colar nas provas ou plagiar trabalhos de outras pessoas?".[33]

A tática do Papa-Léguas é muito valiosa dentro do atual contexto de pós-modernidade, que defende a verdade relativa e rejeita, por completo, a verdade absoluta. Se o seu professor pós-moderno proferir a frase mágica "A verdade é relativa", imediatamente, faça a seguinte pergunta a ele:

— Isso também é uma verdade?

Observe que ao fazer essa indagação você colocou o professor relativista contra a parede, em virtude de um problema de raciocínio lógico. Se a resposta dele for positiva, esclareça que o argumento não se sustenta, afinal, ele também criou a sua própria verdade (o que contraria a ideia de que a verdade é relativa). Caso a resposta seja negativa, então, não há razão para dar crédito àquilo que o professor diz, pois, se trata de uma mentira.

Veja outras aplicações da LNC:

"Não existem absolutos"

— Você está absolutamente certo disso?" (Bii Bip!)

"É verdade para você, mas não é para mim"

— Essa afirmação é verdadeira apenas para você ou para todo o mundo? (Bii Bip!)

Recentemente, eu vi a tática do Papa-léguas ser aplicada de forma magistral. Em um debate público o conhecido escritor e guru esotérico de Hollywood, Deepak Chopra, afirmou que "toda crença é um disfarce para a insegurança". Ao final, abriram espaço para perguntas dos ouvintes, e o âncora do debate percebeu um senhor no fundo do auditório há um bom tempo com a mão levantada.

— Um cavalheiro de camiseta vermelha lá no fundo que está com a mão levantada já faz um tempo, venha ao microfone.

O senhor de cabelos grisalhos caminhou até onde estava o microfone e disse:

---

[33] GEISLER, Norman; TUREK, Frank, 2006, p. 40

— Minha pergunta é ao Deepak. Você disse há pouco que toda crença é um disfarce para a insegurança. Certo?

Deepak Chopra assentiu: — Hhumrrum.

— Você acredita nisso? — Perguntou novamente o homem.

— Sim — Respondeu Deepak.

O homem de camiseta vermelha então disse "Obrigado!" e caminhou em direção ao seu lugar. A plateia caiu na gargalhada e aplaudiu aquele senhor, pois perceberam a questão lógica em jogo. Deepak ficou desconcertado enquanto o Papa-léguas buzinava: — *Bii Bip!*

Deepak afirmou que toda crença é um disfarce para a insegurança. Ao mesmo tempo, ele disse acreditar nessa afirmação. Logo, aquilo que ele acabara de afirmar era também um disfarce para a insegurança.

Veja também a forma como Ravi Zacharias usou esses princípios ao ser questionado em dois debates com universitários.

— Não é ser irrealista e egocêntrico Deus condenar um punhado de ateus que não creem nEle, quando não lhes deu uma razão convincente para crer?

Ravi Respondeu:

> "Você invocou uma questão moral ao dizer que Deus é injusto. Então, se algo é injusto então deve existir o justo. Se existem o bem, deve existir o mal. Portanto, deve existir uma lei que distingue o justo do injusto, o bem do mal. Se há uma lei, há um legislador. Pois, se não há um legislador, não há uma lei que defina o que é bom. Sendo assim, não entendi a sua pergunta".

— A vida não tem sentido!

Ele também respondeu:

> "Presumo que o senhor supõe que a sua afirmação tem sentido, então, não se pode dizer que tudo é sem sentido. Por um lado, então, se tudo é sem sentido, então o que o senhor acabou de dizer também não tem sentido. E assim, com efeito, o senhor não disse nada".

Angústia existencial e alienação. Quanto a esse ponto de contato, McGrath afirma que todo ser humano é cercado por uma angústia existencial, o temor que sentimos em nos perder na vastidão do mundo impessoal e de sermos reduzidos à insignificância cósmica; um sentimento de ausência de significado e de que a vida é totalmente fútil; o desespero diante das coisas que nos ameaçam reduzir a nada.

Em *O triângulo do reino*, J.P. Moreland[34] chama isso de "eu vazio". Segundo ele, o "eu vazio" está tão difundido na cultura atual que, às vezes chega a ser tratado como praga cultural. Ele cita o psicólogo Philip Cushman: o eu vazio está repleto de bens de consumo, calorias, experiências, políticos, parceiros românticos e terapeutas [35]empáticos. [...] o eu vazio experimenta uma ausência significativa de comunidade, tradição e sentido compartilhado, [...] uma falta de convicção e mérito pessoal, e incorpora essas carências como uma fome emocional crônica e indiferenciada". Nesse ambiente social onde a vida é desprovida de finalidade última, as pessoas tentam atribuir sentido a outras coisas, como o consumismo, o sucesso e o hedonismo, gerando com isso uma cultura dessensibilizada, ultrassexualizada, viciada em promiscuidade e pornografia, que falha em satisfazer o anseio pelo drama que nos foi dado por Deus.

Com efeito, McGrath afirma que esse sentimento de vazio e falta de segurança existencial deve ser usado pelo apologista como estímulo poderoso, para que se busque algum tipo de fundamento que dê segurança espiritual à vida humana; uma âncora da alma.

Consciência de finitude e de mortalidade. O temor da morte também é um importante ponto de contato apologético. Segundo McGrath, "a sensação de temor que assalta a natureza humana pode ser considerada o bater suave de Deus à porta de nossa vida, lembrando-nos de que somos apenas inquilinos de uma morada temporária". Desse modo, "temos de ajustar contas com o inevitável; Deus, em sua graça, permite que o medo da morte conduza à alegria do perdão, à descoberta de Jesus Cristo e à esperança da vida eterna. Do meio da urtiga que é o temor humano, podemos colher a flor da paz divina".

IV. O Papel do Espírito Santo na Apologética

Embora tenha discorrido sobre os fatores necessários para a preparação apologética, outro ponto que não pode jamais ser desprezado na defesa da fé refere-se à necessidade de dependência e auxilio do Espírito Santo de

[34] MORELAND, J. P., 2011, p. 32.
[35] CRAIG, Willian Lane, 2012, p. 99.

Deus. É ele quem convence o homem do pecado, da justiça e do juízo (Jo 16.8). Uma defesa da fé sem a ajuda do Consolador até pode ser bonita, bem desenvolvida e inteligível, contudo, não terá o poder do evangelho para a conversão do ouvinte.

D. L. Moody escreveu em certa ocasião que

> "a proclamação do evangelho não pode estar divorciada do Espírito Santo. A menos que Ele dê poder à palavra, infrutíferas serão nossas tentativas em pregá-la. A eloquência humana – ou a persuasão da linguagem – não passam de mera aparência exterior de um morto, se o Espírito vivo não estiver presente. O profeta pode pregar aos ossos no vale, mas tem de haver o sopro do céu para que tornem a viver".[36]

Apologética sem o Espírito Santo convence a mente. Apologética com o Espírito Santo converte a alma. Isso acontece porque a conversão de uma pessoa ao Senhorio de Cristo não depende somente de conhecimento, mas também de vontade. Podemos apresentar todas as respostas plausíveis para um questionador do evangelho, demonstrando a lógica a do cristianismo e a plausibilidade da existência de Deus, sem que ela mude sua forma de pensar ao final da conversa. Por essa razão, o Consolador deve ser partícipe da tarefa de defesa do evangelho, afinal, como escreveu Ravi Zacharias:

> "[...] a tarefa da apologética é, com a ajuda de Deus, auxiliar o questionador a enxergar seu próprio coração com a raiz do problema e pedir ao Espírito Santo que o convença do pecado, pois é isso o que realmente representa. Uma vez que essa conversão surja e o coração seja visto pelo que ele é, a cruz manterá a sua magnificência como fonte do perdão".

Além disso, não podemos nos esquecer de que a nossa luta não é contra a carne e o sangue, mas sim contra os principados, contra as potestades, contra os príncipes das trevas deste século, contra as hostes espirituais da maldade, nos lugares celestiais (Ef 6.12). Isso significa dizer que a apologética deve levar em conta principalmente o mundo espiritual, intangível, que não pode ser visto e alcançado pela mente humana. É preciso entender que a apologética faz parte de uma verdadeira guerra espiritual e que somente com nossas armas carnais não poderemos derrotar o Inimigo de nossas almas.

---

[36] MOODY, D. L. **O poder secreto do Espírito Santo.** Rio de Janeiro: CPAD, 1998, 15.

C. S. Lewis diz que há dois erros semelhantes, mas opostos que os seres humanos podem cometer quanto aos demônios. Um é não acreditar em sua existência. O outro é acreditar que eles existem e sentir um interesse excessivo e pouco saudável neles[37]. Isso me faz pensar em quão triste é o cristão, especialmente o universitário, descrer da realidade espiritual, a despeito de ser crente. Sim, porque o primeiro passo para se preparar para a batalha espiritual é acreditar na sua existência, tendo em vista que ninguém pode lutar contra aquilo que não acredita.

A.W. Tozer alertou em um de seus livros que o fruto da iluminação divina não era contrário à pura e simples luz intelectual, mas estava completamente além desta. E escreveu: "A suma do que estou dizendo é que há uma iluminação, concedida por Deus, sem a qual a verdade teológica é informação e nada mais".[38]

O Espírito Santo é o Ajudador enviado pelo Pai. O Espírito da Verdade. AquEle que ensina todas as coisas e nos faz lembrar a Palavra do Senhor (Jo 14.16-26). Sem Ele, portanto, a apologética se transforma em palavras estéreis de sabedoria humana. Willian Craig explica que apesar de podermos usar argumentos e provas para dar apoio à fé do cristão, eles nunca são propriamente a base dessa fé. "Para o que crê, Deus não é a conclusão de um silogismo; Ele é o Deus vivo de Abraão, Isaque e Jacó que vive em nós. Como, então, o cristão sabe que o cristianismo é verdadeiro? Ele sabe por causa do testemunho do Espírito Santo que vive nele, que autentica a sim mesmo". Quanto ao incrédulo, com base em João 16.7-11, Craig lembra que o ministério do Espírito Santo é tríplice: Ele convence o incrédulo do pecado, da justiça e da sua condenação por Deus. Com efeito, se não fosse a manifestação e atuação do Espírito Santo, ninguém jamais se salvaria.[39]

O que promove essa atuação do Espírito Santo na vida do descrente é a própria graça divina. Segundo Roger Olson, "a graça cura a ferida mortal do pecado e capacita os humanos, que, caso contrário, estariam na escravidão da vontade ao pecado, a responder livremente à mensagem do evangelho".[40]

Além desse aspecto, o Espírito Santo também ilumina de forma sobrenatural a vida do apologista cristão. Afinal, acreditamos na atualidade dos dons e na revelação do Espírito Santo. Nesse sentido, o escritor Harold

[37] LEWIS, C. S. **Cartas de um diabo a seu aprendiz**. São Paulo: Martins Fontes, 2005, p. IX.
[38] TOZER, A. W. **Esse cristão incrível**. São Paulo: Mundo Cristão, 2007, p. 53.
[39] CRAIG, Willian Lane, 2012, p. 42-43.
[40] OLSON, Roger E., 2013, p. 208.

Hill, em seu livro *Aprenda a viver como um filho do Rei*[41], conta a experiência que teve em um debate e como precisou da ajuda divina para vencer um discussão com intelectuais.

Ele conta que recebeu um convite para falar a um grupo de cientistas em Trenton, no estado de Nova Jersey. Todos eles tinham algum título de doutorado em suas profissões, cientistas de primeira linha, a maior parte deles trabalhando em física ou química, que todos os meses convidavam um conferencista para falar-lhes sobre qualquer assunto.

Haveria uns quinze cientistas reunidos para ouvi-lo naquela noite. Hill relata que ao começar a falar-lhes de suas experiências, dois deles pareciam especialmente interessados no que tinha a dizer, mas não sabia o motivo, até que havia falado por uns dez minutos, quando um deles o desafiou:

— Os senhores cristãos falam muito bem, tenho de reconhecê-lo, mas isso é tudo, visto que não fazem nada com respeito ao que creem. Sou pacifista, e pelo que posso ver, os senhores cristãos são uma tropa de farsantes. Se têm o poder de mudar as circunstâncias que afirmam ter, por que não vão e fazem algo para terminar as guerras por exemplo.

Então, seu amigo — prossegue Hill — do outro lado da sala, que revelou comungar de suas ideias, intrometeu-se na conversa, dizendo:

— Claro, se os senhores, os assim chamados cristãos, vivessem em vez de falar até morrer, não teríamos todos estes problemas, guerras e todo esse tipo de coisas.

Hill diz que ficou atônito diante daquela situação, porque não era capaz de discutir com eles — apesar de sua formação (ele era engenheiro). Hill, então escreveu:

> "O homem que falou em segundo lugar era professor de filosofia. Obviamente, teria sido perda de tempo de minha parte tentar persuadi-lo, porque teria sido ele que me haveria persuadido em dois minutos, se tanto.

Enquanto eles trocavam de argumentos ateístas e pacifistas entre si, comecei a orar:

> 'Senhor, esta reunião está perdida, a menos que intervenhas'. Eu podia ver que meus outros amigos cristãos estavam em comunicação direta com o céu, como eu estava, orando em línguas.

[41] HILL, Harold; HARRELL Irene. **Aprenda a viver com um filho do Rei**. São Paulo. Editora Vida, 1998, p.165-169.

> Do ponto de vista do senso comum, devíamos ter arrumado nossas malas e voltado para casa liquidados.

Mas a oração feita por Hill no Espírito Santo subiu diretamente ao trono da Graça e Deus respondeu com uma palavra de conhecimento. Hill recorda que, de repente, viu algo acerca do pacifista que falava tão enfaticamente. Viu algo a respeito daquele homem que ninguém mais na sala sabia, com exceção dele próprio. Porém, nosso irmão em Cristo esperou o momento exato. Aguardou ele terminar sua maratona verbal, e quando parou para tomar fôlego, disse:

— Perdoe-me, senhor. Poderia fazer-lhe uma pergunta?

O homem mostrou-se magnânimo, pronto para conceder qualquer desejo de Hill. Com seu amigo estava confiante de que havia levantado um formoso caso contra os cristãos, e contra Hill em particular.

— O senhor afirma ser pacifista em todo o sentido da palavra, não é verdade? — perguntou Hill.

— Ah, sim, é isso mesmo; isso mesmo — respondeu.

— Não há nenhuma dúvida a esse respeito? Não existe nenhuma área na sua vida na qual o senhor não seja pacifista, certo? — prosseguiu Hill.

— Inteiramente certo.

— Senhor, é certo que o senhor tem uma arma de fogo carregada, em sua casa?

Hil diz ter visto a imagem da arma, no Espírito. Deus havia-lhe deixado olhar no armário do corredor do pacifista e mostrou um rifle carregado que havia ali.

O homem ficou pálido como cera, e começou a vociferar, dizendo que aquilo nada tinha a ver com o assunto da discussão.

— Oh, não, senhor. Não se pode dizer que não tenha nada que ver com o assunto, pois isso está exatamente relacionado com o ponto. Estávamos falando acerca de pacifismo. Pacifismo significa que não deve haver armas. Nenhuma arma.

Então, Hill voltou a perguntar:

— O Senhor tem uma arma carregada em sua casa, no armário do corredor?

Ele tinha de responder, e respondeu, porém, não em voz alta.

— Amigo — prosseguiu Hill — o senhor não é pacifista? O senhor é como uma nota falsa, tão falsificada quanto possível. Um farsante, falando de pacifismo com uma arma carregada em sua casa.

O homem encolheu-se em sua cadeira. Não pronunciou uma palavra sequer naquela noite. Hill continuou falando de Jesus, e ouviram, impressionados pela revelação.

O mais interessante depois. No dia seguinte, o pacifista zombado telefonou para um casal de amigos de Hill dizendo:

— Eu não cria, mas agora estou seguro de que Deus estava ali, porque sou mestre em manter uma conversação. Ninguém pode caçar-me a palavra, especialmente esse estúpido engenheiro Hill.

Pouco tempo depois, esse filósofo e professor encontrou-se com Cristo. Ele já havia feito isso antes, mas seu cérebro instruído o impedira de experimentar o poder de Jesus em sua vida. Entretanto, dessa vez ele passou por uma transformação real, chegando a ser um dos irmãos mais amorosos em Cristo, conforme relata Hill.

E o nosso irmão concluiu da seguinte forma:

> "Contender em nível intelectual teria sido infrutífero. Ninguém teria sido salvo ou transformado. Alguém podia ter dito: Que mensagem maravilhosa. E eu teria sabido que tudo fora posto a perder fazendo-me eu o centro de atração.
> Mas quando, depois de minha palestra, alguém diz: 'Que maravilhoso Salvador' sei que Jesus foi levantado para atrair a todos. Por que não é por força nem poder mental, nem por um esboço de três pontos e mais um poema, mas 'por meu Espírito', diz o Senhor, que Ele convence os incrédulos e os transforma em filhos do Rei.'"

A história de Hill mostra-nos que o simples debate intelectual não é suficiente para uma boa apologética. Isso não quer dizer que a apologética deva ser espiritualizada, em desprezo ao recurso lógico. Não! O cristão deve ser sábio para usar o conhecimento da forma correta, mas sempre depender da ajuda do alto para a defesa do evangelho.

Síntese e Conclusão

Neste capítulo, observamos alguns aspectos valiosos para desenvolver uma apologética eficiente nos diálogos com professores e colegas de classe. Conhecer os pontos essenciais da doutrina cristã e saber como articulá-los em conversas com descrente é um passo importante na apologética cristã. Não se preocupe se você ainda não sabe verbalizar com desenvoltura todos os temas que tratamos neste capítulo. Somente com o estudo constante, a leitura de bons livros cristãos de apologética é que você se aperfeiçoará nessa área. Mas, acima de tudo, dependa do Espírito Santo!

PARTE 5

O Cristão no *Campus*

Capítulo

13

Mantendo a Identidade Cristã no Ambiente Acadêmico

Bem-aventurado o varão que não anda segundo o conselho dos ímpios,
nem se detém no caminho dos pecadores, nem se assenta
na roda dos escarnecedores. Antes, tem o seu prazer na lei do SENHOR,
e na sua lei medita de dia e de noite.

Salmos 1.1,2

Um dos grandes desafios do cristão na convivência universitária é a manutenção da sua identidade e fé cristã. Embora — como alertei no capítulo primeiro — a universidade não seja, por si só, o motivo causador do desvio espiritual dos crentes, o ambiente acadêmico é hostil a todos quantos queiram se pautar por um padrão ético bíblico com suporte em uma verdade absoluta.

Mas a hostilidade não é somente intelectual. O clima extraclasse também é propenso para o desvirtuamento dos valores e das virtudes cristãs. Significa dizer que os maiores ataques contra a fé cristã ocorrem no plano fático e não teórico, na convivência, no dia a dia, na tentativa de subverter os cristãos e retirá-los do caminho da verdade, por meio de ofertas e convites para um comportamento que descaracteriza a identidade cristã.

Ao estudar o abandono da fé na universidade, uma pesquisa realizada pelo Instituto Juventude Completa, nos Estados Unidos, apontou que o grande problema está na falta da identidade cristã. De acordo com o professor Tim Clydesdale, "o que muitos estudantes universitários estão fazendo, no entanto, é armazenar as suas crenças e práticas religiosas em um cofre de identidade".[1]

Seja a perda da identidade cristã ou o seu "armazenamento" em um cofre pessoal, os dois geram sérios problemas espirituais, pois a identidade — dizia a matéria — é um conjunto daquilo que pensamos sobre nós mesmos e que os outros pensam e retratam de nós, o que inevitavelmente influência, se não determina, as escolhas que fazemos e a forma como nos relacionamos com Deus e com ou outros.

O ato de camuflar/esconder a nossa identidade diante do ambiente universitário ocorre geralmente pelo medo de rejeição e exclusão do grupo. A pessoa tem receio de ser considerada ultrapassada, "cabeça fechada", "careta", e por isso acaba assumindo um comportamento diferenciando, para atender aos anseios dos colegas e professores.

E várias são as ofertas do mundo e de Satanás para dissuadir os cristãos do propósito de servir ao Senhor com integridade. Propostas de falsa liberdade, prazer imediato, sexo ilícito, álcool, drogas, bares, festas são oferecidas constantemente em cardápios coloridos. Todas essas coisas, para o homem caído, são naturais e "libertadoras".

Manter a identidade cristã diante desse contexto é um enorme desafio. Isso implica em guardar nossos valores e princípios espirituais e morais

[1] **Estudo aponta porque 60% dos jovens deixam a igreja após concluir o ensino médio ou a faculdade.** Disponível em http://noticias.gospelmais.com.br/estudo-aponta-porque-60-dos-jovens-deixam -a-igreja-apos-concluir-o-ensino-medio-ou-a-faculdade.html. Acesso em 12/3/2015.

mesmo diante de um contexto de confrontação e de adversidade. A Bíblia nos apresenta vários exemplos de homens que tiveram esse mesmo desafio e ainda assim, com a ajuda divina, mantiveram suas características inabaláveis, a exemplo de José do Egito e Daniel e seus amigos.

Ainda hoje, como salvos em Cristo, somos exortados a manter nossas credenciais cristãs diante de um mundo de descrença e impiedade.

I. Sal da Terra e Luz do Mundo: As Credenciais da Identidade Cristã

Em primeiro lugar, devemos lembrar de quem somos. Isso não significa simplesmente recordar o nosso nome e sobrenome; implica em reconhecer nossa individualidade enquanto pessoa. Talvez isso pareça óbvio, mas a maioria das pessoas perde suas identidades exatamente por se esquecerem desse simples aspecto. Ao deixarem-se influenciar negativamente pelos outros, acabam perdendo sua própria individualidade e capacidade de autodeterminação; o medo de sermos rejeitados faz com que passemos a agir para agradar ao outro. Tal postura nos descaracteriza, fazendo-nos perder a nossa essência.

Devemos ter cuidado com a multidão. A multidão que recebeu Jesus Cristo em Jerusalém clamando "Hosana nas alturas" (Mc 11.10), foi a mesma que bradou: "Crucifica-o" (Mc 15.14). Isso porque, quando age coletivamente o ser humano é facilmente manipulado. A psicologia chama esse fenômeno de "comportamento manada", pelo qual os indivíduos em grupo reagem instintivamente todos da mesma forma. O jovem cristão deve agir de forma consciente e autônoma, influenciado somente pelo Consolador (Jo 14.16).

O cristão perde a sua identidade quando procura agradar aos ímpios, seguindo os seus conselhos. Essa é a razão pela qual as Escrituras nos aconselha a não aceitarmos os agrados dos pecadores (Pv 1.10) e nem andarmos pela vereda dos ímpios (Pv 4.14). O salmista disse: "Bem-aventurado o varão que não anda segundo o conselho dos ímpios, nem se detém no caminho dos pecadores, nem se assenta na roda dos escarnecedores. Antes, tem o seu prazer na lei do SENHOR, e na sua lei medita de dia e de noite." (Sl 1.1,2).

Seja no espaço universitário ou em qualquer outro ambiente, o cristão pode desenvolver boas amizades com descrentes. Na universidade, tive vários amigos não cristãos; amizades estas que perduram até hoje. Não existe nenhum pecado nisso. Contudo, não podemos nos juntar com aqueles que podem nos trazer prejuízos morais e espirituais. São as más associações que a Bíblia condena (Sl 1; 1 Co 15.33,34), uma vez que elas corrompem os bons costumes.

É bem verdade que o Senhor Jesus se relacionava com todas as classes de pessoas da sua época, inclusive publicanos e meretrizes. Contudo, o contato que o Mestre tinha com essas pessoas era exatamente para transformar suas vidas, restaurar a dignidade e dar-lhes um novo caminho a seguir. Ao invés de ser influenciado, o Senhor influenciava aquelas pessoas.

Esse é o exemplo que devemos seguir. Como discípulos, somos instigados a influenciar positivamente o meio em que estamos e aqueles que estão ao nosso lado. Somos conclamados a testemunhar. Considere o que Alderi de Souza Matos escreveu em sua *Carta a um universitário cristão*:

> "**Você, estudante** cristão que se sente ameaçado no ambiente universitário, deve lembrar que esse ambiente é constituído de pessoas imperfeitas e limitadas, que lidam com seus próprios conflitos, dúvidas e contradições, e que muitas dessas pessoas foram condicionadas por sua formação familiar ou educacional a sentirem uma forte aversão pela fé religiosa. Tais indivíduos, sejam eles professores ou alunos, precisam não do nosso assentimento às suas posições anti-religiosas, mas do nosso testemunho coerente, para que também possam crer no Deus revelado em Cristo e encontrem o significado maior de suas vidas".[2]

No Novo Testamento, a palavra testemunho provém do grego *martyrion*, e significa, de acordo com D. H. Wheaton, "aquilo que pode servir como evidência ou prova ou do fato estabelecido pela evidência".[3] Portanto, o testemunho cristão é a evidência de alguém foi transformado por Cristo e vive segundo os valores bíblicos, como resultado da santificação e da influência decisiva do Espírito Santo. Tal testemunho é comprovado no dia a dia do cristão, pela forma que se relaciona, procede e fala com os demais.

No Sermão do Monte, logo após falar sobre as bem-aventuranças, o Senhor Jesus utiliza dois símbolos comparativos alusivos aos seus discí-

---

[2] MATOS, Alderi de Souza. **Carta a um universitário cristão.** Disponível em: http://www.ultimato.com.br/revista/artigos/290/carta-a-um-universitario-cristao. Acesso em 20/01/13.

[3] AFONSO, Caramuru. **A beleza do testemunho cristão.** Disponível em http://www.ensinodominical.com.br/a-beleza-do-testemunho-cristao-dr-caramuru-afonso/ Acesso em 20/1/13.

pulos: sal e luz (Mt 5.13). Nessa dupla figura alegórica possuidora de rico significado, o Mestre realça as qualidades essenciais do verdadeiro cristão, aquilo que ele é e deve testemunhar para toda a sociedade. Isso diz respeito a caráter e integridade, que devem fazer notar a transparência da vida autenticamente cristã.

O primeiro símbolo utilizado por Jesus referindo-se aos discípulos é o sal, um importante elemento com características bem peculiares e úteis para o ser humano. Em Israel, o sal era uma iguaria valiosa, usada para temperar os alimentos, fertilizar o solo e até mesmo como produto medicinal. No Império Romano, inclusive, os soldados eram retribuídos com sal, de onde advém a palavra salário (do latim *salarium),* o qual podia ser trocado por alimentos e outros produtos.

Para compreendermos a simbologia utilizada pelo Mestre, precisamos conhecer as duas finalidades essenciais do sal: preservar e temperar.

Naquela época, e até mesmo nos dias atuais, o sal era utilizado para conservar alguns alimentos contra a decomposição natural. Em sua alegoria, o Mestre revela que os discípulos são a reserva moral desse mundo decadente, batalhando contra a corrupção, imoralidade e inversão de valores (Is 5.20). Eis o motivo porque os crentes geralmente são chamados de fundamentalistas e conservadores, pois pautam suas condutas na ética do Reino. A Bíblia diz que devemos ser santos, porque o Senhor é santo (1 Pe 1.16).

O sal também serve para salgar e dar sabor aos alimentos. O tempero salino, quando aplicado na medida certa, dá vida à comida. Uma refeição sem sal é insossa, "sem graça". Do mesmo modo, o mundo sem o sabor do evangelho é triste e sem sentido. Os discípulos receberam a incumbência de temperar esse mundo por meio do testemunho e do anúncio das Boas-Novas transformadoras de Cristo (Mc 16.15), oferecendo vida abundante (Jo 10.10), graça (Tt 2.11), esperança, propósito, paz (Ef 2.17) e amor verdadeiro (Jo 3.16) àqueles que vivem na terra.

Jesus, porém, advertiu acerca da falta de sabor: "e, se o sal for insípido, com que se há de salgar? Para nada mais presta senão para se lançar fora, e ser pisado pelos homens" (v. 13). Naquele tempo, ao ser recolhido da região do Mar Morto, o sal que havia perdido a sua propriedade para salgar não era logo jogado fora. Ele era guardado no Templo de Jerusalém e quando as chuvas de inverno tornavam os pátios escorregadios, o sal era espalhado para evitar as quedas, sendo pisado pelos homens. Com isso, Jesus alerta para o perigo da perda da essência do sal. Sal que não preserva e não tempera, não presta para nada mais; é irrelevante. É como o açúcar que não adoça ou a água que não mata a sede. Não tem qualquer utilidade! Do mesmo modo, o discípulo que não cumpre o seu papel e não observa o seu compromisso com o Mestre é como o servo inútil (Mt 25.30) ou a vara que não dá fruto (Jo 15.1). Como consequência, o sal é lançado fora e pisado pelos homens. Que tragédia! Batalhemos, jovens, para não perdermos o sabor do evangelho em nossa vida.

O segundo símbolo rico de significado atribuído pelo Senhor aos discípulos foi a luz (14), uma das magníficas obras de Deus na criação (Gn 1.3). A luz ilumina e aquece os ambientes, e no lugar em que as suas ondas chegam as trevas se dissipam. Ela simboliza a transparência da vida cristã, testemunhada na sociedade pela conduta reta e virtuosa, vista por todas as pessoas. A verdade subjacente dessa analogia é que a postura do súdito do Reino deve ser exemplar, ainda que o contexto social e cultural caminhe na direção contrária. O jovem cristão não pode ser um "agente secreto" de Cristo em sua escola, faculdade ou trabalho, escondendo sua identidade cristã. O apóstolo Paulo expressou essa verdade ao dizer que devemos ser irrepreensíveis e sinceros, filhos de Deus inculpáveis, no meio de uma geração corrompida e perversa, entre a qual resplandecemos como astros no mundo (Fp. 2.15).

Ao interpretarmos essa ilustração em harmonia com outras passagens bíblicas, veremos que a luminosidade do cristão não é própria. Ela é originada no Pai celestial (Tg 1.17), e refletida pelo salvo como a luz de Cristo. Jesus disse: "Eu sou a luz do mundo; quem me segue, de modo nenhum andará nas trevas, pelo contrário terá a luz da vida" (Jo 8.12).

Logo, o cristão, como luzeiro do mundo, não reflete a si mesmo, a sua glória, mas a glória de Cristo, iluminando a sociedade em que vive, para que glorifiquem a Deus. Leiamos a majestosa declaração paulina: "Porque não nos pregamos a nós mesmos, mas a Cristo Jesus, o Senhor; e nós mesmos somos vossos servos, por amor de Jesus. Porque Deus, que disse que das trevas resplandecesse a luz, é quem resplandeceu em nossos corações, para iluminação do conhecimento da glória de Deus, na face de Jesus Cristo" (2 Co 4.5,6).

Além do sal insípido, Jesus adverte sobre a luz encoberta. Naquela época, a iluminação residencial era realizada tipicamente pela candeia, uma espécie de lâmpada abastecida com óleo. O Mestre diz que a candeia não pode ser colocada debaixo do alqueire (uma vasilha de medida, que servia para medir cereais, feita de barro), mas no velador, um móvel específico e alto que servia para colocar as lâmpadas, a fim de que todo o ambiente fosse iluminado. A ênfase de Jesus é sobre o local apropriado para a lâmpada, que deve ser posta em lugar aberto e público.

O princípio bíblico daí extraído é que o crente deve revelar a sua luminosidade espiritual publicamente e se fazer notar em todos os segmentos da sociedade, não vivendo enclausurado entre as quatro paredes da igreja. O templo é o local de comunhão e devoção. Mas é na sociedade que devemos testemunhar o amor do Pai e a transformação de nossa vida, de modo que as pessoas vejam as nossas boas obras e glorifiquem a Deus.

II. Relembrando nossas Fraquezas Morais

Em segundo lugar, para manter nossa identidade cristã, precisamos lembrar-nos de nossas fraquezas e debilidades morais. Devemos recordar da Queda e da nossa propensão à corrupção (Rm 7.15), assim como a necessidade de nos entregarmos a uma vida de santificação.

Dentre as 12 razões por que os universitários cristãos perdem a fé, mencionadas por J. Budziswski e citadas no capítulo um deste livro, duas se aplicam a esse tópico: 1) Eles não aprenderam a reconhecer os desejos e armadilhas de seus corações; 2) Eles acham que boas intenções são suficientes para protegê-los do pecado.

Segundo Budziswski, geralmente as pessoas não desacreditam em Deus e começam então a pecar. O processo é inverso. As pessoas se envolvem em algum pecado e com o tempo querem adequar sua vida e assim encontram alguma desculpa para desacreditar em Deus. Por essa razão, ele diz que a melhor apologética no mundo não pode ser bem-sucedida a menos que os estudantes saibam como desmascarar seus próprios motivos secretos.[4] Ou seja, eles precisam estar conscientes e preparados contra as armadilhas do coração pecaminoso (Jr 17.9). Isso porque, "nossa velha natureza decaída continua a competir com a vida cristã que está se formando em nós; podemos mortificar nossa velha natureza, como Paulo nos exorta (Rm 8.13; Cl 3.5), mas mesmo assim ela se contorce com uma vida agitada". Assim, "Estudantes universitários precisam aprender que nós pecadores não podemos confiar plenamente em nossas próprias percepções; todos devemos orar como Davi: "Quem pode entender os próprios erros? Expurga-me tu dos que me são ocultos. Também da soberba guarda o teu servo, para que se não assenhoreie de mim; então, serei sincero e ficarei limpo de grande transgressão" (Sl 19.12,13).

[4] BUDZISZEWSKI, J. **Quando vão para a faculdade:** podemos protegê-los *In* ZACHARIAS, Ravi; GEISLER, Norman: Sua igreja está preparada?. CPAD, Rio de Janeiro, 2007, p. 103.

Esse é um aspecto elementar. O cristão universitário deve ter a mesma percepção de sua natureza decaída quanto aquele publicano da parábola de Jesus (Lc 18.10-14). "Dois homens subiram ao templo, para orar; um, fariseu, e o outro, publicano. O fariseu, estando em pé, orava consigo desta maneira: Ó Deus, graças te dou porque não sou como os demais homens, roubadores, injustos e adúlteros; nem ainda como este publicano. Jejuo duas vezes na semana, e dou os dízimos de tudo quanto possuo. O publicano, porém, estando em pé, de longe, nem ainda queria levantar os olhos ao céu, mas batia no peito, dizendo: Ó Deus, tem misericórdia de mim, pecador!". O Mestre finalizou sua parábola dizendo que o publicano desceu justificado para sua casa, e não o fariseu, "porque qualquer que a si mesmo se exalta será humilhado, e qualquer que a si mesmo se humilha será exaltado".

O cristão consciente de suas falhas e limitações morais geralmente se mantém afastado de qualquer situação de risco que possa levá-lo a naufragar na fé. É idêntico àquela pessoa que não sabe nadar, mantendo-se, por prudência, longe do mar revoltoso. Aquele que acha que consegue gerenciar totalmente seus impulsos e controlar seus sentimentos, é mais facilmente aliciado pelo pecado. Consideremos as palavras de Tiago: "Mas cada um é tentado, quando atraído e engodado pela sua própria concupiscência" (Tg 1.14). Por outro lado, aquele que sabe das armadilhas do coração decaído, embora também seja passível de falhar, geralmente mantém uma postura de prudência, afastando-se do mal (1 Pe 3.11) e também da sua aparência (1 Ts 5.22). Consciente de sua condição miserável, ele é mais dependente de Deus e por isso clama por misericórdia, igualmente ao publicano.

Por isso é que Budziswski afirma que boas intenções não são suficientes para proteger os jovens cristãos do pecado. Por mais moralmente boa que a pessoa possa se mostrar e ainda que tenha boas intenções, ainda assim, o pecado original está impregnado no seu gene, aguardando somente a ocasião para se exteriorizar (Gn 4.7).

O termo grego que expressa essa fraqueza moral humana é *akrasia*. Lembremo-nos das palavras de Jesus aos seus discípulos, ao se perturbar diante de suas falhas em vigiar: "o espírito, na verdade, está pronto", disse Ele, "mas a carne é fraca" (Mt 26.41). Conforme James Spiegel, aqui o Mestre está fazendo alusão à oposição existente entre o que se deseja e o que se faz na prática, situação essa essencial para que haja a *akrasia*[5].

[5] SPIEGEL, James. **Hipocrisia: problemas morais e outros vícios.** Rio de Janeiro: Textus, 2001, p. 93.

Spiegel acrescenta que as passagens bíblicas mais ricas no assunto da fraqueza moral são aquelas que tratam da natureza pecaminosa do ser humano. Em Galátas 5.16-17 Paulo escreve: "... Andai no Espírito e jamais satisfareis à concupiscência da carne. Por que a carne milita contra o Espírito, e o Espírito, contra a carne, porque são opostos entre si; para que não façais o que, porventura, seja do vosso querer" (ARA).

III. A Importância da Santificação

Em terceiro lugar, ainda falando sobre a manutenção da identidade cristã no ambiente acadêmico, sob o ponto de vista moral, devemos lembrar do ensino bíblico da santificação e do domínio próprio. Embora o homem tenha a propensão ao pecado em decorrência da Queda, as Escrituras deixam entrever que após salvação em Cristo, o crente, por obra do Espírito Santo, passa por um processo de santificação. O pastor Antônio Gilberto lembra que a santificação possui dois aspectos. O primeiro é a santificação posicional, que ocorre mediante a fé por ocasião do novo nascimento (1 Co 1.2; Hb 10.10; Cl 2.10; 1 Jo 4.17; Fp 1.1). O segundo é a santificação progressiva (1 Pe 1.15,16; 2 Co 7.1; 3.17,18), pela qual estamos em processo constante de santificação. Em Hebreus 10.10,14 essa verdade é enfatizada, declarando o processo contínuo de santificação em nosso viver aqui e agora proveniente de tal posição: "sendo santificados".[6]

O pastor Antônio Gilberto lembra ainda que a santificação deve ocorrer em "todo o vosso espírito, e alma, e corpo" (1 Ts 5.23), significando que "devemos ser santos em nosso viver, e em nossa conduta — isto é, em nosso caráter, internamente — , e em nosso proceder, externamente". Nossa vida natural, diz ele, "é uma série diuturna de hábitos, práticas e costumes, que podem ser bons ou maus, ou um misto dos dois. E evidente que um povo santo, porque pertence a Deus, deve ter costumes santos".[7]

Portanto, o cristão universitário deve lembrar-se de que uma vida de santificação, isto é, viver para Deus e apartar-se das práticas e condutas que infrinjam a sua Lei, é indispensável para manter a identidade cristã. Conforme afirmou James Spiegel,

> "Crescer em santificação é o mesmo que crescer em semelhança com Deus, e por isso a Bíblia diversas vezes coloca o

[6] GILBERTO, Antônio. **A doutrina do Espírito Santo** *In:* GILBERTO, Antônio (editor geral) **Teologia Sistemática Pentecostal**. Rio de Janeiro: CPAD, 2008, p. 188.

[7] GILBERTO, Antônio, 2008, p. 217.

desenvolvimento moral como sendo um objetivo que deve ser buscado continuamente pelo cristão, afinal, como declarou Jesus, nosso modelo de moralidade é o próprio Deus: "Sede vós perfeitos... como perfeito é o vosso Pai celeste".[8]

IV. Para além de uma Ética Religiosa

Manter a identidade cristã no ambiente acadêmico não é simplesmente desenvolver um comportamento religioso e legalista, que induz o crente a agir de forma mecânica e baseada em costumes institucionais. Em termos morais, manter a identidade cristã é desenvolver uma *ética cristã* genuína, como consequência de uma vida transformada por Cristo e pela presença permanente do Espírito Santo em nós.

O comportamento virtuoso é alcançado quando colocamos em prática a *ética* do Reino, afinal o Reino de Deus, ou o Reino dos Céus[9], deixa marcas perceptíveis na vida de seus súditos, transparecendo evidências sublimes da presença divina em seus comportamentos. Um resumo destes sinais é encontrado no Sermão da Montanha proferido por Jesus, mais especificamente nas bem-aventuranças (Mt 5.1-10). Ali estão contidos os valores de Jesus para a realidade presente do Reino de Deus. Para viver este Reino na prática, precisamos rejeitar os valores e as atitudes do mundo e adotar os valores ali retratados, pois os súditos também são distinguidos por sua obediência (Mt 7.21) e fidelidade a Deus (Lc 19.11-27), assim como pelos seus frutos (Mt 7.20; Gl 5.22).

Essa obediência e fidelidade, no entanto, não está centrada em uma *ética farisaica que* se dirige pelas aparências e exterior humano, resultando geralmente em hipocrisia religiosa, mas em uma ética que se pauta na Lei de Deus, que nasce interiormente no profundo de um coração regenerado, e se exterioriza por meio de uma vida boa e virtuosa. Stanley Grenz não poderia ter expressado melhor ao dizer que a visão cristã "não implica uma

[8] SPIEGEL, James, 2001, p. 114.

[9] "Sobressai nos Evangelhos o ensino de Jesus acerca do Reino, mencionado em diversas ocasiões pelos evangelistas como *Reino de Deus*, e em outras como *Reino dos céus*. Conquanto alguns estudiosos afirmem que tais expressões tenham significados distintos, o exame cauteloso das Escrituras e da cultura judaica dos tempos de Jesus revela em verdade que essas expressões possuem sentidos equivalentes. É importante lembrar de que o Evangelho de Mateus foi escrito aos crentes judaicos, e por isso o seu autor dá preferência ao termo *Reino dos céus*, ao invés de Reino de Deus, por causa do costume que tinham em não pronunciar literalmente o nome de Deus". MILOMEM, Valmir Nascimento. **Jesus e o seu tempo**: conhecendo o contexto da sociedade judaica nos tempos de Jesus. [Revista de lições bíblicas de Jovens, 2º. Trimestre de 2015]. Rio de Janeiro: CPAD, 2015, p. 24-25.

vida de devoção submissa, tampouco a tentativa de cultivar um conjunto apropriado de virtudes. Em vez disso, a ética cristã emerge à medida que desejamos transformar-nos de acordo com a imagem de Cristo".[10] Por esse motivo, o autor conclui que para o cristão, "o Senhor Jesus Cristo — e não uma lista de virtudes ou uma programação de deveres — é o foco da vida ética".[11]

Sendo Cristo o modelo do agir ético do cristão, nada melhor que espelhar a nossa conduta em seus ensinamentos e exemplo de vida. Cristo confrontou os religiosos da sua época, uma vez que eles haviam reduzido a Lei de Deus a um conjunto de tradições religiosas. Em razão do legalismo dos fariseus, Jesus os repreendeu de forma corajosa (cf. Mt 23), chamando -os de amantes dos primeiros lugares, hipócritas e condutores cegos, pois a religiosidade deles estava baseada no exterior, nos rituais e na justiça própria, em desprezo à parte mais importante da Lei: o juízo, a misericórdia e a fé (v.23). Um dos exemplos era a invocação da tradição de *Corbã* (Mt 7.11) como subterfúgio para não cuidar de seus pais na velhice, dizendo que seus bens haviam sido consagrados como oferta a Deus e ao Templo, e por isso não poderiam ser utilizados. Jesus disse que eles haviam invalidado a lei pela tradição (Mc 7.13; Mt 7.11). Eis o motivo pelo qual o Mestre declarou aos seus discípulos: "Se a vossa justiça não exceder a dos escribas e fariseus, de modo nenhum entrareis no Reino dos céus" (Mt 5.20). A conduta dos fariseus, faz-nos lembrar de que a verdadeira santidade não se alcança por intermédio do legalismo e do esforço pessoal, mas pela fé em Cristo (Gl 2.16) e por meio da sua maravilhosa graça (Hb 4.16).

Devemos lembrar também que o Cristo não fez pouco caso da Lei dada por Deus. Como escreveu Geremias do Couto, Jesus não renegou os ensinos do Antigo Testamento, "mas deu ênfase ao seu significado intrínseco para realçar o verdadeiro estilo de vida cristão, que não se resume à mera aparência de formalidades e rituais; os quais nada acrescentam à maturidade da fé".[12] Entretanto, esse novo sentido dado por Cristo parece ser ainda mais exigente, afinal depois de afirmar o que estava escrito na Lei mosaica ("Ouvistes o que foi dito"), Ele introduz um padrão ainda mais elevado ("Eu porém vos digo"). Mas a *Ética do Reino* mencionada por Jesus no Sermão do Monte não é alcançada pelo esforço humano e muito menos como condição para alcançar a benção de Deus. É uma ética que todo o crente

[10] GRENZ, Stanley. **A busca da moral:** fundamentos da ética cristã. São Paulo: Vida, 2006, p. 258.
[11] GRENZ, Stanley, 2006, p. 258.
[12] COUTO, Geremias. **A transparência da vida cristã**: comentário devocional do Sermão do Monte. 1. ed.Rio de Janeiro: CPAD, 2001, p. 67.

deve buscar ardentemente, e que é vivenciada somente pela transformação e pela santificação advinda do interior do coração, pela obra de Cristo (Jo 15.5) e da ajuda do Espírito Santo.

Jesus sintetizou toda a Lei como mandamento do amor. "Amarás o Senhor, teu Deus, de todo o teu coração, e de toda a tua alma, e de todo o teu pensamento"; E o segundo, semelhante a este, é: Amarás o teu próximo como a ti mesmo" (Mt 22.37-39). Desses dois mandamentos, concluiu o Mestre, dependem toda a Lei e os profetas (Mt 22.40). Ou seja, amar a Deus e ao próximo é a chave para a compreensão dos mandamentos do Altíssimo após o advento de Cristo. Isto é, são a essência dos mandamentos divinos.

Síntese e Conclusão

Grande parte dos jovens acaba abandonando a fé quando vai para a universidade, em virtude da perda dos seus referenciais espirituais e morais das Escrituras Sagradas. Neste capítulo, enfatizamos a importância do crente manter a sua autonomia, sem se deixar influenciar negativamente pelos outros, reconhecer o seu estado pecador, com propensão a fazer o que é mal, a necessidade de se manter afastado das situações de risco, em uma vida santificada e de entrega ao Senhor. A obediência e fidelidade, no entanto, não estão centrados em uma *ética farisaica qu*e se dirige pelas aparências e exterior humano, resultando geralmente em hipocrisia religiosa, mas em uma ética que se pauta na Lei de Deus, que nasce interiormente no profundo de um coração regenerado, e se exterioriza por meio de uma vida boa e virtuosa.

Capítulo

14

Conselhos Práticos ao Cristão Universitário

Ninguém despreze a tua mocidade; mas sê o exemplo dos fiéis,
na palavra, no trato, no amor, no espírito, na fé, na pureza.

1 Timóteo 4.12

Neste último capítulo, forneço alguns conselhos práticos aos cristãos que adentraram (ou pretendem) ao mundo universitário. Essas recomendações são fruto de minha experiência acadêmica e do trabalho realizado com o evangelismo universitário ao longo dos últimos anos.

I. Mantenha a Humildade em Cristo

Lembre-se de que o fato de você ter conseguido chegar à universidade não se deve simplesmente ao seu mérito pessoal. Embora você possa ter se esforçado e dedicado ao estudo, tenha em mente que tudo o que somos, fazemos e alcançamos deve-se à graça divina. Sem a ajuda do Senhor não teríamos a vida, a saúde e a inteligência necessária para chegar a qualquer lugar, muito menos à universidade, porque nEle vivemos, nos movemos e existimos (At 17.28).

Não seja envaidecido e tome cuidado com o orgulho, pois geralmente ele chega sem avisar. Ele cega nossa vista e retira o nosso senso de discernimento, fazendo-nos pensar que somos mais bonitos, inteligentes e espertos, mais do que realmente somos.

Tenha em mente que o orgulho, inclusive o orgulho religioso, precede a ruína de uma pessoa. Por essa razão, inteligência e religiosidade vazia e pomposa é algo que Deus dispensa. E o orgulho, Ele rejeita. Mas, como podem existir pessoas evidentemente cheias de orgulho que declaram acreditar em Deus e se consideram muitíssimo religiosas?

Essa indagação é feita pelo exortativo A. W. Tozer:

> "Quanto trabalho religioso feito com o ativismo do pastor tem por motivação o desejo carnal de fazer o bem! Quantas horas de oração são gastas pedindo-se a Deus que abençoe projetos arquitetados para a glorificação de pequeninos homens! Quanto dinheiro sagrado gasto é despejado sobre os homens que, a despeito dos seus lacrimosos apelos, só procuram realizar uma bela exibição".[1]

Em resposta, C. S. Lewis anota que essas pessoas adoram um Deus imaginário:

> "Na teoria, admitem que não são nada comparadas a esse Deus fantasma, mas na prática passam o tempo todo a imagi-

[1] TOZER, A. W. **O melhor da A. W. Tozer**. 3. ed. São Paulo: Mundo Cristão, 1997, p. 41.

> nar o quanto Ele as aprova e as tem em melhor conta que ao resto dos comuns mortais. Ou seja, pagam alguns tostões de humildade imaginária para receber uma fortuna de orgulho em relação a seus semelhantes".[2]

O orgulho é tão perigoso a ponto de Lewis chamá-lo de "o grande pecado". O orgulho, diz ele, "leva a todos os outros vícios; é o estado mental mais oposto a Deus que existe".[3] O estudante cristão deve estar ciente desse perigo e voltar-se para a virtude cristã da modéstia.

Modéstia é uma daquelas palavras que em nosso tempo perdeu quase que completamente o seu real significado. Na grande maioria das vezes ela é empregada com uma conotação negativa. "Não seja modesto", dizemos para alguém que está acanhado. Falamos "modéstia à parte" quando queremos justificar alguma de nossas qualidades. Chamamos de "falsa modéstia" a atitude falsa e hipócrita de alguém.

Hoje em dia, portanto, essa palavra é entendida como sinal de acanhamento, timidez social, fraqueza e até mesmo de fingimento. Algo que as pessoas não devem querer ter e muito menos cultivar. Em uma sociedade competitiva e de aparências, em que as pessoas fazem questão de demonstrar publicamente suas habilidades e atividades por meio das redes sociais, "modéstia" dificilmente estará entre os tópicos mais importantes da vida das pessoas.

Essa inversão do significado da palavra é ruim porque, além de não fazer jus ao seu sentido original, desconsidera a sua importância e valor enquanto virtude cristã. O problema não é somente a mudança do significado em si, mas sim a condição que a sociedade chegou a ponto de transformar uma qualidade moral em defeito social (Is 5.20).

Resgatar o real sentido da modéstia à luz das Escrituras é uma atitude fundamental por parte do cristão, pois ela está relacionada diretamente à forma como vivenciamos a fé e testemunhamos o amor de Deus na sociedade. Na perspectiva cristã, modéstia tem a ver com humildade (1 Pe 5.5), simplicidade e singeleza de coração (At 2.46).

O maior exemplo de humildade vem do próprio Senhor Jesus (Fp 2.7). Ele é o nosso padrão de modéstia (Jo 13). A modéstia verdadeira, além de nos levar a reconhecer os outros superiores a nós mesmos (Fp 2.3), implica também em reconhecer nossa pequenez diante de Deus (Jó 42.2) e considerar que aquilo que somos, fazemos e possuímos é resultado da sua maravilhosa graça. Isso inclui as nossas conquistas educacionais e profissionais.

---

[2] LEWIS, C. S. **Cristianismo puro e simples.** São Paulo: Martins Fontes, 2005, p. 165.

[3] LEWIS, C. S, 2005, p. 162.

Aplicada à vida cristã essa modéstia também se revela no afastamento do orgulho, arrogância e egocentrismo (Pv 16.18), tratando as pessoas, sejam crentes ou não, com amor e respeito. Ela também está relacionada com uma vida moderada (2 Tm 1.7) e de domínio próprio (Gl 5.22), ajudando o crente a contentar-se com aquilo que tem (Fp 4.11).

Essa postura humilde e modesta deve se aplicar no relacionamento do cristão universitário com os crentes, quanto com os descrentes. O fato de tornar-se um "acadêmico" não o faz melhor ou superior aos outros irmãos na fé. Igualmente, em nosso relacionamento com aqueles que ainda não conhecem a verdade do evangelho, precisamos manter uma postura de respeito e cortesia, comunicando as Boas-Novas com singeleza de coração e espírito de mansidão, sem qualquer demonstração de superioridade religiosa àqueles que ainda não foram alcançados. O orgulho religioso ao invés de trazer as pessoas para Cristo, simplesmente as afasta.

II. Dedique-se ao Estudo e Tenha Responsabilidade

O foco principal do curso de nível superior é a aquisição de conhecimento e a formação profissional. Por isso, a dedicação ao estudo, à pesquisa e à extensão durante o período universitário é muito importante. Uma boa formação acadêmica, independentemente da instituição de ensino, seja ela pública ou privada, depende unicamente do empenho do aluno. Quanto mais se dedica, mais se colhe frutos posteriormente.

Não seja um estudante mediano! Não busque somente o diploma acadêmico, mas a excelência.

Infelizmente, é comum encontrarmos nas universidades uma infinidade de jovens desinteressados, que estão em busca tão somente do "canudo", sem se importarem com uma formação sólida.

A dedicação se expressa por meio do acompanhamento do programa das disciplinas, leituras recomendadas (obrigatórias e complementares), realização das atividades indicadas pelos professores, participação nas discussões em sala de aula e preparação prévia para as avaliações oficiais.

Ao dedicar-se ao estudo, o cristão coloca-se como exemplo perante a sua sala de aula, influenciando positivamente seus colegas de classe.

Dedicar-se aos estudos é, sobretudo, uma questão de responsabilidade pessoal e social. No início deste livro, enfatizamos que somente uma pequena parcela de brasileiros têm acesso à universidade. Por isso, investir tempo e esforços durante o curso universitário e aplicar o conhecimento auferido para o bem da sociedade é uma forma de prestação de contas à sociedade, no caso das faculdades públicas, e aos pais que com suor financiam os estudos de seus filhos.

III. Faça Boas Amizades

No período em que estiver na faculdade, o cristão certamente fará novas amizades, inclusive com pessoas que não compartilham a fé cristã. Não é errado que isso aconteça. Porém, é importante que se tenha o máximo de cuidado com as más associações (Sl. 1), isto é, pessoas cuja amizade não agrega em nada e que podem prejudicar nosso relacionamento com Cristo e com os estudos.

Desenvolva boas amizades e influencie positivamente aquelas que estiverem ao seu lado. Ajude e compartilhe aquilo que possui de bom.

IV. Respeite seus Professores

Ainda que você não concorde em algum ponto com o seu professor, e embora ele possa ser hostil à fé cristã, destoando críticas ácidas à religião, mantenha o respeito por ele. Afinal, o professor é a autoridade da sala. E, segundo as Escrituras, não há autoridade que não venha de Deus (Rm 13.1).

Obviamente que, quando necessário, você poderá apresentar o seu ponto de vista contrário àquilo que está sendo ensinado. Isso parte da vida acadêmica, dentro de um ambiente universitário em que as ideias devem ter livre curso. Alguns professores receberão a confrontação com naturalidade; outros, nem tanto. Seja como for, participe com cordialidade e serenidade, debates ideias, não ataque pessoas.

V. Saiba Lidar com as Dúvidas

Durante a caminhada cristã — especialmente ao ingressar na universidade — é natural que surjam dúvidas e inquietações intelectuais. Até certo ponto, as dúvidas são benéficas, pois nos instigam a buscar respostas e a examinarmos com mais acuidade aquilo que acreditamos. Uma fé que não é testada e não suporta as dúvidas, não é digna de ser professada.

Há uma grande diferença entre ter dúvida e ser incrédulo. A dúvida é inerente à condição humana, dadas as nossas limitações. A incredulidade é a atitude de rejeição à manifestação divina. Jesus bradou contra os incrédulos (Mt 17.17), mas não negou o pedido de prova de sua ressurreição para dissipar a dúvida de Tomé (Jo 20.27).

A dúvida não é um problema até ela se converter em incredulidade. E isso acontece, quando as dúvidas não são resolvidas — ou são mal resolvidas.

Não existe uma receita mágica para fazer com que as dúvidas desapareçam subitamente. Há um conjunto de fatores que devem ser conjugados na experiência da vida cristã, a fim de dissipar as inquietações que nos confrontam.

É preciso, em primeiro lugar, como já afirmamos neste livro, compreender a correta relação entre fé e razão. Embora as evidências e as respostas racionais nos ajudem a compreender a dimensão da crença cristã, dando-lhe mais consistência, o maior testemunho da veracidade do cristianismo é a presença do Espírito Santo em nossa vida. É Ele quem testifica o conhecimento de Deus e a verdade anunciada pelo cristianismo (Jo 16.8).

Em segundo lugar, precisamos agir com honestidade frente às dúvidas que assolam nossa mente, assumindo desde logo a sua existência. Com relação a Escrituras Sagradas, Norman Geisler[4] nos lembra que ela contém *dificuldades*, mas não *erros*. E um dos princípios que devemos usar como parâmetro para a sua correta interpretação é *rejeitar a ideia de que o que não foi explicado seja inexplicável*. Fazer de conta que elas não existem é um passo para o naufrágio na fé, pois, se não forem resolvidas, com o passar do tempo elas desestabilizarão toda a estrutura de nossa crença.

Em terceiro lugar, precisamos partir diligentemente em busca de respostas satisfatórias para os questionamentos que levantamos sobre a fé cristã. Há na literatura cristã excelentes obras que podem nos auxiliar nessa empreitada, oferecendo respostas contundentes aos grandes questionamentos acerca da veracidade do cristianismo.

VI. Mantenha os Laços Familiares

É comum que, durante o período universitário, o estudante se afaste um pouco do seio familiar. Isso ocorre geralmente quando a universidade é em outra cidade ou quando o estudante resolve morar em uma república estudantil, longe de casa. Ainda que isso ocorra, manter os laços familiares

[4] GEISLER, Norman; HOWE, Thomas. **Manual Popular de Dúvidas, Enigmas e "Contradições" da Bíblia**. São Paulo: Mundo Cristão, 1999, p. 11

traz benefícios incontáveis. Isso porque, a família é a célula *mater* da sociedade, a mais importante instituição social. Segundo Michael Horton, "o lar cristão é a expressão mais básica do corpo de Cristo e, portanto, é uma instituição civil, arraigada na criação, e uma instituição sagrada, arraigada na redenção". O lar é o nosso porto seguro. Ainda que fiquemos, por um tempo, longe dele, sempre voltamos para encontrar terra firme.

VII. Cultive uma Espiritualidade Sadia

Não se esqueça de desenvolver uma vida de devoção e comunhão com o Senhor. Isso requer hábitos espirituais saudáveis, que envolvem a adoração, a oração, o jejum e a entrega sem reservas a Deus. Em 1 Coríntios 2.14,15, Paulo diz que "o homem natural não compreende as coisas do Espírito de Deus, porque lhe parece loucura; e não pode entendê-las porque elas se discernem espiritualmente. Mas o que é espiritual discerne bem tudo, e ele de ninguém é discernido". O homem espiritual é guiado pelo Espírito Santo de Deus, e não pela carne. Paulo, ainda, em Romanos 8.14 diz "Porque todos os que são guiados pelo Espírito de Deus, esses são filhos de Deus". Em síntese, o homem espiritual segundo a Bíblia foi crucificado em Cristo, e vive não mais ele, mas Cristo é quem vive na vida dele (Gl 2.20), têm compromisso e é fiel a Deus (2 Tm 2.13), não se conforme com este mundo (Rm 12.2), sua fé é eminentemente baseada em Cristo (Rm 3.26, Ap. 14.12), tem coragem de ser pesado na balança de Deus (Jó 31.6) e de ser sondado por Deus (Sl. 139.23).

VIII. Não Despreze sua Igreja e a Vida Comunitária

Uma parcela considerável de cristãos dos diais atuais, entorpecidos pelo engano e influenciados pela teologia da "Igreja Emergente", desenvolveu a falsa ideia de que o templo religioso não tem importância alguma na vida espiritual do servo de Deus. Por isso, ir ou deixar de ir à igreja local, afirmam eles, não faz muita diferença. Tal pensamento tem feito surgir uma visão distorcida e até mesmo negativa sobre a igreja. Para combater esse equívoco teológico, nada melhor do que voltarmo-nos para as páginas do Novo Testamento, com o objetivo de confirmar a constante presença do Mestre Jesus no Templo de Jerusalém e nas sinagogas, ensinando sobre o reino de Deus e curando as pessoas.

A Igreja não é uma mera organização humana. É um projeto de Deus (Ef 1.10; 3.1-13), edificada em Cristo Jesus (Mt 16.13-18). Naquela que ficou conhecida como a declaração de Cesareia o Senhor afirmou: "Pois também eu te digo que tu és Pedro, e sobre esta pedra edificarei a minha igreja, e as portas do inferno não prevalecerão contra ela" (v. 18). O alicerce não é Pedro, e sim o Senhor Jesus, a Rocha inabalável (Rm 9.33; 1 Co 3.11). O próprio discípulo reconheceu essa verdade ao chamá-lo de a pedra angular (1 Pe 2.7). A Igreja é a agência divina que promove o Reino de Deus aqui na Terra, pelo testemunho e prática no dia a dia da presença real do governo divino em todas as dimensões da vida, proclamando que Jesus salva, cura, transforma, batiza com o Espírito Santo e em breve voltará nas nuvens para buscar o seu povo. Precisamos clamar ao Senhor para que Ele continue a fortalecer o seu povo nestes últimos dias, diante de tantos desafios e guerra cultural.

Epílogo

Quando comecei a preparar este livro, idealizei algo modesto em um volume bem conciso. Contudo, à medida que me entreguei ao processo de pesquisa e escrita, fui percebendo a necessidade de agregar alguns aspectos que julgava imprescindíveis para o propósito da obra. O resultado é este trabalho que você acabou de ler.

É bem verdade que muitas outras coisas poderiam ser ditas sobre o tema em foco, mas que, se fossem acrescentadas, poderiam tornar este volume prolixo e cansativo ao leitor. Não era esse o interesse!

O meu propósito foi apresentar uma obra objetiva e ao mesmo tempo útil, servindo como material de instrução aos estudantes universitários e de reflexão à igreja cristã, principalmente, de tradição pentecostal, acerca da importância da universidade e da possibilidade de se conjugar espiritualidade fervorosa com intelectualidade aguçada.

O meu anseio é que este livro tenha — no mínimo — lhe provocado algumas inquietações e reflexões.

Se você é pastor ou líder de jovem, espero tê-lo feito entender a necessidade de preparar os nossos cristãos em geral e os jovens em particular para o mercado de trabalho e para o ambiente acadêmico. Faz necessário fornecendo-lhes uma educação cristã abrangente que contemple, além do ensinamento das doutrinas espirituais básicas, a formação de uma cosmovisão eminentemente bíblica, a fim de que sejam cristãos de coração e mente.

Aos pais, o meu desejo é que este livro tenha servido para fazê-los entender a importância de se manter um diálogo aberto e produtivo com seus filhos, sobre os temas aqui versados. Somente assim, será possível minimizar em grande medida a possibilidade de que eles naufraguem na fé enquanto estiveram na academia.

Ao cristão universitário que tenha lido esta obra, jovem ou adulto, espero sinceramente ter *encorajado* você a continuar com a sua graduação.

Ainda que o ambiente universitário possa ser hostil à fé cristã, precisamos ter em mente que tal hostilidade está presente em todas as esferas da sociedade, como reflexo do mundo caído, cujo sistema se opõe a Deus e consequentemente a todos os súditos do Reino. Viver dentro desse contexto exige cuidado e acima de tudo uma visão clara sobre os perigos que ameaçam a fé cristã nos dias atuais. Quanto a esse aspecto, também espero ter apresentado um panorama do *ethos* pós-moderno e naturalista que dita às regras nos *campi* universitários, servindo como alerta para se precaver contra os seus ataques por meio de uma apologética consistente.

Especialmente, minha expectativa é que você esteja disposto, ao fim dessa leitura, a ser usado como um canal de benção no *campus*, dando o testemunho de Cristo e anunciado o seu precioso evangelho aos colegas de classe e professores, seja individualmente ou em conjunto com algum grupo de evangelismo universitário.

Para que isso ocorra, é essencial que mantenha a identidade cristã. Por isso, finalizo este livro com uma antiga história[1] que pode sintetizar a ideia do valor da identidade.

É um relato sobre Alexandre.

Nós o chamamos de "O Grande". Ele já havia conquistado todo o mundo quando tinha trinta anos e, então, chorou porque não havia outros mundos para conquistar.

Certo dia estava ele julgando seu exército, num grande palácio. Os soldados estavam alinhados com suas lanças ao longo das paredes, em posição de sentido. Alexandre, o Rei do mundo, estava sentado num trono de ouro e os soldados eram trazidos à sua presença um após o outro. Ele rapidamente pronunciava a sentença sobre eles, e não havia ninguém que os pudesse livrar de suas mãos, pois ele era soberano na terra.

Finalmente, foi trazido diante dele um jovem de mais ou menos 17 anos. Ele era macedônio, sua aparência era incomum, pois era louro e tinha olhos azuis, um rapaz muito simpático. Alexandre olhou para ele, e seu semblante se suavizou um pouco. Os soldados pensaram que talvez ele tivesse se agradado do rapaz. O rei então perguntou qual fora o seu crime, e o sargento de armas leu sua acusação. Ele havia sido encontrado encolhido em uma caverna, tendo fugido da face do inimigo em batalha. Se havia uma coisa que Alexandre não podia tolerar era covardia, pois não havia um osso covarde sequer em seu corpo. Em seu cavalo branco, Bucéfalo, Alexandre havia cavalgado diante de seu exército, e todas as lanças e setas persas não tinham sido capazes de derrotá-lo.

Quando ouviu o que o jovem havia feito, Alexandre olhou para ele friamente. Mas, quando olhou para aquele jovem tão simpático e que parecia tão jovem, a face do rei de suavizou novamente e ele perguntou-lhe:

— Jovem, qual é o seu nome?

---

[1] KENNEDY, D. James; NEWCOMBE, Jerry. **As portas do inferno não prevalecerão**. Rio de Janeiro: CPAD, 1998, p. 328-329.

Todos na sala deram um suspiro de alívio, pois sabiam que o rapaz havia conquistado o coração do rei. O jovem suspirou também e respondeu:

— Alexandre

Então o sorriso deixou o rosto do rei, e ele falou ao rapaz.

— Qual é o seu nome?

O jovem teve um estalo e respondeu:

— Alexandre, majestade!

O rei ficou vermelho de raiva e perguntou novamente:

— Qual é o seu nome?

O rapaz começou a tremer e disse:

— A-A-A-A-Alexandre, Majestade !!!!

Com isso, o rei saltou de seu trono. Agarrou o rapaz pela roupa, levantou-o do chão, atirou-o longe e disse:

— Soldado, mude a sua conduta ou mude o seu nome! E quanto a você? Qual é o seu nome?

— Cristão, Senhor!

— Qual é o seu nome?

— Cristão, meu Senhor.

— Você ousa trazer sobre si o nome daquEle que expôs o seu rosto para Jerusalém e que foi pendurado em uma cruz? Você que nunca abriu sua boca para defendê-lo, você que tem sido covarde nesta batalha, tem arrastado seu nome na lama? Homem, mulher, jovem! Mudem suas condutas ou mudem de nome!!!

Acho melhor mudarmos nossa conduta!

Posfácio

Refletindo sobre a agradável leitura deste livro, vejo como o meu amigo Valmir Nascimento dá uma contribuição ímpar a literatura evangélica brasileira nesses tempos trabalhosos que vivemos.

De forma cativante ele introduziu o tema do relacionamento cristão *versus* universidade trazendo os conceitos informadores dessa relação, como origem das universidades, sua importância na formação e influência do tecido social e sua existência como um mundo paralelo. Isso é fundamental para compreendermos o mundo universitário com a atenção que ele merece tanto do ponto de vista social como espiritual.

A Igreja não pode ignorar a influência que a universidade exerce sobre nossos jovens. Sendo ela um ambiente de produção de conhecimento, é necessário curarmos essa fonte dos venenos nela inseridos. Fato é que em uma sociedade que busca o desenvolvimento a percentagem de universitários só tende a aumentar. E nossos jovens estão nesse universo.

Valmir inova quando não repete antigas recomendações do cuidado sem conhecimento, mas avança, adotando uma postura ofensiva, destruindo o mito que a universidade desvia os jovens da igreja. Conclama a retomada das universidades pelos cristãos buscando despertar o dom do intelecto que foi subtraído de nossa galeria por concepções equivocadas sobre cultura e conhecimento.

A retomada das universidades pelos cristãos não se limita a atividade evangelística. Ela requer uma mudança na forma como a igreja vê o mundo atual e como pode interferir na sociedade. Precisamos voltar a interferir nas artes, na literatura, na música e na ética geral das relações humanas. O evangelho é uma visão de mundo e como tal deve se impor. A civilização ocidental não pode submergir no obscurantismo do pós-cristianismo, mas avançar e levar essa cosmovisão ao mundo inteiro.

Tive o privilégio de conviver com Valmir na atividade da evangelização ainda na universidade. Sua postura intelectual e compromisso com o testemunho cristão no *campus* sempre me chamou atenção. Como acadêmicos tivemos o privilégio de compartilhar momentos de oração, de busca, de meditação e vivenciar a vida cristã no *campus*. Muitos conceitos que defendíamos se cumprem hoje em nossa vida profissional e ministerial. Desfruto do prazer de frequentemente dividirmos espaços em eventos, onde ministramos a Palavra de Deus falando de apologia cristã e de temas relacionados com o viver cristão nos dias atuais. Tenho a alegria de tê-lo como companheiro de militância nas atividades da Agência Pés Formosos/*Chi Alpha Brazil Campus Ministries*, onde estamos contribuindo para a retomada das universidades seja pela evangelização, seja pela prática da cosmovisão cristã.

Alegra-me o fato de termos contribuído para o despertamento e edificação de muitos jovens cristãos que, por intermédio do ministério cristão no *campus*, passaram a ampliar a visão de Reino e serem frutíferos na obra de Deus. Em um primeiro momento vivemos a experiência e também fomos resultado dela. Agora, com a edição e publicação de literatura de qualidade, vejo Deus concretizar promessas feitas ainda no *campus*. Isso é prova de que uma vida cristã de compromisso, pode transformar ameaças espirituais em bênçãos de edificação para cristãos universitários e igreja em geral, como nos presenteia Valmir com tão edificante e esclarecedor trabalho que o leitor tem nas mãos.

A cada dia surpreendo-me com o que Deus tem feito na vida do Valmir. Jurista que é, ele tem se revelado como excelente escritor, pesquisador e apologista da fé cristã. Seu *blog* Como Viveremos e sua coluna no CPAD-News têm se tornado referenciais na análise da fé frente aos fatos hodiernos. Isso me deixa feliz, pois vejo a frutificação de postulados nos dado por Deus na obra que iniciamos ainda na academia.

A leitura deste livro me edificou, ampliou meus conceitos, ajudou-me a formar novas convicções e fortalecer outras já existentes. Além disso, renovou em mim o propósito de continuar e avançar ainda mais no ministério cristão universitário. Sei que o mesmo acontecerá como aqueles que tiverem o privilégio de saborear esta leitura.

Jossy Soares é Ministro do Evangelho, jurista e Diretor da Agência Pés Formosos/*Chi Alpha Brazil Campus Ministries*, entidade ligada à rede mundial de evangelização universitária da Assembleia de Deus. www.pesformosos.org.br

Bibliografia

AMORIM, Rodolfo. **Cosmovisão:** Evolução do conceito e aplicação cristã. *In:* **Cosmovisão cristã e transformação**. Viçosa, MG: Ultimado, 2006.

BARNA, George. **Pense como Jesus**: como pensar, decidir e agir em sintonia com Deus. São Paulo: Vida Nova, 2007.

BECKWITH, Francis *(et. al.)* **Ensaios apologéticos**: um estudo para uma cosmovisão cristã. São Paulo: Hagnos, 2006.

BENTHO, Esdras Costa (Coordenador Editorial). **Bíblia de Estudo Palavras-Chave Hebraico e Grego**. 3 ed. Rio de Janeiro: CPAD, 2013.

BLAMIRES, Harry. **A mente cristã:** como um cristão deve pensar. São Paulo: Shedd Publicações, 2006.

BLAINEY, Geoffrey. **Uma breve história do Cristianismo.** São Paulo. Editora Fundamento, 2012.

BOTTON, Alain. **Religião para ateus**. Rio de Janeiro: Intrínseca, 2011.

BOYER, Orlando. **Esforça-te para ganhar almas**. Vida: São Paulo, 1975.

CARVALHO, César Moisés. **Marketing para a Escola Dominical**: como atrair, conquistar e manter alunos na Escola Dominical. 3ed. Rio de Janeiro: CPAD, 2007.

_____. **Uma pedagogia para a educação crista**: noções básicas da ciência da educação a pesos não especializadas. Rio de Janeiro: CPAD, 2015.

CARSON, D. A. **Igreja Emergente:** o movimento e suas implicações. São Paulo: Vida Nova, 2010.

_____. **O Deus amordaçado**: o Cristianismo confronta o pluralismo. São Paulo: Shedd Publicações, 2013.

_____. **Cristo e cultura:** uma releitura. São Paulo. Vida Nova, 2012.

CARVALHO, Guilherme. **O que é uma cosmovisão?** Disponível em: http://www. ebah.com.br/content/ABAAAe4PYAI/cosmovisao-crista. Acesso em 15 de abril de 2013.

COLEMAN, Robert. **O plano mestre de evangelismo.** 2.ed. São Paulo: Mundo Cristão, 2006.

COLSON, Charles; PEARCEY, Nancy. **E agora, como viveremos?**. Rio de Janeiro: CPAD, 2000.

Comentário do Novo Testamento Aplicação Pessoal. Vol. 2. Rio de Janeiro: CPAD, 2010.

CONSTANTINO, Rodrigo. **A intolerância dos tolerantes**. Disponível em http://oglobo.globo.com/opiniao/a-intolerancia-dos-tolerantes-11493018. Acesso e 2/6/2015.

COSTA, Maurício Jaccoud. **A participação do universitário evangélico brasi-**

leiro na *Missio Dei:* a propagação do evangelho para a transformação da sociedade. Dissertação (mestrado) — Escola Superior de Teologia. Programa de Pós-Graduação. Mestrado em Teologia. São Leopoldo, 2013.

COUTO, Geremias. **A transparência da vida cristã**: comentário devocional do Sermão do Monte. 1. ed. Rio de Janeiro: CPAD, 2001.

CRAIG, Willian Lane. **Apologética contemporânea:** a veracidade da fé cristã. 2. Ed. São Paulo: Vida Nova, 2012.

______. **Apologética para questões difíceis da vida**. São Paulo: Vida Nova, 2010.

______. **Apologética pura e simples**. São Paulo: Vida Nova, 2013.

DANIEL, Silas. **A sedução das novas teologias**. Rio de Janeiro: CPAD, 2007, p. 245-247.

D´SOUZA, Dinesh. **A verdade sobre o cristianismo:** por que a religião criada por Jesus é moderna, fascinante e inquestionável; [tradução Valéria Lamim Delgado Fernandes]. Rio de Janeiro: Thomas Nelson Brasil, 2008.

GEISLER, Norman. **Enciclopédia de apologética:** respostas aos críticos da fé crista. São Paulo: Editora Vida, 2002.

_____.; BOCCHINO, Peter. **Fundamentos inabaláveis**. São Paulo: Editora Vida, 2003.

_____.; HOWE, Thomas. **Manual popular de dúvidas, enigmas e "contradições" da bíblia**. São Paulo: Mundo Cristão, 1999.

_______.; TUREK, Frank. **Não tenho fé suficiente para ser ateu**. São Paulo: Editora Vida, 2006.

GERMANO, Altair. **O líder cristão e o hábito da leitura**. CPAD: Rio de Janeiro, 2011.

GILBERTO, Antônio. **A doutrina do Espírito Santo** *In:* GILBERTO, Antônio (editor geral) **Teologia sistemática pentecostal**. Rio de Janeiro: CPAD, 2008.

GOMES, Osiel. **Mais palavra, menos emocionalismo**. Rio de Janeiro: CPAD, 2013.

Bíblia de Estudo Pentecostal. CPAD.

GONZÁLES, Justo. **Uma breve história das doutrinas cristãs**. São Paulo: Hagnos, 2015.

GREATHOUSE, Willian M; METZ, Donald S; GARVER, Frank G. **Comentário Beacon**. Vol. 8. 1 ed. Rio de Janeiro: CPAD, 2006.

GRENZ, Stanley. **A busca da moral:** fundamentos da ética cristã. São Paulo: Editora Vida, 2006.

HANEGRAAF, Hank. **Cristianismo em crise.** CPAD: Rio de Janeiro, 1996.

HEMPHILL, Ken. **Redescobrindo a alegria das manhãs de domingo**. São Paulo: Eclesia, 1997.

HENDRICKS, Howard. **Ensinando para transformar vidas**. Belo Horizonte: Editora Betânia, 1991.

HILL, Harold; HARRELL Irene. **Aprenda a viver com um filho do Rei**. São Paulo. Editora Vida, 1998.
HORTON, Michael Scott. **O cristão e a cultura.** [tradução Elizabeth Stowell Charles Gomes]. 2.ed. São Paulo: Cultura Cristã, 2006.
HORTON, Stanley. **O avivamento pentecostal.** 4. ed. Rio de Janeiro: CPAD, 2001.
_____. (Ed.). **Teologia sistemática**. Uma perspectiva Pentecostal. Rio de Janeiro: CPAD, 1996.
JANZEN, Johanes. **Três razões pelas quais os Jovens cristãos estão abandonando a igreja quando entram na faculdade**. Disponível em: http: //www.origemedestino.org. br/blog/Johannesjanzen/?Post=682. Acesso em 3/3/ 2015.
JOHNSON, Phillip. **Darwin no banco dos réus.** São Paulo: Cultura Cristã, 2008.
KELLER, Timothy; ALSDORF, Katherine Leary. **Como integrar fé e trabalho:** nossa profissão a serviço do Reino de Deus. São Paulo: Vida Nova, 2014.
______.**Igreja Centrada:** desenvolvendo em sua cidade um ministério equilibrado e centrado no evangelho. São Paulo: Vida Nova, 2014.
KENNEDY, D. James; NEWCOMBE, Jerry. **As portas do inferno não prevalecerão**. Rio de Janeiro: CPAD, 1998, p. 328-329.
KOHL, Manfred Waldemar; BARRO, Antonio Carlos (orgs.). **Missão integral transformadora**. Londrina: Descoberta, 2005.
KOSTENBERGER, Andreas J; KRUGER, Michael. **A heresia da ortodoxia**. São Paulo: Vida Nova, 2014, 320 p. 18.
KREEFT, Peter; TACELLI, Ronald K. **Manual de defesa da fé:** Apologética Cristã. 1ed. São Paulo: Central Gospel, 2008.
LARSEN, Dale & Sandy: **Sete mitos sobre o cristianismo**: uma resposta racional às críticas que fazem ao cristianismo. Editora Vida. São Paulo. 2000.
LEITE, Cláudio Antônio C.; CARVALHO, Guilherme V. R.; CUNHA, Maurício José S. **Cosmovisão cristã e transformação**. — Viçosa, MG: Ultimato, 2006.
LEMOS, Ruth Doris. **A minúscula semente de mostarda que se transformou numa grande árvore.** Disponível em http://licoesbiblicas.com.br/index.php/sobre-ed/historia. Acesso em 13 de janeiro de 2015.
LENNOX, John C. **Por que a ciência não consegue enterrar Deus?;** [tradução Almiro Pisetta]. – São Paulo: Mundo Cristão, 2011.
LEWIS, C. S. **Cartas de um diabo a seu aprendiz.** São Paulo: Martins Fontes, 2005.
_____. **Cristianismo puro e simples**, São Paulo: Martins Fontes, 2009.
_____. **Peso de glória**. 2. ed. São Paulo: Vida Nova, 1993.

LOCKE, John. **Carta acerca da tolerância.** *In:* LOCKE, John. **Os pensadores.** São Paulo: Abril Cultura, 1973.

LOREA, Roberto Arriada (org). **Em defesa das liberdades laicas**. Porto Alegre: Livraria do Advogado, 2008.

LYON, David. **Pós-modernidade.** São Paulo: Paulus, 1998.

LYOTARD, Jean-François. **A condição pós-moderna**. 12a. edição. Rio de Janeiro: José Olympio Editora, 2009.

LUTZER, Erwin. **Cristo entre outros deuses**: uma defesa da fé cristã numa era de tolerância. Rio de Janeiro: CPAD, 2002.

MACARTHUR, John (org). **Pense biblicamente:** recuperando a visão cristã de mundo. São Paulo. Hagnos, 2005.

MACHADO, Jónatas. **Estado constitucional e neutralidade religiosa**: entre o teísmo e o (neo) ateísmo. Porto Alegre: Livraria do Advogado Editora, 2013.

MANSFIELD, Stephen. **O Deus de Barack Obama**. São Paulo: Thomas Nelson, 2008.

MATOS, Alderi de Souza. **Carta a um universitário cristão.** Disponível em: http: //www.ultimato.com.br/revista/artigos/290/carta-a-um-universitario-cristao. Acesso em 20/1/13.

MATOS FERREIRA, Antônio. **Laicismo ideológico e laicidade**: entre a ideia de tolerância e a tentação totalitária. Lisboa: Revista Theologica, 2.ª Série, 39, 2, 2004.

MCGRATH, Alister. **Apologética pura e simples:** como levar os que buscam e os que duvidam a encontrar a fé. São Paulo: Vida Nova, 2013.

_____. **Apologética cristã no século XXI**: ciência e arte com integridade. Tradução: Emirson Justino e Antivan Guimarães. São Paulo: Editora Vida, 2008a.

_____. **Heresia: uma história em defesa da verdade**. São Paulo: Hagnos, 2014.

_____.**Teologia para amadores**. São Paulo: Mundo Cristão, 2008b.

MENZIES, William W.; MENZIES, Robert P. **No poder do Espírito:** fundamentos da experiência pentecostal. 1 ed. São Paulo: Editora Vida, 2002.

MILOMEM, Valmir Nascimento. **Jesus e o seu tempo**: conhecendo o contexto da sociedade judaica nos tempos de Jesus. [Revista de lições bíblicas de Jovens, 2°. Trimestre de 2015]. Rio de Janeiro: CPAD, 2015.

MORELAND, J. P. **O triângulo do Reino**. São Paulo: Editora Vida, 2011.

NAÑES, Rick. **Pentecostal de coração e mente**: um chamado ao dom divino do intelecto; tradução Ana Schaeffer. São Paulo, Vida. 2007.

NIEBUHR, Richard H. **Cristo e cultura**. Rio de Janeiro: Editora Civilização Brasileira, 1967.

OLIVEIRA, Terezinha. **Origem e memória das universidades medievais**: a preservação de uma instituição educacional. Varia Historia, Belo Horizonte, vol. 23, nº 37: p.113-129, Jan/Jun 2007.

OLSON, Roger. **História das controvérsias na teologia cristã:** 2000 mil anos de unidade e diversidade. São Paulo: Editora Vida, 2004.

_____. **Teologia arminiana**: mitos e realidades. São Paulo: Editora Reflexão, 2013, p. 185.

PALMER, Michael D. (Org.). **Panorama do pensamento cristão.** 1ª.ed. Rio de Janeiro: CPAD.2001.

PEARCEY, Nancy. **Verdade absoluta:** libertando o cristianismo do cativeiro cultural. Rio de Janeiro: CPAD, 2006.

PEARLMAN, Myer. **Conhecendo as doutrinas da Bíblia.** São Paulo: Editora Vida. 1997.

PETRY, ANDRÉ: **É só preconceito**. Revista Veja. Edição n.º 1929, de 02 de novembro de 2005.

POMMERENING, Claiton Ivan P. **Fragmentos de uma teologia do Espírito para o Pentecostalismo Clássico.** Azusa: Revista de estudos pentecostais. v.5, n.2. 2014.

PRICE, Maurício. **Missões urbanas e as universidades do século XXI.** Disponível em: http://www.pibcopa.org.br/0,,ART257-54,00.html Acesso em: 11/5/215

RAMOS, Robson. **Evangelização no mercado pós-moderno.** Disponível em http: //livros.gospelmais.com.br/files/livro-ebook-evangelizacao-no-mercado -pos-moderno. pdf. Acesso em 1/6/2015.

SCALQUETTE, Rodrigo. **História do Direito**: Perspectivas histórico-constitucionais da relação entre Estado e Religião. São Paulo: Atlas, 2013.

SCHAEFFER, Francis. **A igreja no século XXI**. São Paulo: Cultura Cristã, 2010.

______. **Como viveremos. São Paulo: Editora Cultura Cristã, 2003.**

______. **O Deus que intervém**. São Paulo: Cultura Cristã, 2009.

SCHEIBLE, Heinz. **Melanchton:** uma biografia. São Leopoldo: Sinodal, 2013.

SERTILLANGES, A.D. **A vida intelectual.** Cópia disponível na internet.

SIQUEIRA, Gutierrez. **O cristão, a universidade e os desafios do presente século**. Disponível em: http://www.teologiapentecostal.com/2012/03/o-cristao-universidade-e-os-desafios-do.html. Acesso em 3/3/2015

SIRE, James. **Dando nome ao elefante:** cosmovisão como um conceito, tradução Paulo Zacharias e Marcelo Herberts. Brasília, DF: Editora Monergismo, 2012, p. 48-67.

____. **Hábitos da Mente:** a vida intelectual como um chamado cristão. São Paulo, SP. Editora Hagnos, 2005.

____. **O universo ao lado:** um catálogo básico sobre cosmovisão. Tradução Fernando Cristófalo. 4ª Ed. São Paulo: Hagnos, 2009.

SOWELL, Thomas. **Conflito de Visões**: origens ideológicas das lutas políticas. São Paulo: É Realizações, 2012.

SPIEGEL, James. **Hipocrisia:** problemas morais e outros vícios. Rio de Janeiro: Textus, 2001.

STARK, Rodney. **A vitória da razão**: como o Cristianismo gerou a liberdade, os direitos do homem, o capitalismo e o sucesso do Ocidente. Tribuna: Lisboa, 2007.

STOTT, John. **Crer é também pensar.** São Paulo: ABU Editora, 2001.

_____. **Cristiano básico**. Viçosa, MG: Ultimato, 2007.

STROBEL, Lee. **Em defesa da fé**. São Paulo: Editora Vida, 2002.

SWEET, Leonard (ed.). **A Igreja na cultura emergente:** cinco pontos de vista. 1 ed. São Paulo: Editora Vida, 2009.

TOZER, A. W. **Esse cristão incrível**. São Paulo: Mundo Cristão, 2007.

_____. **O melhor de A. W. Tozer**. 3. ed. São Paulo: Mundo Cristão, 1997.

VAN TIL, Cornelius. Apologética cristã. Trad. Davi Charles Gomes. São Paulo: Cultura Cristã, 2010. Resenha de: Piacente Júnior, José Carlos. **Apologética cristã**. Fides Reformata XVII, Nº 1 (2012): 105-109. Disponível em http://mackenzie.br/fileadmin/Mantenedora/CPAJ/Fides_Reformata/17/17_1resenhas1.pdf

VANHOOZER, Kevin. **Há um significado neste texto**: interpretação bíblica — um desafio contemporâneo. São Paulo: Editora Vida, 2005.

VINE, W. E. **Dicionário Vine**. Rio de Janeiro: CPAD, 2002.

WANDERLEY, Luiz Eduardo W. **O que é universidade.** Brasiliense, São Paulo, 1983.

WILLARD, Dallas, **Conspiração Divina**, São Paulo: Editora Mundo Cristão, 2001.

ZACHARIAS, Ravi. **Pode o homem viver sem Deus?** São Paulo: Editora Mundo Cristão, 1997.

____. GEISLER, Norman. **Sua igreja está preparada?** CPAD. Rio de Janeiro. 2007.

ZICHICHI, Antonino. **Por que acredito naquEle que fez o mundo**. Rio de Janeiro: Objetiva, 1999.